ENCYCLOPÉDIE-RORET.

BLASON

OU

CODE HÉRALDIQUE, ARCHÉOLOGIQUE

ET HISTORIQUE

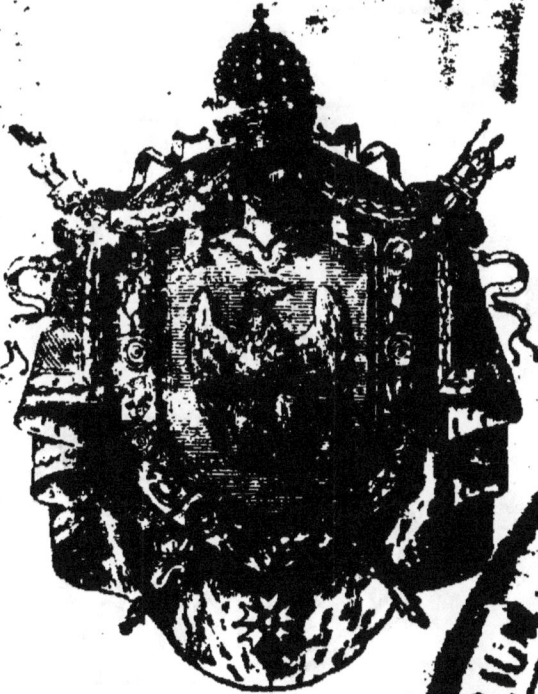

PARIS.

LIBRAIRIE ENCYCLOPÉDIQUE DE RORET,

RUE HAUTEFEUILLE, n° 12.

Sommes à Berros, format in-8, Tournon. N.° F. Condre, Eluentril, Lacordaire, Boisdural, de St-Fargeau, Walckmare, Mline-I de Candolle, Beauguard, etc. de 5 à 700 pages. Chaq. vr. de 10 planch. 8 fr. un noir. 6 fr. ca

par un LE TECHNOLOGISTE, ou *Archives des progrès de l'Industrie française et étrangère*; par M. MOLERATES.

ENCYCLOPÉDIE-RORET.

———

BLASON

AVIS.

Le mérite des ouvrages de l'*Encyclopédie-Roret* leur a valu les honneurs de la traduction, de l'imitation et de la contrefaçon. Pour distinguer ce volume, il porte la signature de l'Éditeur.

L'éditeur de cet ouvrage se réserve le droit de le faire traduire dans toutes les langues. Il poursuivra, en vertu des lois, décrets et traités internationaux, toutes contrefaçons et toutes traductions faites au mépris de ses droits.

Le dépôt légal de cet ouvrage a été fait dans le cours du mois de janvier 1854, et toutes les formalités prescrites par les traités ont été remplies dans les divers États avec lesquels la France a conclu des conventions littéraires.

MANUELS-RORET.

NOUVEAU MANUEL

COMPLET

DU BLASON

ou

CODE HÉRALDIQUE

ARCHÉOLOGIQUE ET HISTORIQUE, AVEC UN ARMORIAL DE L'EMPIRE,
UNE GÉNÉALOGIE DE LA DYNASTIE IMPÉRIALE DES BONAPARTE
JUSQU'A NOS JOURS, ETC., ETC.

Par J.-F. JULES PAUTET DU PAROIS,

SOUS-PRÉFET

DE SISTERON (BASSES-ALPES),

Membre des Académies de Dijon, de Besançon, de la Commission départementale
des antiquités de la Côte-d'Or ; Secrétaire de la section des lettres au Congrès
scientifique de France, session de Besançon et Lyon, Bibliothécaire honoraire de
la ville de Beaune, etc. etc.

NOUVELLE ÉDITION

REVUE, CORRIGÉE, AUGMENTÉE ET ENRICHIE DE FIGURES.

PARIS

A LA LIBRAIRIE ENCYCLOPÉDIQUE DE RORET,

RUE HAUTEFEUILLE, 12.

1854.

PRÉFACE

NOTICE BIOGRAPHIQUE.

———

Le succès brillant de ce livre, qui est la réhabilitation d'une science historique, pleine d'attraits et de poésie ; qu'avaient reléguée dans le monde des érudits, les injustes dédains des uns et les sauvages préventions des autres, nécessite une nouvelle édition. L'auteur est fier de cette sympathie pour une œuvre d'histoire, qui a occupé une assez large place dans sa vie laborieuse, vouée maintenant sans aucune préoccupation littéraire à la tâche difficile, mais si honorable de l'administration ; tâche vers laquelle il a dirigé toutes les puissances de son activité, de son amour du travail et de son ardent dévouement à l'Empire.

La dynastie impériale à laquelle il a donné, dès la première Edition en 1842, avec bonheur, un si grand espace dans son œuvre, l'auteur la revoit debout providentiellement, pour sauver une seconde fois et définitivement à toujours, la civilisation menacée. Ses paroles ne sauraient être taxées de flatterie, puisque son dévouement à la famille Bonaparte date de son enfance, puisqu'en 1815, bien jeune alors, il recueillait pieusement avec quelques amis, la cendre du drapeau napoléonien brûlé sur la place publique de son pays, puisque ce dévouement se manifestait publiquement dès 1842 dans son livre, dont il donne aujourd'hui une seconde édition, qu'il a cherché à rendre de plus en plus digne de la faveur qui a accueilli une œuvre d'érudition consciencieuse.

L'auteur ne se dissimule pas ce qu'il doit de reconnaissance à son habile et illustre éditeur, l'honorable M. Roret, qui, dans son Encyclopédie universelle, a su populariser les meilleures notions sur les sciences les plus relevées, comme les plus humbles. Il tient à en consigner ici l'expression. Il sait aussi le désir qu'éprouvent les lecteurs d'un livre qui a du succès, de connaître tous les travaux littéraires de l'auteur, c'est pour y satisfaire qu'il publie en tête de cette seconde édition, la notice biographique rédigée sur lui, par M. Léon-Saint-Rome, pour un recueil célèbre.

Jules PAUTET DU PAROIS,

SOUS-PRÉFET DE SISTERON
(BASSES-ALPES).

Sisteron, le 1er janvier 1854.

NOTICE BIOGRAPHIQUE

SUR L'AUTEUR,

EXTRAITE DU PANTHÉON BIOGRAPHIQUE.

———————

M. JULES PAUTET DU PAROIS,

Sous-Préfet de Marvejols (Lozère), précédemment Sous-Préfet de Gex, Membre des Académies de Dijon, Besançon, Autun, Châlon, de la Commission des Antiquités de la Côte-d'Or, Secrétaire du Congrès scientifique de France (section des Lettres) dans les sessions de Besançon et de Lyon, Bibliothécaire honoraire de la Bibliothèque de Beaune, ancien Rédacteur en chef de la Revue de la Côte-d'Or, etc.

Le littérateur distingué dont nous allons esquisser la biographie est né à Beaune, le 18 brumaire an VIII, d'une honorable et ancienne famille, qui remonte, selon Paillot, au chevalier messire Jean du Pautet, chevalier ès-lois, conseiller du roi Jean et du duc Philippe-le-Hardi. Son père a exercé les fonctions d'échevin, signant, en cette qualité, les respectueux cahiers de Beaune à Louis XVI, et son frère aîné a rempli, pendant dix-huit ans, les fonctions de sous-préfet à Beaune, estimé de tous.

M. Jules Pautet du Parois fit de bonne heure de brillantes

Blason.   1

et fortes études. Commencées à Beaune, sa ville natale, dans un collège qui avait conservé les bonnes traditions des Oratoriens, ces études vinrent se compléter et s'achever, où tout se complète et s'achève en France, c'est-à-dire à Paris.

Le feu créateur et divin qui possédait le jeune Pautet du Parois ne tarda pas à jeter au dehors de vives étincelles. A quinze ans, il avait déjà composé des poésies et des pièces de théâtre; à dix-neuf ans, il fit paraître un volume de *Songes*; à vingt ans, il fit son *Eloge de Monge*, qui a trouvé place dans plusieurs recueils; et, à vingt-trois ans, son *Jaloux imaginaire*, qui fait partie des *Chants du soir*; plus tard, son *Manuel d'Economie politique*, et son *Manuel complet du blason*, ou *Code héraldique*.

M. Jules Pautet du Parois se maria en premières noces à l'âge de vingt ans, et trouva dans mademoiselle Chantrier, fille du vertueux député de ce nom, ancien procureur impérial sous Napoléon Ier, une compagne en tous points digne de lui. Madame Pautet aimait et cultivait aussi les lettres, et s'associait volontiers aux travaux de son mari. Elle est morte en 1842, et n'a pu jouir du beau succès obtenu par le *Code héraldique*, ouvrage de M. Pautet du Parois qui est parvenu à sa seconde édition.

En 1828, M. J. Pautet du Parois fit paraître, à Genève, un chant lyrique, intitulé : *la Grèce sauvée*. Mais un écrivain de la valeur de M. J. Pautet ne pouvait rester longtemps étranger au mouvement qui entraînait alors les esprits vers la politique. En 1832, il fit ses premières armes, comme journaliste, dans *l'Opinion*, journal de Paris, qui, dévoué aux idées napoléoniennes, paraissait deux fois par jour. Indépendamment des articles de polémique, il s'occupait aussi du feuilleton. Les feuilles de l'époque ont souvent vanté et reproduit ses articles.

Appelé, quelque temps après, à Dijon, il devint le rédacteur en chef du *Patriote de la Côte-d'Or*, où il soutint seul, ou à peu près, pendant trois ans, pour les principes de 1789, unis au catholicisme, une lutte vigoureuse, quoique toujours courtoise. Le gouvernement d'alors conduisait, selon lui, la France catholique vers les abîmes du scepticisme. Traduit deux fois devant le jury, pour délit de presse, il fut deux fois solennellement acquitté.

M. Jules Pautet du Parois est un de ces hommes qu'on admire toujours, alors même qu'on ne partage pas leurs convictions. Voici comment cet énergique et consciencieux écrivain comprenait la mission du journaliste. Nous ne pouvons mieux le faire connaître à nos lecteurs qu'en reproduisant ici quelques passages extraits de ses nombreux articles.

« L'une des professions, disait-il, les plus nobles auxquelles un homme consciencieux puisse se consacrer dans les temps modernes, c'est sans contredit la haute profession de journaliste. Organe de l'opinion publique, la presse périodique est en France, avec la tribune parlementaire, la parole d'un grand peuple.

» Le journaliste, esclave de la vérité, doit se prêter avec tout l'empressement de la bonne foi à la rectification des erreurs qu'il peut commettre; son devoir est de favoriser la recherche des vérités utiles, d'exciter les nobles passions, et de produire au grand jour de la publicité les actes honorables et les actions d'éclat. Il fait sa part d'efforts pour hâter l'époque du bien-être de tous. Il n'a en vue que le bonheur de l'humanité, la gloire de sa patrie, son indépendance et sa liberté.

» Le journalisme, pour l'écrivain consciencieux, est une sorte de sacerdoce de l'intelligence; il donne à remplir une mission grave; il investit l'écrivain d'une magistrature élevée, il le rend le vrai mandataire, l'élu de ceux qui lui accordent leur confiance. »

Par suite des événements de Lyon, en avril 1834, M. Pautet

du Parois eut à soutenir son second procès. Il se défendit
lui-même, et voici en quels termes :

« Me voici donc obligé de paraître pour la seconde fois
dans cette enceinte en présence de *Messieurs de la Cour* ;
mais aussi, grâces en soient rendues à Dieu, en présence de
Messieurs du Peuple ! »

Puis ne s'adressant plus qu'aux jurés :

« Messieurs, leur dit-il, vous comprenez que la liberté de
penser et d'écrire est trop précieuse pour l'entraver, quand
on n'en fait point une arme vulgaire de personnalités, un
réceptacle de grossièretés et d'injures, un dépôt de petites
colères individuelles, de passions étroites et scandaleuses.
Vous sentirez que lorsque l'on en fait une œuvre de conscience et d'enseignement, *aperto cœlo*, une œuvre de doctri-
nes et de théories politiques ; lorsque les hommes disparaissent pour ne laisser voir que les principes ; vous comprendrez
qu'il faut les laisser suivre leur chemin au milieu de toutes
les émotions de la vie politique, fortement imprégnée de
passions.

« Dans les temps ordinaires, au milieu de ses conscien-
cieuses études, après avoir été en contact avec ses amis, avec
ses connaissances, avec les étrangers qui viennent le consulter, le blâmer, le critiquer, l'approuver ; quand il est mis au
courant des faits politiques du jour ; quand il a largement
satisfait à toute la vie politique extérieure : il recueille ses
pensées, résume celles qui se sont croisées en tout sens autour de lui ; puis il s'exile, et il médite consciencieusement,
sans crainte et sans haine, les développements qu'il veut
donner à telle ou telle question politique, à telle ou telle critique des actes du pouvoir ; son but est d'éclairer, mais non
d'exciter la haine. S'il la fait naître, la haine, c'est la faute
des faits et non la sienne.

» Mais dans les temps de perturbation, de désordre, de

bouleversement, lorsque les passions excitées suspendent, pour ainsi dire, le cours de la vie paisible et régulière pour faire place à l'inquiétude !... l'âme brisée, le cœur déchiré, les larmes dans les yeux, à la nouvelle des maux de la patrie, l'écrivain traduit ses passions et celles de la foule par son œuvre. »

Ces nobles paroles furent accueillies par un tonnerre d'applaudissements, et l'écrivain fut acquitté.

Voici de quelle manière l'auteur s'exprimait sur Rome :

« O Rome ! Rome si souvent insultée par ceux qui ne te comprennent pas ; Rome de l'idée du sacrifice et du dévouement, qui as remplacé la Rome de la tyrannie ! Rome devant qui tout front intelligent s'incline ; après avoir fait la conquête du monde par la gloire, tu soumets l'univers par la vérité ! Oh ! que tu es bien la ville sainte, éternelle et providentielle. Les peuples, comme des torrents, s'écoulent à tes pieds, et tu restes ; les empires tombent autour de toi, et tu demeures ferme, inébranlable et pleine de magnificences ! »

Lorsque plus tard parurent les lois de septembre, M. Pautet du Parois crut devoir se retirer de l'arène, et il brisa, sans hésiter, sa plume de journaliste politique. Il fonda alors la *Revue de la Côte-d'Or*, ouvrage littéraire et périodique qui obtint un grand succès. Il imprima le plus vif essor aux travaux de l'intelligence dans son pays, par un journal qu'il rédigea pendant dix ans, par la fondation de la Société d'histoire, et par la création de collections historiques, si bien que l'un des maires de Beaune le proposa pour la croix d'honneur.

Mais les brillants et utiles services rendus par M. Pautet du Parois devaient bientôt avoir leur récompense. Il fut appelé à Beaune en qualité de conservateur de la riche bibliothèque de cette ville, où se trouvent plus de 32,000 volumes. Il s'occupa de ces nouvelles fonctions avec conscience et talent, provoqua la formation d'une collection de médailles et d'objets d'art, et parvint à rendre cet établissement digne en tous points d'exciter la curiosité des connaisseurs.

Cependant, M. Pautet du Parois cultivait toujours avec bonheur les belles-lettres et les sciences économiques.

Mais M. Pautet du Parois se recommande à d'autres titres, car il semble que cet homme, si laborieux et si actif, était né pour briller dans quelque carrière qu'il ait entreprise.

Aussi, depuis 1851, il est entré dans l'administration en qualité de sous-préfet. Dans ses nouvelles fonctions, M. Pautet du Parois met toute l'ardeur qu'il savait apporter à la culture des lettres ; il s'y est acquis les sympathies les plus vives. Ardent au travail, il est sans cesse occupé d'améliorations pratiques, et sa sollicitude pour ses administrés est infatigable.

A l'occasion de l'inondation de Saint-Léger, voici de quelle manière s'exprime l'auteur du *Dictionnaire de la Lozère*, page 199 : « M. Pautet du Parois, sous-préfet, qui venait à
» peine de prendre possession de la sous-préfecture de Mar-
» vejols, s'est immédiatement transporté sur le lieu du dé-
» sastre, où il a fait porter des vêtements et une quantité
» de pain suffisante pour les premiers secours à apporter à
» ces malheureux ; une fructueuse collecte a été faite sous
» son patronage. »

L'Echo des Montagnes contenait plus tard le document suivant :

« Les habitants de Saint-Léger nous envoient l'adresse suivante, avec prière de lui donner une place dans notre journal. Nous l'insérons sans commentaire. Les actes de cette nature n'en ont pas besoin. Il suffit de les citer, pour faire voir combien ils honorent la personne qui en est l'objet. »

LES HABITANTS DE SAINT-LÉGER-DE-PEYRE

A M. le Sous-Préfet de Marvejols.

« Les habitants de Saint-Léger-de-Peyre, soussignés, pleins
» de reconnaissance envers M. le Sous-Préfet de Marvejols,

» à cause du zèle qu'il a déployé et des sacrifices qu'il a faits
» pour venir au secours des malheureuses victimes de l'inon-
» dation qui a eu lieu dans la nuit du 17 au 18 juin der-
» nier, votent pour lui les remerciements les plus sincères.
» Vive Monsieur le Sous-Préfet !!! » — Suivent plus de 50 signatures.

Il a épousé, en 1846, en secondes noces, Madame la baronne
Denize-Elisabeth du Rosier, veuve de Joursanvaux, de l'une
des meilleures familles de la Loire, arrière-petite-nièce du
ministre des finances de Louis XV, l'illustre Terray. Deux des
oncles de Madame la baronne Pautet du Parois ont fait partie
du Corps législatif sous Napoléon Ier. Les qualités de Madame
Pautet du Parois, baronne de Joursanvaux, son esprit cultivé
et sa rare distinction, font le bonheur de ce qui l'entoure, et
elle est, dans les réunions de la sous-préfecture, l'un des
plus gracieux ornements du salon.

Le dévouement de M. Jules Pautet du Parois à l'Empire,
date de son enfance. Après avoir combattu dans la presse
pour les idées napoléoniennes pendant de longues années;
après avoir, dans *la Tribune de la Côte-d'Or*, appuyé la politique de S. M. l'empereur Napoléon III, qui n'avait encore
que le titre de Président, alors qu'on lui faisait une opposi-
tion parlementaire inquiétante, et qui ne manquait pas de
puissance, il est entré dans la carrière administrative en 1851.
Comme ardent catholique, M. Pautet du Parois a toujours,
notamment lors de l'expédition de Rome, fait ressortir ce
qu'il y a de magnifique dans la domination spirituelle du
successeur de saint Pierre, faible par le bras, puissant par
l'idée divine.

Prompt au départ et à l'action, on le trouve sur tous les
points de son arrondissement, s'il y a quelque sinistre à combattre, quelque devoir à remplir, quelque solennité à présider,
quelques travaux utiles à provoquer. Madame la baronne
Pautet du Parois, secondant son mari, vient de fonder un

ouvroir de dentelles pour créer des ressources aux femmes de
la classe laborieuse et souffrante.

Voici les principaux ouvrages qu'il publia successivement,
sans compter plusieurs volumes de politique et·d'histoire,
insérés dans ses journaux :

Les Chants du soir, poésie, 1 vol. in-8°.

Manuel d'Economie politique, dans l'Encyclopédie-Roret.
1 vol. in-18. Paris, 1834.

Rapports et Poésies, mentionnés ou insérés dans les Mé-
moires de l'Académie de Dijon, 1834.

Eloge de Monge, broch. in-8°, 1838.

Hôtel-de-Ville de Beaune, broch. in-8°, 1839.

Dictionnaire de la Conversation, où il a écrit plusieurs
articles.

Abdul-Medschid, sultan réformateur, chant lyrique, broch.
in-8°, 1840.

*Ode à Monseigneur l'Evêque d'Alger sur l'échange des
prisonniers.* (Médaille d'or.)

Nouveau Manuel complet du Blason, ou *Code héraldique*
1 vol. in-18 avec 10 planches et 469 figures. Paris, Roret
1843, et 1854 pour la deuxième édition.

Au Coin de l'âtre, 1 vol., mélanges et nouvelles.

Le Railway pittoresque de Bourgogne, où se trouve l'histoire résumée du duché de Bourgogne.

Lors de l'inauguration du chemin de fer de Paris à Lyon,
S. M. l'empereur Napoléon III voulut bien agréer l'hommage
d'un exemplaire de cet ouvrage d'histoire, et envoya à l'auteur une magnifique épingle en or. A l'occasion de la fête
de l'Empereur, célébrée à Marvejols, voici de quelle manière
s'exprime l'*Echo des Montagnes* :

« M. Pautet du Parois, Sous-Préfet de l'arrondissement,

que l'on est toujours certain de rencontrer partout où il y a
du bien à faire, un encouragement à donner, après avoir
passé en revue la compagnie des pompiers, a prononcé l'al-
locution suivante au milieu des autorités et de la foule qui
l'entouraient :

GARDES NATIONAUX, GENDARMES, ANCIENS MILITAIRES DE
L'EMPIRE, HABITANTS DE MARVEJOLS,

« C'est aujourd'hui la fête du peuple, puisque c'est celle de
» son Elu! C'est la fête de la France, c'est la fête de tous!
» En effet, la politique de l'Empereur est toute de conciliation
» et de rapprochement de tous les partis.
 » Cette fête, où le sentiment religieux se mêle au sentiment
» politique, réveille le souvenir magique de Napoléon Ier,
» dont la gloire compte encore ici de vénérables témoins!
» Elle rappelle Napoléon II, enlevé au milieu de ses ardentes
» aspirations vers la France! Elle ravive dans tous les cœurs
» l'élan de la reconnaissance pour Napoléon III, dont le génie
» bienfaisant et sauveur replace le pays au rang qui lui est
» dû dans le monde.
 » Cette fête nationale ne blesse le cœur de personne et plaît
» à tous ceux qui aiment la splendeur de leur pays, la con-
» corde et la paix!
 » Grâce à l'Empereur, l'industrie, le commerce et l'agri-
» culture, ces trois sources de la prospérité d'un peuple, se
» raniment de toutes parts à la voix de celui qu'a suscité la
» Providence pour le bonheur du monde.
 » Oui, du monde; car l'attitude de l'Empereur devant les
» complications de l'Orient contribuera à maintenir en Eu-
» rope la paix, que tout homme sage désire sous un prince
» qui sait si bien la vivifier.
 » Ah! réunissons-nous tous dans un loyal amour pour un
» souverain magnanime qui veut cicatriser toutes les blessures,
» éteindre toutes les souffrances; pour un prince grand par

» le cœur et grand par la pensée, et pour sa digne compagne
» qui fait revivre l'angélique bienfaisance de l'impératrice
» Joséphine, la royale beauté et la grandeur d'âme de la
» reine Hortense, et crions ensemble :

» VIVE L'EMPEREUR !

» VIVE L'IMPÉRATRICE ! »

» Ces chaleureuses paroles, prononcées d'une voix ferme,
ont été accueillies par de vifs applaudissements, et souvent
interrompues par les cris répétés de *Vive l'Empereur !* »

Parlant d'une distribution de prix où M. Pautet du Parois
prit la parole, le même journal s'exprimait ainsi :

« Nous avons entendu avec un plaisir que nous ne dissi-
mulerons pas, la parole vive, nette, pénétrante de notre ex-
cellent Sous-Préfet. Le son de cette voix émotionnée par la
conviction profonde de la pensée qu'il exprime séduit et entraîne tous les cœurs. Si le pouvoir impérial, nous n'hésitons
pas à le dire, avait partout des représentants aussi dignes,
aussi éclairés, aussi dévoués que M. Pautet du Parois, le gouvernement du sauveur de la France, de Napoléon III, deviendrait bientôt un signe de ralliement pour les partis les plus
opposés. »

Dans cette même solennité, les élèves ont chanté entre
autres le couplet suivant :

A M. LE SOUS-PRÉFET.

Vous de l'État mandataire honorable,
Qui du pays avez conquis l'amour,
A nous aussi vous fûtes favorable,
Acceptez donc nos transports en retour.
Puissent longtemps, jusqu'au déclin de l'âge,
Couler vos jours, comme coule un flot pur,
Que votre ciel n'ait jamais de nuage,
Et qu'il soit peint d'un éternel azur.

Ces précieux témoignages de sympathie sont la douce récompense d'un dévouement sans bornes à l'Empereur, et d'une activité et d'un zèle qui ne se ralentissent jamais.

Nous ne résistons pas au désir de reproduire ici des poésies napoléoniennes de M. Pautet du Parois, qui ont trouvé place dans le livre intitulé : *La Poésie à Napoléon III* :

LA REINE HORTENSE.

Du ciel impérial brillante et pure étoile,
La Reine, votre mère, a veillé sur vos jours ;
Son auguste regard, qu'hélas ! le trépas voile,
Vous protège toujours.

Son noble front reçut la couronne royale,
Elle régnait déjà par sa seule beauté,
Elle avait embelli la cour impériale,
D'un ange de bonté !

Son doux nom fait vibrer les échos de la France,
De sa lyre on entend les sons harmonieux,
C'est un frais souvenir, c'est de la Reine Hortense
Un parfum précieux.

Il semble, en la nommant, qu'un essaim de génies
S'éveille autour de nous, ils chantent les Beaux-Arts,
Les grandes actions, les saintes harmonies,
Sous de hauts étendards.

Ah ! lorsque du malheur la terrible rafale,
Jusqu'à terre courba cette éclatante fleur,
Elle se releva grande et vraiment royale,
Et garda sa splendeur.

Augsbourg ! Arenemberg ! vos ravissants ombrages
Redisent les accents d'une céleste voix,
Harmonieux et purs, ils vibrent aux rivages
Qu'avait marqués son choix.

Oh ! le monde admira sa tendresse héroïque
Pour ces fils valeureux que le grand Empereur
Voulait associer à son destin magique
    Et portait dans son cœur.

Hélas ! dès trois aiglons, à son doux cœur de mère,
Deux ont été ravis, seul vous êtes resté,
Pour verser dans son sein, sur sa douleur amère,
    Le dictame enchanté ;

Seul vous êtes resté ; de hautes destinées
Vous attendaient ; de Dieu les sublimes secrets
Vous avaient réservé, dans nos sombres années,
    Pour ces plus hauts décrets.

Ah ! sur votre berceau quelle splendeur épique !
Quelle noble auréole autour de votre front
Combien de noms brillants, d'un éclat magnifique
    Vous accompagneront.

La Hollande a béni le nom de votre père,
Ce philosophe Roi, poète couronné,
Qui descendit du trône où le porta la guerre,
    D'amour environné ;

Et le grand empereur, l'Auguste de notre âge :
Il se penche et sourit, et sur votre berceau,
Il rêve dans son cœur un sublime héritage,
    Son œil est un flambeau :

Son regard semble aller jusques au fond des choses,
Il croit voir son étoile à l'orage pâlir !
Il vous regarde et dit en pénétrant les causes :
    Règne dans l'avenir.

Et celle qui porta la pourpre impériale
Et s'en montra si digne auprès de l'Empereur,
Qui méconnut en elle, à son heure fatale,
    Son ange protecteur ;

Chevaleresque et grand, secondant le génie
Du nouveau Charlemagne, Eugène Beauharnais,
D'un reflet du bandeau des rois de Lombardie
    Illumina ses traits ;

Pléiade de Rois : Joseph, Louis, Jérôme,
Murat, et les héros qui marchaient sur leurs pas,
Et font comme un cortège au magique grand homme
    Au-delà du trépas ;

Et puis les grands combats, les grandes funérailles :
Austerlitz, Iéna, Friedland et Marengo !
La Moscowa, Wagram, les sublimes batailles ;
    L'odieux Waterloo !

A ces noms éclatants l'âme du peuple vibre,
Il a sa part de gloire en tous ses souvenirs,
Il sent à votre aspect se remuer la fibre
    De ses plus chers désirs.

Aussi, toutes ses voix, LÉGITIMITÉ SAINTE,
Ont remis en vos mains le suprême pouvoir,
Vous portez de son vœu l'indélébile empreinte,
    Comme son seul espoir.

Il voudrait imposer l'immortelle couronne
Du glorieux Empire à votre front vainqueur :
DIEU LE VEUT ! vous dit-il, sage digne d'un trône,
    SOYEZ NOTRE EMPEREUR !

Cette pièce fut offerte à S. M. l'Empereur, lors de son passage à Nîmes.

CANTATE

CHANTÉE A LA SOUS-PRÉFECTURE DE MARVEJOLS, LORS DE LA
PROCLAMATION DE L'EMPIRE.

Musique d'*Une Fête à Naples*, de M. Haze.

I.

    O sublime rêve,
    Un peuple se lève
    Unanime et grand
    Dans son saint élan ;

Blason.

Il relève un trône,
Et met la couronne
Sur un front sacré,
De tous adoré !

Le peuple l'appelle,
La France, en lui, reconnaît un sauveur
Et l'écho fidèle
Répète au loin : VIVE NOTRE EMPEREUR !

II.

Dieu, de son empreinte
Souveraine et sainte
A marqué son cœur,
Pour notre bonheur ;
Dans nos cathédrales
Aux pieuses dalles,
Plein d'amour pour tous,
Il prie à genoux.

Le peuple l'appelle, etc.

III.

De la vieille armée,
Par l'histoire aimée,
Les nobles débris,
De bonheur épris,
Ont dit : sois Auguste,
César grand et juste,
Notre souvenir
Et notre avenir.

Le peuple l'appelle, etc.

IV.

Que sa dynastie,
De tous consentie,
Par qui, désormais,
L'EMPIRE EST LA PAIX !
Règne sur la France,
Pays de vaillance,

Terre de splendeur,
Étoile d'honneur
Le peuple l'appelle, etc.

V.

Plus d'inquiétude,
Que partout l'étude
Reprenne son cours
Et charme nos jours ;
Que la haine expire
Au sein de l'Empire,
Entre les Français
Unis à jamais.
Le peuple l'appelle,
La France, en lui, reconnait un sauveur,
Et l'écho fidèle
Répète au loin : VIVE NOTRE EMPEREUR !

INSCRIPTION

DU GRAND SALON DE LA SOUS-PRÉFECTURE

A S. M. NAPOLÉON III.

Son nom, magnifique symbole
Et de gloire et d'honneur,
Éclaire comme une auréole
Son front libérateur.
Une nouvelle ère commence,
Dieu nous l'a fait surgir ;
Elle ouvre à notre belle France
Les champs de l'avenir.

Parmi les nombreuses illuminations de la fête de l'Empereur, à Marvejols, le 15 août 1853, on remarquait celle de l'hôtel de la sous-préfecture, où avait été dressé un arc de triomphe de verdure surmonté de plusieurs drapeaux tricolores, au bas desquels brillait le buste de l'Empereur. Au centre, on lisait l'inscription suivante :

N.

Vive l'Empereur !

Père du peuple , l'Empereur,
Envoyé de Dieu vers la France,
Est venu calmer sa souffrance
Et garder son antique honneur.

E.

Vive l'Impératrice !

Du malheureux , l'Impératrice
Est le doux refuge et l'espoir,
C'est une auguste protectrice,
Elle fait bénir le pouvoir !

L'existence si pleine et si active de M. Jules Pautet du Parois se partage en deux phases, l'une littéraire, l'autre administrative ; les plus vives sympathies et le plus ardent dévouement marquent son administration vigilante, ferme et bienveillante, et plus de vingt volumes d'histoire, de politique et de littérature, témoignent de son amour du travail.

Ses diverses productions, pleines de verve, d'érudition et d'élégance, assurent à M. Pautet du Parois un rang distingué parmi nos bons écrivains, et justifieraient seules, dans sa vie si remplie, la place que nous avons cru devoir lui donner dans notre *Panthéon biographique universel.*

LÉON-SAINT-ROME.

NOTES. — Comme complément de la notice de M. Léon Saint-Rome sur M. Jules Pautet du Parois, nous reproduisons les passages suivants des discours adressés à M. le préfet

de la Lozère, par plusieurs maires de l'arrondissement de
Marvejols, lors de sa tournée administrative de 1853 : *M. le
maire d'Aumont :* « . . . . . Nous venons aussi vous dire
combien nous sommes heureux de l'administration sage, bienveillante et paternelle de notre digne sous-préfet. »

M. le maire de La Canourgue : « . . . . . Nous faisons tous
des vœux pour vous conserver longtemps à la tête de l'administration de notre département, ainsi que M. l'honorable et
savant sous-préfet de Marvejols, qui possède à si juste titre
toutes nos sympathies. »

M. le maire de Saint-Alban : « . . . . Aujourd'hui, que
nous avons l'honneur de vous posséder parmi nous, avec le
digne magistrat qui seconde si bien vos vues pour le bonheur
des populations de cet arrondissement, notre joie est parfaite.»

M. le maire de Serverette : « . . . Daigne aussi le Ciel
nous conserver l'honorable magistrat, qui préside d'une manière spéciale à cet arrondissement, et dont nous avons pu,
en maintes occasions, apprécier le mérite et les nobles qualités. »

M. le maire de Marvejols, lors de son installation qui a
eu lieu le 20 novembre 1853, s'est exprimé ainsi: « . . . . Je
suis heureux, dans mes nouvelles fonctions, de vous trouver
à la tête de l'administration de cet arrondissement, vous,
M. le Sous-Préfet, qui nous donnez des preuves continuelles
de votre zèle pour le bien de ce pays, de la sagesse et de la
vigilance de votre administration ferme et éclairée; puissent
mes efforts, secondés par les vôtres, faire prospérer cette
cité, au bonheur de laquelle je consacrerai mon temps et
mon étude. »

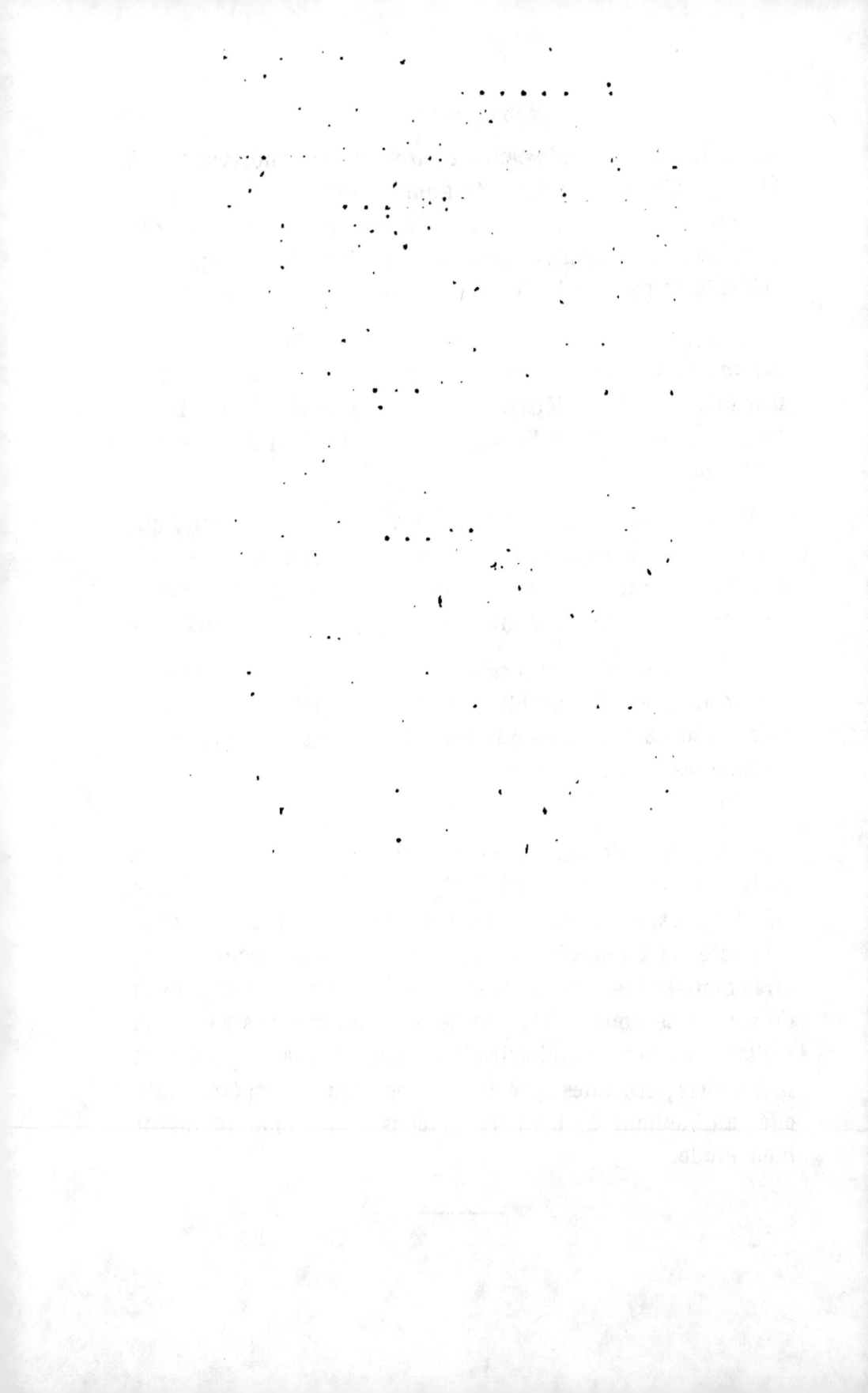

NOUVEAU MANUEL

COMPLET

DU BLASON.

SPARGERE VERUM SCRIPTIS.

PREMIÈRE SECTION.

PROLÉGOMÈNES.

Une saine philosophie voudrait que l'on ne jugeât pas les coutumes, les choses et les actes du passé avec les idées du présent. Il faudrait savoir se dépouiller de ses préjugés, ou jugements faits d'avance, pour se transporter, par un effort rétroactif de la pensée, sur le champ ouvert à nos méditations. Ainsi, nous saurions apprécier ce qui existait, en tenant compte du milieu dans lequel vivaient des idées qui nous paraissent sans signification aujourd'hui, faute par nous d'en saisir la raison d'être, faute par nous d'en saisir le symbolisme.

C'est en nous plaçant dans la situation que nous venons d'indiquer, que nous pourrions exercer notre jugement d'une manière digne de nous, parce que nous aurions alors en nous tous les éléments, toutes les conditions qui empêchent l'homme de se fourvoyer.

Mais non, nous aimons à jeter en avant nos appréciations, qui nous viennent d'autrui, bien souvent, et nous nous tenons pour très au courant des idées nouvelles, quand nous avons versé à pleins bords un dédain superbe sur les idées anciennes. Ceux qui s'occupent de recherches historiques ne procèdent pas ainsi : ils savent juger le passé, ils savent accepter ses idées pour se rendre compte de ses actes; ils savent, avant de proscrire, examiner; avant de crier anathème aux faits, approfondir les causes; ils savent braver le préjugé pour arriver à la connaissance du vrai.

C'est l'immense impulsion donnée, de nos jours, aux études historiques qui a fait mettre de côté cet incroyable mépris d'aujourd'hui pour les choses d'hier; sans elle, on passerait encore indifférent et froid devant nos basiliques du moyen-âge en leur lançant un coup-d'œil de dédain, et l'on serait tenté de voter leur destruction dans nos conseils municipaux, sénats au petit-pied, composés de citoyens probes, sans doute, mais peu compréhensifs à l'endroit des questions d'art; sans elle il n'y aurait d'autre passé que celui de la Grèce et de Rome; sans elle il faudrait passer l'éponge sur les siècles intermédiaires de Constantin, car on ne vous passerait pas même Charlemagne; de Constantin à 1789.

Grâce à Dieu, cette vigoureuse impulsion donnée par des mains habiles et fermes a amené une sage réaction en faveur de l'étude de ces grandes époques tant dédaignées; et puis la poésie, dont on est toujours avide, on l'avait à sa porte, dans la rue, sur les places publiques, sur les champs de bataille; elle marchait avec nos armées et galopait avec nos grands hommes de guerre, elle ceignait le front de l'Empereur d'une auréole immortelle : il était le grand poète de l'époque, le seul poète; car MM. Jay, Jouy, Arnaud et d'autres exhumaient les idées grecques et romaines, et faisaient des pastiches sans couleur; la poésie n'était pas là!

Mais quand le grand poème eut eu sa triple péripétie au Kremlin, à Waterloo et à Sainte-Hélène, il se fit un moment de grand silence; puis l'on prêta l'oreille aux accents de bardes nouveaux qui s'élevaient, continuateurs des trouvères, une lyre nationale dans les mains, ravivant d'antiques et religieux souvenirs où nos mœurs, notre langage, nos habitudes, nos pensées et notre religion avaient une large place.

Oh! combien l'âme s'épanouit alors à ces chants! Fatigué que l'on était d'un matérialisme sans portée, comme l'on revint avec ardeur à un vivifiant spiritualisme! Alors le signal de la réaction était donné, alors on se prit à regarder dans le profond abîme du passé pour en compter les richesses sans nombre, dans cet océan recéleur de tant de dépouilles opimes! Que de choses à étudier! que de choses à voir de près! Chaque homme intelligent voulut rapporter quelque objet de cet *Herculanum* englouti sous la cendre du volcan révolutionnaire, et l'on a rendu par la pensée toute une existence animée, colorée, bruyante, à d'immenses et vénérables ruines. Fort d'un présent assez bien fondé pour ne pas craindre les erreurs du passé, l'on s'est mis à examiner curieusement, à étudier et à décrire tant de nobles débris, tant de poétiques ruines qui donnaient la clef de l'organisation religieuse, civile et militaire des temps qui ne sont plus.

L'on s'est promené avec un avide intérêt dans les galeries de cette *Pompéia* moderne, et chaque jour l'on a ramassé sur les larges dalles de ses voies publiques et sur les mosaïques de ses sanctuaires privés, de saintes et nobles choses qui étaient bien dignes de fixer l'attention de tout homme studieux qui ne procède pas par l'anathème envers tout ce qui n'est pas de son époque, de tout philosophe calme qui aime à se rendre compte des choses et les juge avec son esprit, et non avec les préventions de son temps.

Au milieu de ces nobles débris, dans la poussière de ces intéressantes ruines, Napoléon ramassa le code des lois héraldiques; car il devait toujours devancer son époque, et il avait compris, bien avant la réaction dont nous avons parlé, tout ce qu'il y avait de noble et de grand dans ses dispositions. Il avait compris tout le parti qu'il en pouvait tirer, lui qui avait pris pour devise : *Honneur et Patrie!* Il avait jeté son coup-d'œil d'aigle sur le passé, que l'on connaissait à peine, et il avait su choisir ce qui pouvait lui venir en aide sans être en contradiction avec les idées nouvelles; les distinctions emblématiques, entre autres, lui semblaient de nature à jeter parmi les hommes une émulation fructueuse pour le pays, et paraissaient destinées à mettre en relief les capacités et les vertus.

La Constituante, du reste, lui avait donné l'exemple; car, tout en abolissant l'ordre royal et militaire de Saint-Louis, et l'institution du mérite militaire, en 1791, elle s'était réservé de statuer sur la création d'une décoration nationale, destinée à récompenser les vertus, les talents et les services rendus à l'État. On sait que l'on étouffa dans le sang les bonnes résolutions de cette noble assemblée pour y revenir plus tard; car là seulement était le véritable et intelligent amour du pays, et dans la malheureuse fraction de la Gironde.

Pendant que, d'une main puissante, Napoléon rouvrait les églises, de l'autre il rétablissait dans ses droits historiques et sociaux la science archéologique du blason. La Constituante et Napoléon ne croyaient nullement porter atteinte à l'égalité; nous ne parlons pas de l'égalité absolue, qui n'est qu'une détestable et absurde chimère, mais de l'égalité relative; de l'égalité devant la loi; ils ne croyaient pas, dis-je, porter atteinte à l'égalité en instituant des distinctions honorifiques, récompenses des services, des talents et des vertus; car ils n'y attachaient, l'une dans sa pensée, l'autre dans la réalité, aucun privilège matériel; et leur *chevalerie* étant accessible à tous et à chacun, où donc était

le privilège ? nulle part. Que restait-il ? le pouvoir de récompenser *par une idée,* notez bien ceci, *par une idée,* d'immenses services rendus au pays dans les armes; dans la
robe, dans les lettres; dans les sciences, dans les administrations! . . . .
. . Mais il faudrait ne point avoir au fond de l'âme le sentiment de la reconnaissance pour les actions utiles, pour blâmer les distinctions honorifiques; et si ce sentiment existe,
profondément enraciné au cœur de tout bon citoyen, il faut
l'épandre autour de soi, sans doute, dans le présent; mais
faut-il l'arracher de son âme quand il s'agit du passé ? Non,
assurément; eh bien ! c'est là qu'est tout entière l'importance de la science archéologique et politique du blason...

Partant de cette idée féconde, maintenant que le privilège
n'accompagne pas la distinction, sachons respecter les récompenses accordées jadis à des familles qui, la plupart, il
faut le dire, avaient contribué à la splendeur de l'Etat. Re-
cherchons curieusement la signification de tant de poétiques
symboles qui parlaient un langage hiéroglyphique, mais
éloquent; et puis ces symboles ne se rattachaient-ils pas de
près ou de loin à l'histoire générale; et si l'argent paya trop
souvent une distinction, le courage et la vertu n'en furent-ils
pas plus souvent encore l'origine ?

Ne nous y trompons pas; si nos pères furent si ardents à
détruire tous les signes de distinction, ce ne fut pas pour
établir et consacrer le principe d'une égalité chimérique,
mais bien à raison des *exemptions* que ces signes rapportaient.
Car, si ces signes n'eussent point accompagné de criants privilèges et détruit l'égalité vraie, celle qui passe son niveau sur
la tête de tous, en présence de la loi, jamais la Constituante
n'y eût porté la main, et la preuve en est dans l'intention
qu'elle avait de créer un *Ordre de chevalerie nationale.*

Mais ceux qui vinrent après elle, portés à la destruction
des moindres vestiges de ce qu'ils appelaient la féodalité,

comme si la féodalité n'était pas morte sous les coups de
Louis XI, de Richelieu et de Louis XIV, qui fit de ses grands
vassaux ses valets ; portés, dis-je, à la destruction des
moindres vestiges de l'ancien ordre de choses, frappèrent
sans distinction ; comme s'il n'y avait pas eu de services rendus ailleurs que dans les ruelles ; comme si leurs ascendants
directs même n'avaient pas souvent obtenu des récompenses
municipales pour leurs services dans l'échevinage, les consu-
lats, les chambres de ville, mairies, prévôtés, etc., etc., etc.
Mais dans les fièvres terribles qu'on appelle révolutions, on
frappe tout de *prime-sault*, comme dit Montaigne, sauf à
relever après. Nous avons bien vu détruire les noms propres,
et puis en ordonner ensuite l'usage ; nous avons bien vu frap-
per Dieu même, et puis proclamer ensuite son existence.

Ce qu'il y a sans doute de plus étonnant, dans cette immense rafale de signes, de symboles, de souvenirs, de devises et d'emblèmes, c'est de voir l'ardeur avec laquelle on
s'acharnait à la destruction des symboles qui rappelaient
les luttes de nos pères, luttes pareilles à celles même que
l'on avait provoquées contre le pouvoir ; en effet, le délire
fut si grand, que les nobles armoiries des villes elles-mêmes
ne trouvèrent pas grâce devant la colère barbare de la multitude. Et cependant, ces armoiries des villes, quelle est leur
origine ? la révolution communale des XIIᵉ et XIIIᵉ siècles, ce
grand mouvement où nos pères échappèrent, dans les villes
du moins, à la domination de petits tyrans locaux qui les traî-
naient à la guerre avec eux sous le moindre prétexte. La révolution communale, qui fut le coup le plus terrible que pouvait
recevoir la féodalité, loin d'être amenée par les grands, fut
provoquée par la bourgeoisie, et le seigneur sanctionnait plutôt
qu'il n'octroyait, des privilèges dont on lui arrachait la concession. Cette vérité, quelquefois contestée, est cependant pour
ainsi dire enregistrée dans les chartes d'affranchissement ;
nous y lisons cette invariable formule : *In nomine domini et*

individuæ trinitatis, Ego... dux... dedi et CONCESSI, *hominibus de,* etc. *Concessi,* j'ai accordé ; si le seigneur accordait, c'est qu'il lui avait été demandé ; l'un des mots entraîne l'autre comme conséquence. Mais ce qui vient à l'appui de cette vérité, c'est l'histoire qui nous révèle les luttes sanglantes qui marquèrent l'époque de la révolution communale ; aussi, ces chartes périssables, bien que couchées avec soin sur beau vélin, avec ces enluminures du temps, les sceaux et contre-scels des seigneurs, ne suffisaient pas à nos pères ; ils avaient encore soin de se faire construire un beffroi, signe d'affranchissement, et d'adopter un sceau *sigillum communie* (*sic*), dont ils prenaient le symbole dans l'histoire de leur ville, et qui formait la figure principale des armoiries de la cité affranchie. Noble et sainte origine, qui aurait dû préserver de la destruction le blason des villes quand on s'insurgea contre celui des individus !

Pour nous, pleins de respect pour la science héraldique, nous lui reconnaissons une valeur historique immense : elle tient de près à nos fastes nationaux, elle s'y mêle ; c'est ne vouloir point approfondir la vie d'un peuple que d'en négliger l'étude. Avec quel bonheur ne se promène-t-on pas dans le vaste et poétique champ de ces innombrables symboles qui témoignent du courage de nos ancêtres ! Avec quelle joie n'assiste-t-on pas à l'existence animée de ces temps pleins de poésie, où l'homme de guerre, l'homme d'église, le bourgeois, le trouvère, la douce châtelaine, le pieux pélerin se pressaient aux abords du champ-clos du tournoi, pour assister aux pas-d'armes depuis longtemps annoncés ! Avec quelle satisfaction ne voit-on pas grandir au milieu de cette France si morcelée, la puissance de la bourgeoisie qui avait ses armoiries aussi, elle ; car partout où il y avait lutte pour la conquête ou le maintien de ses droits entre elle et les seigneurs, il fallait aux chefs, couverts de fer, des signes distinctifs pour se faire suivre et obéir dans la mêlée des rues et sur les champs de bataille.

Ces derniers paragraphes de nos prolégomènes touchent à

l'*origine des armoiries*, qui doit faire le sujet du discours préliminaire de ce livre ; mais notons dès actuellement que nous ne marchons point sur les traces de nos devanciers, qui ont trop restreint cette *origine*, et qui n'ont pas, que nous sachions, signalé l'une des sources les plus sûres de la régularisation des armoiries ; je dis régularisation, car les signes symboliques des chefs, ou armoiries, existent depuis qu'il y a des luttes entre les hommes ; ces signes symboliques, il est vrai, ne furent l'objet de concessions régulières que vers ces mémorables époques, sauf les concessions de sceau qui remontent à Charlemagne et au-delà.

Les auteurs qui nous ont précédé dans la carrière héraldique, sans doute par ménagement pour des pouvoirs qui voulaient oublier les grandes luttes communales, n'ont jamais parlé de cette source féconde d'armoiries que nous appellerons *murales*, et d'armoiries personnelles, qui souvent réagissaient les unes sur les autres.

Les croisades, les fêtes, les tournois, les révolutions communales, ne firent que régulariser ce qui existait ; elles donnèrent les éléments des codes héraldiques dont les lois, auparavant, suivaient les fluctuations de la fantaisie. Ainsi les Montmorency portaient *d'or à la croix d'argent cantonnée de quatre alérions d'azur*, ce qui est contraire aux lois héraldiques qui défendent de mettre dans l'écu métal sur métal, ou couleur sur couleur. Ces armoiries sont de là nature de celles qu'on appelle *à enquérir*, parce qu'il faut *chercher* la cause de leur irrégularité. Cette cause n'est autre que l'existence même de ces armes avant l'adoption d'un certain nombre de lois, qui sous Philippe-Auguste, déjà, formaient un code. C'est ce grand roi qui régularisa bien noblement les armoiries qui nous occupent, lorsque Mathieu Ier de Montmorency, qui combattait à Bouvines, y fit d'admirables prouesses et fut amené devant le roi avec douze drapeaux pris sur l'ennemi. Mathieu Ier, couvert de blessures, se tenait encore debout devant Philippe-Auguste, qui passa son doigt sur le sang qui recouvrait l'armure du guerrier, et traça une croix sur son écu, en lui disant : « O brave homme, je veux qu'à l'avenir vous remplaciez votre croix d'argent en croix de gueules, et que vous ajoutiez, en souvenir des drapeaux que vous m'apportez, douze aigles désarmés (alérions) aux quatre qui sont sur votre écu. C'est depuis cette époque que les Montmorency portent *d'or à la croix de gueules cantonnée de seize alérions d'azur*, ce qui est tout-à-fait conforme aux lois dont nous donnerons plus loin le Code.

Certes, ce souvenir héraldique vaut à lui seul toute une page d'histoire pour celui qui sait lire les symboles héroïques des temps passés. En faudrait-il davantage pour faire comprendre l'importance de l'étude du blason? Faudrait-il ajouter que beaucoup de faits obscurs, que beaucoup de noms importants de familles, jaillissent brillants et nets, reparaissent sous les couches de noms de fiefs, par cette intéressante étude.

Et puis, il faut enfin abandonner ce comique orgueil qui nous fait croire que tout ce que nous avons tué chez nous est bien mort partout. Il faut bien nous persuader qu'en franchissant la Manche, le Rhin, les Alpes et les mers, nous retrouvons partout, fort et vivace, le poétique et mystérieux langage du blason, et que nous paraissons, au-delà de nos frontières, n'avoir pas complété notre instruction en négligeant de nous familiariser avec une étude utile et curieuse. Il ne faudrait pas supposer que cette étude ne présentât d'utilité qu'aux hommes titrés qui peuvent avoir des relations par leurs fonctions et leur position avec la noblesse étrangère, ce serait commettre une grave erreur ; les historiens, les poètes, les romanciers, les peintres, les sculpteurs, les graveurs, les fondeurs en caractères, les architectes, les touristes doivent pouvoir blasonner les armoiries qu'on leur demande ; celles qu'ils rencontrent sur leur passage, celles qu'ils créent quelquefois par la seule puissance de leur volonté. Sans cela, les uns et les autres tombent dans les erreurs les plus comiques et les plus déplorables : comiques quand ces erreurs ne servent qu'à démontrer l'ignorance ; déplorables quand elles peuvent altérer l'histoire.

Ainsi, nous avons vu des auteurs, recommandables d'ailleurs, commettre des fautes grossières à l'endroit du code héraldique, fautes qui mériteraient l'application la plus rigoureuse des lois pénales de l'érudition *héroïque*, comme on disait autrefois.

Que de fois l'historien retrouve dans cette étude les causes d'effets qui sans elle lui seraient inexplicables. Ainsi, quand l'illustre Simonde de Sismondi voit l'intérêt puissant que Jules II portait à la république de Sienne, il en trouve les motifs dans un fait héraldique : La Balie de Sienne reconnut dans le pape Jules II un descendant d'une noble famille éteinte, qui avait comme lui pour armes parlantes un chêne ; mais cette descendance ne pouvait guère se prouver que par le rapport du rouvre des Rovère avec les glands des Ghiandaroni. Le pape, qui désirait ardemment donner de l'illustration à sa famille plébéienne, se prêta à ce rapprochement. Il comprit dès lors Sienne dans toutes ses alliances, et embrassa la défense de tous les intérêts de cette république.

Les poètes de nos jours qui ont eu le bon esprit de ne plus établir entre eux et leurs ascendants, les troubadours et les trouvères, de solution de continuité, n'ont-ils pas le plus grand besoin de connaître la science *héroïque*, puisqu'ils imitent dans leurs ballades d'aujourd'hui celles de leurs devanciers, où se reproduit la vie chevaleresque avec tous ses accessoires. Et le lai, la sirvente, la ballade, le rondeau, le poème du moyen-àge, ne contiennent-ils pas une suite d'indications dont le sens échappe si l'on est resté étranger à la science du blason ?

Les romanciers qui font de fréquentes excursions dans les champs de l'histoire, ne seraient-ils pas fort souvent embarrassés quand ils veulent mettre en présence des héros vrais, des héros supposés dont ils ont besoin pour leur action? Ils donneraient aux uns des armoiries sans signification, qui heurteraient l'histoire, ils en créeraient d'irrégulières qui ne leur feraient point honneur, si la science du blason ne leur était pas familière. Et ce n'est point une connaissance légère du blason qu'il leur faut, mais une connaissance approfondie, s'ils tiennent à ne point commettre d'erreurs graves. Ainsi, le romancier, d'après des *armes de prétention* (nous verrons plus tard ce que cela veut dire), attribuerait à un prince, des possessions qui n'auraient jamais été les siennes, il prêterait à rire aux savants et induirait en erreur ceux qui acceptent comme article de foi tout ce qui est imprimé. Cependant, le mystérieux langage de l'écu de son héros lui aurait appris que cette possession est bien en effet comprise dans ses domaines.

Le peintre, quand il retrace l'une des phases de la vie d'un héros, doit savoir où placer son écu; quelle forme lui donner, quelle couleur le charge, quelle pièce l'accompagne; il doit se rendre compte de ce qu'il fait, ou il n'est qu'un inhabile copiste. Et si, dans le sujet qu'il a choisi, se trouvent des écus dont les émaux ne sont point exacts; si les écus ne sont que décrits et non représentés, s'il sont sculptés sur la tour du vieux manoir, ou gravés sur une plaque de cuivre, s'ils sont dans un manuscrit mal enluminé, s'ils se trouvent dans un livre représentés en noir, il doit pouvoir rectifier les erreurs, lire sur la pierre, sur le cuivre, sur le bois, les couleurs dont il doit orner les armes de son héros.

Le sculpteur doit connaître la forme des écus, leur variété pour pouvoir en orner avec science les tombeaux et les statues, les chapiteaux, les clefs de voûtes, etc. Il doit savoir les différentes phases qu'a parcourues l'art héraldique, pour ne pas placer des couronnes, des lambrequins, des cimiers là où il n'y en avait point, là où il ne pouvait y en avoir.

Les graveurs, quand on leur apporte des armes à reproduire, doivent connaître les différentes hachures qui donnent les couleurs sans couleur, et qui font lire et blasonner avec autant de facilité que si les sept teintes de l'arc-en-ciel étaient au bout de leur burin.

Le fondeur en caractères, qui n'a que les mêmes ressources pour reproduire les émaux des armoiries pour les nombreux livres qui s'impriment aujourd'hui sur la science héraldique, doit avoir une connaissance assez étendue des lois du blason.

L'architecte appelé chaque jour à restaurer d'anciens monuments religieux qui portent les armoiries de leurs fondateurs sur leurs portes, sur leurs voûtes, sur leurs ogives, sur leurs croisées de pierre, doit être à même d'ordonner une réparation intelligente et de contredire des assertions fausses sur tel ou tel cas héraldique qui se présente à traiter. Et les hôtels-de-ville, ces monuments que le peuple a partout respectés dans ses colères, parce que là se faisait toujours le centre de son action, l'architecte doit pouvoir les restaurer avec soin et savoir; il ne faut pas qu'il s'abandonne à sa fantaisie ou à celle des conseils municipaux qui, faute d'accorder des fonds suffisants, laissent ces centres de la vie populaire perdre tout caractère public en les transformant en agglomération de salons, commodes sans doute, mais sans souvenir, sans passé, sans histoire, sans symboles, sans voix qui raconte les jours écoulés. Et si des fonds lui sont accordés, il ne faut pas que ses restaurations soient faites sans connaissance des luttes communales qui ont amené les armoiries *murales* (c'est notre mot, nous y tenons parce qu'il est net) de la cité qui fait un appel à la science. Il doit connaître les vieilles devises de la ville; il doit s'informer s'il n'y a pas eu plusieurs modifications apportées aux armes de la cité; et s'il y en a eu plusieurs, il doit reproduire de préférence les armes qui remontent à la fondation de la commune ou à celle de l'édifice lui-même.

Et le touriste, s'il n'est pas un de ces mille oisifs voyageant pour échapper à l'ennui qui ne perd jamais, hélas! ses

droits sur les sots, ne doit-il pas pouvoir lire un écusson sur
de vieilles ou de jeunes ruines; vingtfois dans les contrées où
des hommes tels que St-Bernard, par exemple, auront ha-
bité, les *ciceroni* attribueront tout à ces hommes culminants,
la fondation d'une église de leur temps : cela est bien parce
que cela est possible ; et puis, la fondation d'une chapelle
élevée cent ans après leur mort, l'érection d'un tombeau
sculpté au xive siècle, aux hommes du xiie !... S'il ne connaît pas le langage des symboles héraldiques, il ne pourra
pas assigner lui-même une époque fixe et sûre au monument
qu'il aura devant les yeux, malgré l'écu armorié qui le timbre.
S'il n'a nulle idée de cette curieuse science, il passera indifférent et froid devant des signes qui, bien expliqués, pourraient
éclaircir peut-être un point douteux d'histoire. S'il a au cœur
la froide indifférence que j'ai vue bien souvent, chez des hommes même distingués d'ailleurs, pour les hyérogliphes qui
nous occupent, un grand nombre d'objets curieux lui échap-
peront: il ne saisira pas le sens de tout ce qu'il verra; il ne
connaîtra pas la raison d'être de telle ou telle page de pierre
toute historique, il courra le risque de voyager en aveugle.

Mais ce qui domine cette matière, c'est l'importance des
armoiries *murales*; là, toutes les antipathies doivent dispa-
raître, là, doivent se confondre tous les intérêts : mettez de
côté, si vous le voulez absolument, les armoiries personnelles,
et cependant ce sera une hérésie, car la vie historique de
telle ou telle famille fait partie de la vie générale de la nation; mais nous admettons un instant votre répugnance ;
mettez-les donc de côté, et voyez avec nous s'il ne vous
reste rien à étudier de cette science ?

Eh quoi! vous voulez rompre avec votre passé municipal;
vous voulez oublier les luttes communales de votre cité natale ;
vous ne vous sentez rien au cœur pour votre orgueilleux beffroi,
signal d'affranchissement, symbole ou témoin de luttes glo-
rieuses! eh quoi! vous vous sentez pris de dédain à l'aspect

d'un écu dont vos pères,au XIIe ou au XIIIe siècle.ont payé l'honneur de leur noble sang ! Ne les voyez-vous pas d'ici se rendre
dans l'immense cathédrale pour remercier Dieu de leur liberté,
et se réunir ensuite sur les tombes de leurs aïeux pour élire
un vicomte Maïeur et des Echevins; et pour arrêter un signe
symbolique de la *Commune*, vous ne les voyez pas, plus tard,
placer cet écu et les symboles qu'il représente sur une noble
bannière qui ralliera les guerriers de la cité qui combattent
pour conserver leurs droits ou pour protéger leurs remparts et
leur patrie. Cet écu, ces symboles, ils sont de la même famille
que les écus et les symboles qui vous offusquent; et cependant
il faudrait pouvoir les lire, les expliquer, les dessiner, les graver, et reproduire, en un mot, d'une manière quelconque; car
ce sont vos chartes à vous, vos lois, vos coutumes primitives
dont il est resté, croyez-le bien, quelque chose dans vos mœurs,
et qui se trouvent symbolisées par les armoiries.

Il faut donc les étudier ces signes mystérieux qui ne doivent plus vous inspirer de crainte, puisqu'ils ne sont plus
que l'expression d'un glorieux passé, et que nul privilège n'y
est attaché, si ce n'est celui d'attirer l'attention sur des exis-
tences comptables de leur allure aux faits et gestes de braves, loyaux et dignes ascendants.

Si l'on convient avec nous que la plupart des armoiries murales sont de nature à exciter l'orgueil et le respect, il en est
d'autres qui, bien que personnelles, doivent obtenir notre vénération. Nous en citerons quelques-unes, et il y en a des milliers.

Parmi les plus nobles armes, celles de concession, nous
avons cité celles de Montmorency; mais il est des noms aussi
chers à la France et qui ont jeté un double éclat, entre autres celui de Châteaubriand. Certes, l'homme le plus hostile
aux destructions héraldiques, s'il a lu les œuvres du grand
écrivain, qui contribua chez nous à relier le présent au passé,
à effacer la solution de continuité nationale que l'on s'efforçait
à creuser sur le sol de nos souvenirs, comme si l'on ne pou-

vait pas se rappeler sans courir le risque d'imiter, comme s'il
ne fallait plus dater l'histoire que d'hier, nos victoires que
de la veille ! s'il a lu ses œuvres, et même s'il ne les a pas
lues, dans ce cas, la renommée du grand homme lui inspire
l'obligation de ne pas avouer son indifférence : l'homme le
plus hostile aux distinctions symboliques sera avide de connaître les armoiries de l'auteur de génie qui contribua à donner du relief à la France ; il ne saurait, nous l'espérons du
moins apprendre sans un vif intérêt que le seizième aïeul de
l'auteur du *Génie du Christianisme,* Geoffroy V, baron de
Châteaubriand, accompagnant St-Louis à la Terre-Sainte, en
1250, fit des merveilles aux différents combats qui se livrèrent près de la Massoure ; partout l'on voyait apparaître ce 3ᵉ
des neuf barons, Pairs de Bretagne, qualifiés princes sur les
monuments du xvᵉ siècle ; partout son écu *de gueules semé de
pommes de pin d'or* portait la terreur dans les rangs ennemis.
Si bien que la nouvelle de la mort du haut baron se répandit
avec le bruit de ses exploits, tant il était peu croyable qu'i
n'eût pas succombé après de si terribles faits d'armes. Cette
sinistre nouvelle arriva jusqu'en Bretagne et franchit les murs
du castel du preux, le deuil était dans le noble donjon ! Mais
tout-à-coup on apprend que le loyal baron revient; les sen-
tinelles voient arriver un gros de cavaliers ; elles distinguent
un guerrier qui a toutes les allures de leur seigneur, c'est lui ;
et cependant son écu, au lieu de pommes de pin, porte *semé
de fleur-de-lis de France.* Cette concession de Saint-Louis,
qui voulut par là reconnaître les services du preux, n'arrête
pas madame de Châteaubriand ; elle a reconnu le baron, elle
descend dans la cour d'honneur, pleine d'une joie immense
et ardente, elle se jette dans les bras de son noble époux et
meurt de saisissement. C'est de cette époque que les Châteaubriand portent *de gueules semé de fleurs-de-lis de France.*
Nous donnerons les armoiries de notre grand écrivain avec
sa devise : *mon sang teint les bannières de France!*

Et cette jeune fille, inspirée de Dieu, cette libératrice du sol de France, qui, par son noble enthousiasme, reflet de l'enthousiasme guerrier et religieux du peuple, du peuple qui voulait à tout prix délivrer la patrie de l'invasion étrangère, cette vierge pure et sacrée, qu'un génie infernal n'a pu suffire à vouer au ridicule, parce que la vérité grande, forte, poétique, était pour elle, parce que sa pensée était la pensée intime de la nation, parce que rien n'est plus sacré que le courage qui affranchit un peuple du joug étranger, parce que les sentiments d'honneur et de reconnaissance sont quelquefois, en France, détournés de leur voie, mais ils ne périssent jamais; cette vierge touchante et sublime, dont le dévouement inspira le génie d'une femme à jamais regrettable, qui savait allier la grandeur de l'âme à la noblesse du sang, qui, née sur les marches du plus beau trône du monde, savait joindre la brillante auréole de l'art à la couronne du rang suprême, cette vierge qui a trouvé plus d'une femme poète qui la chante dans son âme parce que femme elle est mieux comprise par la femme (1); ne se sent-on pas au cœur un vif désir de connaître comment Charles VII a voulu perpétuer le souvenir de l'immense service rendu par la *pucelle d'Orléans*, en anoblissant sa famille, et en lui concédant des armoiries très-significatives. Laissons parler le bon Paradin, dans ses devises héroïques, d'après Eug. De Monstrelet: *L'épée couronnée, ensemble deux fleurs-de-lis, reluisant jadis en l'enseigne de la pucelle d'Orléans, est un perpétuel monument de la défense et protection de France.*

Si les Romains ont fait si grand cas d'une vierge, Clélie, qui se sauva elle-même au travers du Tibre; combien devons-nous faire plus d'estime de cette Jeanne de Vaucou-

(1) L'auteur connaît entre autres un admirable poème inédit sur Jeanne, composé par une jeune dame, digne par son âme élevée de comprendre notre héroïne, et de rendre avec un poétique bonheur les phases de sa sainte mission : il fait des vœux pour sa publication. Hélas! depuis l'impitoyable mort a ravi cette haute et poétique intelligence qui ferait honneur à la France si ses œuvres étaient connues!

leurs, fatalement adressée de Dieu pour encourager Charles VII, redresser les affaires de France et sauver de prise et de sac la cité d'Orléans, laquelle garde la mémoire de sa délivrance tant par sa statue de bronze, sur le pont de Loire, que par le discours de ses faits enregistré en l'hôtel de cette ville. Elle estoit aussi chaste en son cors qu'innocente du crime de sorcellerie à elle mis sus par les Anglais qui à tort la firent brûler vive à Rouen.

C'est à Meuns-sur-Yèvre que Charles VII, en décembre 1429, accorda à Jeanne d'Arc et à toute sa famille, des lettres de noblesse, « afin, dit le roi, de rendre gloire à la haute et divine sagesse des grâces nombreuses et éclatantes dont il lui a plu de nous combler par le célèbre ministère de notre chère et bien-aimée la pucelle Jeanne d'Arc, de Domrémi, et que par le secours de la divine providence nous avons espérance de voir s'accroître encore. » Par une fort remarquable exception, les lettres d'anoblissement, données par Charles VII, comprenaient les mâles et les femmes à perpétuité. On ne conçoit pas les motifs qui engagèrent le parlement, en 1614, à restreindre la noblesse dans la famille *Du Lys* aux seuls mâles.

Les armes des Du Lys, que la pucelle ne porta pas sur son écu, étaient *d'azur à une épée d'argent en pal, croisée et pommetée d'or et cotoyée de deux fleurs-de-lis d'or.*

Certes cette concession était bien méritée, et n'était-ce pas engager l'avenir de la famille en lui accordant des marques d'honneur si haut parlantes ! Ces citations sont de nature à faire comprendre aux sceptiques l'importance de l'étude héraldique, et à leur montrer l'utilité des institutions qui donnent de nobles moyens de récompenser les plus hauts services. Et puis cela est acquis à l'histoire, et ne faut-il pas savoir lire l'histoire dans toutes ses différentes manifestations.

Mais si nous franchissons les limites de notre France, où nous pourrions puiser de nombreux exemples d'armoiries qui doivent exciter l'intérêt de tous, même des plus hostiles, nous rencontrerons entre autres la grande et imposante figure de *Christophe Colomb*, par exemple, de cet homme de génie qui nous dota d'un monde nouveau, et mit l'Europe sur des voies nouvelles dont elle avait besoin pour se retremper et verser le trop plein de ses populations agglomérées.

Quel est donc celui qui ne se sentirait pas plein de respect pour ce grand homme ? Quel est celui pour qui tous les détails d'une pareille vie ne seraient point précieux. Quel est celui qui n'aimerait pas à suivre cet homme éminent dans les hasards périlleux de ses recherches, et qui ne désirerait pas le suivre dans le palais des rois pour savoir quelle récompense attendait ce génie si longtemps repoussé ?

De Charlevoix, après avoir parlé de la marche glorieuse de Colomb à travers l'Espagne, nous le montre à Barcelone, conduit en triomphe par la ville, et présenté au roi et à la reine qui lui avaient écrit avec cette suscription : A DOM CHRISTOPHE COLOMB, NOTRE AMIRAL SUR LA MER OCÉANE, VICE-ROY ET GOUVERNEUR DES ISLES QUI ONT ÉTÉ DÉCOUVERTES DANS LES INDES. Le roi et la reine l'attendaient en dehors du palais, revêtus des habits royaux, sous un dais magnifique, le prince d'Espagne à leur côté, et au milieu de la plus brillante cour qu'on eût vue depuis longtemps dans ces royaumes. Dès qu'il aperçut leurs altesses, il courut se prosterner à leurs pieds, et leur baiser la main ; mais Ferdinand lui fit signe aussitôt de se relever, et lui commanda de s'asseoir sur une chaise qui lui avait été préparée, après quoi il reçut ordre de raconter à haute voix ce qui lui était arrivé de plus remarquable. Il obéit et parla avec tant de réserve et un air si noble, qu'il charma toute l'assemblée, et que ceux même qui commençaient à le regarder avec des yeux jaloux, ne purent lui refuser leur estime, ni se dispenser de lui en donner des marques publiques. Tout le monde se mit ensuite à genoux, à l'exemple du roi et de la reine, et le *Te Deum*, chanté par la musique de la chapelle, termina l'audience.

« Les jours suivants, le roi ne parut point dans la ville, qu'il n'eût le prince son fils à sa droite, et Colomb à sa gauche. A l'exemple du souverain, tous les grands d'Espagne s'étudièrent à l'envi à combler d'honneurs l'amiral vice-roi ; et le cardinal de Mendoze l'ayant invité à manger, lui donna la première place, le fit servir à plats couverts, et fit essayer tous les mets qu'on lui présenta, ce que presque tous les grands imitèrent dans la suite. Ses deux frères Barthélemy et Diégo, quoiqu'ils ne fussent pas alors dans le royaume, eurent aussi part aux libéralités du roi. Le titre de *dom* leur fut accordé, et toute la famille obtint des armoiries magnifiques. Elles sont : *Au premier de Castille, au second de Léon, au troisième une mer d'azur semée d'isles d'argent, la moitié de la circonférence environnée de la terre ferme, des grains d'or répandus partout, les terres et les isles couvertes d'arbres toujours verts ! au quatrième d'azur à quatre ancres d'or, et en dessous les armes des anciens Colombs de Plaisance, et pour cimier un globe surmonté d'une croix, avec cette devise :*

POR CASTILLA, Y POR LEON,
NVEVO MVNDO HALLO COLON,

c'est-à-dire, *Colomb a découvert un nouveau monde pour les couronnes de Castille et de Léon.* »

Certes, voilà des armoiries significatives, noblement gagnées, noblement données et noblement portées. Qui ne serait curieux de les connaître, qui ne serait plein de respect et de vénération pour elles (1).

Mais passons aux républiques, et voyons si là nous ne trouverons pas encore des armoiries dignes de fixer notre attention, et qui motiveront encore, aux yeux des hommes qui jugent de haut et d'ensemble, l'étude d'une science pleine de charmes et d'enseignements historiques utiles.

Entre mille exemples, choisissons celui qui nous offrira un

(1) Voir les planches.

Blason. 4

Blason chargé de lettres, ce qui rentrera dans nos études ; car l'existence des lettres est rare dans les armoiries, et cette preuve de la légalité de leur présence sur un écu consacrera pour nous l'un des articles de notre code héraldique. Nous lisons dans la *Toscane française*, par messire Jean-Baptiste l'hermite de Soliers, dit Tristan :

« Les Magalotti, qualifiez entre les premiers citoyens de Florence dès l'année 1200 (comme le rapporte Paulo Mini), avaient leur ancienne demeure au quartier du Saint-Esprit, d'où sont sortis plusieurs Gonfannoniers, Seigneurs et Prieurs *de la liberté publique*. (Que l'on remarque bien ces mots, ces alliances de dignités nobiliaires avec les idées de liberté !) Scipione Amiratto parlant des premières guerres des Guelfes et Gibelins, place les Magalotti entre les plus puissants. Il les rend aussi protecteurs du peuple et du party des Blancs. »

« Jean, fils de François Magalotti, fut choisi l'un des lieutenants-généraux de l'armée de la république contre Barnabé vicomte. »

Après la victoire, on leur décerna un triomphe comme aux conservateurs de la liberté de la Toscane, la *République* leur envoya à chacun une *targe* et un *pennon* sur lesquels leurs armes étaient peintes, avec le mot LIBERTAS. Ces généraux furent, d'un commun consentement, appelés *les saints de la République.*

Depuis lors tous les membres de la famille Magalotti portèrent ce mot au chef de leurs armes (1), qui sont, selon Ugolino Verini, dans son livre *de illustratione vrbis Florentiæ*, semblables à celles des Salviati :

Saluiatvm soboles coposacca ex stirpe creata est vtatvr quamuis signo Magalottvs eodem.

Mais si, de l'une des républiques du moyen-âge, nous passons aux républiques de nos jours, à celles qui composent

(1) Voir les planches.

la confédération helvétique par exemple, nous comprendrons davantage encore la nécessité de la connaissance du blason; et nous sentirons s'amoindrir peu à peu le ridicule dédain que de sots préjugés entretenaient dans notre esprit contre une noble science.

Qui donc, en effet, ne serait pas curieux de connaître, de lire, d'expliquer le blason des trois nobles cantons qui, au xive siècle, donnèrent le signal de l'affranchissement de la terre helvétique, qui est devenue celle de la liberté? Switz, Uri, Underwald, ces noms ont eu trop de retentissement pour ne pas vibrer dans l'âme de tout ce qui aime l'énergie et l'indépendance, et les plus dédaigneux demanderont à connaître les armoiries de ces trois cantons, puis successivement celles des dix qui se groupèrent à l'entour, et enfin les signes symboliques des douze autres cantons morcelés de celui de Berne, conquis sur la Savoie, l'Allemagne et l'Italie, par ces fiers descendants des Guillaume-Tell, des Winkelried et de tant d'autres héros républicains qui fondèrent l'indépendance de l'Helvétie.

Et puis, en parcourant la Suisse, on retrouve dans les anciens cantons, et notamment dans celui du Valais, l'usage des armoiries répandu dans les plus modestes classes de la société; pour nous, en allant au Saint-Bernard, en 1828, nous nous sommes arrêtés à Saint-Branchier, chez d'honnêtes cultivateurs, qui, à défaut d'auberge, reçoivent les voyageurs fatigués que le soir surprend dans les Alpes; là nous avons vu le portrait de l'un des ascendants directs de la famille, orné d'un écusson armorié, représentant, *en champ d'azur, un ver à soie d'argent filant son fil d'or*; la famille s'appelle Sérice, ce sont des armes parlantes, *Sericum*, étoffe de soie. On le voit, si nous dédaignions ici, là on nous dédaignerait si nous négligions une science familière à tous, et qui, dans les pays *les plus jaloux de leur liberté*, a droit de bourgeoisie.

Beaucoup d'autres armoiries doivent encore, indépendamment de l'intérêt historique, exciter nos sympathies ; le nombre en est trop considérable pour ne pas nous borner à ce que nous avons dit avant d'aborder ce qui concerne, au point de vue où nous nous sommes placé, les armoiries de la puissance ecclésiastique.

Si nos révolutions successives ont allumé dans nos cœurs une soif inextinguible d'égalité qui nous porte à pousser ce principe en dehors de ces limites raisonnables, en dehors du *relatif* et sur la route absurde de l'*absolu*; si notre impatience de toute supériorité est telle que nous confondions *ce qui se distingue* avec *ce qui est privilégié*, comme si la différence n'était pas immense ; si, rompant avec tout un glorieux passé qui nous est propre, avec les souvenirs des anciens peuples des républiques anciennes et modernes et avec les peuples même de notre époque, nous voulons nous isoler, nier la puissance des distinctions sur les hommes, méconnaître le parti que l'on peut en tirer, et les grandes choses que l'on peut en faire sortir ; si, en un mot, nous voulons passer un niveau impossible sur toutes les têtes, étudions encore la science héraldique sous le point de vue archéologique ; mais étudions-la surtout comme peuple catholique, et glorieux de l'être ; car si nous avons vu tomber autour de nous tant de puissances, tant de grandeurs qui se croyaient éternelles, et si nous avons vu la puissance catholique rester debout et immuable, comprenons que c'est là le rocher inébranlable au milieu des flots et des tourmentes, et rallions-nous autour de lui ; c'est à lui qu'appartient cette force divine qui défie les efforts de l'erreur des siècles agités ; phare immense qui groupe le monde autour de soi, astre suprême qui éclaire l'humanité ! Alors, relevant tous de cette grandeur, *sans abdiquer leurs nationalités* diverses qui tiennent à la masse imposante de leurs souvenirs, à l'histoire de leurs luttes et de leurs efforts, les peuples qui s'abritent (et la France est du nombre) sous la tente divine qui leur est dres-

sée par les successeurs de saint Pierre, jetteront-ils le dédain
aux marques de la puissance qu'ils reconnaissent, et de laquelle ils attendent la règle de leur conduite? Et les symboles sacrés de cette force précieuse venue d'en haut, alors
que tant de pouvoirs se disent aujourd'hui sortis des hommes,
et sont par conséquent mobiles, ces symboles sacrés, ils en
négligeraient l'étude! Non, non, pour ce qui regarde la France,
si nous ne voulons pas des emblèmes pour nous, sachons les
connaître et les respecter en dehors de nos frontières, et surtout quand ils émanent de Rome, *urbs æterna*. Ne proscri-
vons pas d'un côté ce que nous admettons de l'autre.

Il est aussi une puissance pleine de poésie maintenant, une
puissance pour laquelle est née déjà la postérité qui la juge
sans passion, une puissance restée debout dans le cœur du
peuple, une puissance dont l'auréole couvre la France sans
peser sur elle, une puissance qui survit dans l'âme de tous à
son propre anéantissement, par la seule force du souvenir,
une puissance qui a jeté à pleine main la gloire et les pres-
tiges sur la France avide de gloire et de grandeur, une puissance qui subjugua par l'épée, mais aussi par la pensée, par
l'idée! une puissance chère à la France par tout ce que la
gloire sait remuer de nobles sentiments dans l'âme humaine,
une puissance chère à la France par tout ce que le cœur humain renferme d'orgueil, quand on lui dit : avance, et tout
s'abaissera devant toi! une puissance qui a bien des racines
dans le cœur des Français, une puissance dont sans cesse on
invoque les actes et les souvenirs, une puissance, celle du
glorieux et magique souvenir de Napoléon Ier, dont les lettres et les arts s'emparent à l'envi pour l'exalter et la faire
revivre par la plume, le burin, le ciseau et le pinceau. Napoléon Ier a cru devoir aussi (et c'était là pensée de la Constituante) créer des récompenses symboliques et s'environner
d'hommes de choix qui avaient concouru à augmenter sa
splendeur, et donner à ces hommes de nobles signes, hiéro-

glyphes d'une gloire accessible à tout ce qui s'élevait par son courage, son génie, son talent ou sa vertu. Et ce sont ces nobles signes, donnés par des mains si chères, que l'on repousserait aujourd'hui, et que l'on ne voudrait pas même lire et expliquer; mais cela tient à notre passé à nous tous et à notre passé d'hier; et quand nous voyons encore défiler dans nos souvenirs ces immortelles phalanges qui ont porté si haut et si loin notre nom, commandées par les nobles chefs qu'un coup-d'œil d'aigle avait fait sortir de la foule pour leur donner le premier rang, ne nous sentons-nous pas le désir de connaître dans tous leurs détails les signes symboliques donnés par l'empereur, et qui perpétueront, avec l'histoire, le souvenir des hauts-faits et des conquêtes de ces géants modernes! On le voit, tout invite, tout porte à l'étude des emblèmes héroïques; la dernière considération que nous avons à faire valoir le prouvera encore d'une manière palpable et irréfragable.

Nous voulons parler des signaux maritimes et des pavillons : chaque jour nos populations maritimes, nos marins, nos officiers, nos voyageurs, nos commerçants, nos touristes même, reconnaissent la nécessité de l'étude héraldique; les pavillons qui passent sous leurs yeux sont une lettre morte pour eux s'ils ne connaissent pas, ne serait-ce que d'une manière sommaire, les lois du blason; car elles peuvent donner les indications les plus sûres pour reconnaître les pavillons et même, dans certains d'entre eux, par la position des pièces et figures, la situation des états, par exemple, la vacance du St-Siège, etc.

Ceci nous conduit naturellement à la science du numismate, qui est tout-à-fait incomplète s'il ne peut reconnaître ces différentes armoiries des états, républiques, empires, royaumes, etc. Comment pourrait-il lire avec fruit, et nous en disons autant de l'historien, et même de celui qui étudie l'histoire par goût ou délassement, comment pourraient-ils lire avec intelligence, les uns et les autres, les *histoires métalliques* (histoires par les médailles), qui offrent tant de charmes et dont les assertions empruntent, pour ainsi dire, leur force de celle de l'airain sur lequel elles s'appuient? Ces histoires métalliques, si chères à la science, si précieuses pour ceux qui veulent réunir sur les fastes d'un peuple moderne les monuments les plus authentiques, sont pleines d'armoiries de provinces et de princes, sont chargées d'emblèmes héraldiques dans lesquels on se perdrait comme dans un dédale, si la science du blason ne venait au secours de l'intelligence en défaut.

Ne citons, dans ce genre, que l'*Histoire métallique* de la RÉPUBLIQUE hollandaise; comprend-on bien ce mot de République allié au blason, à la science héroïque? L'*Histoire métallique* de la République hollandaise est pleine d'armoiries, d'écus armoriés, d'emblèmes héraldiques dont le sens échappe si l'on n'a pas des notions suffisantes sur l'art du blason. Le texte de l'auteur, M. Bizot, aidera sans doute à l'ignorance du lecteur; mais il ne lui donnera pas complètement la clef de toutes les richesses historiques qui passeront sous ses yeux et qui doivent cependant nous intéresser vivement, car, nous avons été mêlés à toutes les luttes de cette république.

Maintenant, supposons un instant qu'une collection complète des médailles hollandaises, dont nous parlons, tombe entre les mains d'un homme qui aurait dédaigné l'étude du blason, et qui n'aurait pas sous la main l'ouvrage, assez rare, de Bizot; cette belle et précieuse collection serait sans autre valeur pour lui que celle du métal et des belles effigies princières, et des plans en relief des batailles, etc., etc. L'histoire des alliances, des secours, des défections, de l'union et de la désunion des provinces, qui se trouve symbolisé par le blason; il n'y verrait rien, n'y comprendrait rien, et c'est bien alors que, dans son ignorance, la science héraldique lui deviendrait plus odieuse encore, car il en aurait reçu un vigoureux soufflet dans son amour-propre.

En un mot, et pour terminer, disons que l'on peut ignorer

la science héraldique comme toute autre science, cela n'est nullement défendu, mais qu'il ne faut pas la dédaigner ; car on pourrait être, à bon droit, taxé de sottise et d'inintelligence. S'avise-t-on de dédaigner la géométrie ou l'archéologie quand on ne les connaît pas ? Non, assurément ; eh bien ! qu'il en soit donc enfin de même pour la science héraldique dans notre belle France, un peu trop prompte à faire les funérailles de ce qu'elle croit avoir tué, de ce qui reste debout partout ailleurs, et dans son sein même ; car l'histoire ne peut mourir, et le blason, c'est une des faces de l'histoire.

Et l'aigle impériale ne nous montre-t-elle pas ce qu'il peut y avoir d'émouvant dans un symbole ! Quand l'auguste empereur Napoléon III, *le Sage,* l'a rendue aux armées, quelle joie ! quelle ravissante extase ! N'était-ce pas toute l'histoire brillante de Napoléon Ier, toute la touchante et mystérieuse odyssée de Napoléon II, toute la magnifique épopée de Napoléon III !

DEUXIÈME SECTION.

ORIGINES.

ANTIQUITÉ.

Nous avons en France un défaut qui nous fait exagérer nos propres opinions sur les choses comme sur les hommes, et qui nous expose à des réactions dans lesquelles nous ne tenons pas plus de mesure que dans notre jugement *de prime-sault*. Ce défaut qui nous voile la vérité et qui l'altère en bien comme en mal, en vertu de nos passions, nous le portons dans nos jugements sur les choses les plus vaines comme les plus graves et avec un égal emportement ; ce défaut, c'est l'amour-propre excessif, ou l'amour de notre opinion. Ainsi, on ne veut pas se contenter d'aimer ou de haïr, on veut que les autres aiment et haïssent de même les mêmes hommes et les mêmes choses. On ne saurait pas dédaigner paisiblement et tout seul, il faut à toute force faire des prosélytes à son dédain ; singulière aberration qui prouve peut-être que la haine et le dédain sont des fardeaux trop lourds pour un seul cœur, et qu'il faut appeler du secours pour les porter.

Cette exagération, cet amour de son opinion, nous les portons dans l'étude des sciences aussi bien que dans nos relations d'homme à homme ou avec la société. Si nous rencontrons une idée vraie, nous la jetons dans ses dernières limites où elle devient absurde ; arrivée là, on la poursuit avec force sarcasmes, car elle est allée au-delà de la raison ; alors nous l'abandonnons et elle retombe au-delà du vrai dans le sens inverse, jusqu'à ce qu'une raison froide se présente, qui rétablisse la vérité sur son piédestal et ramène l'équilibre ; c'est comme un plomb d'architecte qui oscille à gauche et à droite jusqu'à ce qu'il trouve dans le calme la vérité de la perpendiculaire.

Ainsi, pour l'origine des armoiries, on est allé jusqu'à Noé, je crois même qu'on est remonté jusqu'à Adam, comme si les armoiries n'impliquaient pas société, et société en lutte ; puis, confondant les emblèmes avec les armoiries, on a trouvé le blason, tel que nous le connaissons aujourd'hui, debout sur les tentes du camp des Israélites.. Ainsi, nous n'avons qu'à ouvrir le livre, ou, comme le dit l'auteur, dans sa dédicace, le livret de Philippas d'Aquin, aux *Explications du camp des Israélites*, nous y trouverons une curieuse gravure sur bois représentant les douze tribus avec leurs drapeaux armoriés.

Chaque tribu avait sa pierre sur le pectoral du Pontife cette pierre précieuse, de couleur distincte, donnait le fond de chaque drapeau, et sur chaque drapeau il y avait un signe convenu qui rappelait un souvenir cher à la tribu ; cela est vrai et peut se blasonner, mais y voir des armoiries régu-gulières comme celles de nos jours, c'est aller loin.

Il faut le dire néanmoins, pour ce qui est des emblèmes sur les écus ou boucliers, ils ont existé dès la plus haute antiquité ; nous n'avons, par exemple, qu'à ouvrir *Eschyle, dans ses* SEPT CHEFS, nous y trouverons l'usage des boucliers chargés d'emblèmes ; voici les passages textuels avec la traduction ; cela est assez curieux pour le citer :

ΧΟΡΟΣ.   Βοᾷ, ὑπὲρ τειχέων
                  Ὁ λεύχασπις ὄργυται λαὸς
                  Εὔπτεπὴς, ἐπὶ πόλιν διώχων.

Le chœur.   Le peuple, aux *boucliers blancs*, s'élance en bon ordre, én faisant éntendre son cri, au-delà de nos remparts, marchant sur notre ville.

Et plus loin :

> Ἑπτὰ δ' ἀγήνορες πρέποντες στρατοῦ
> Δορυσσόοις σάγαις . . . . .

Sept chefs de l'armée, *distingués* par l'éclat de leurs *armures* guerrières.

Tout cela est généralisé, d'accord, allons plus loin :

Le SECOND DEMI-CHOEUR annonce l'arrivée de l'espion d'Etéocle, de l'envoyé, ainsi qu'il l'appelle, ΑΓΓΕΛΟΣ, qui vient lui rendre compte des dispositions de l'ennemi; il désigne les *sept chefs* qui doivent attaquer chacune des sept portes à la fois; il décrit leurs armures, on peut presque dire leurs armoiries. Voici celles du premier chef qui attaquera les portes de Prætus, c'est Tydée :

> Τοιαῦτ' ἀϋτῶν, τρεῖς κατασκίους λόφους
> Σείει κράνους χαίτωμ' ὑπ' ἀσπίδος δὲ τῷ
> Καλκήλατοι κλάζουσι κώδονες φόβον.
> Ἔχει δ' ὑπέρφρον σῆμ' ἐπ' ἀσπίδος τόδε
> Φλέγονθ' ὑπ' ἄστροις οὐρανὸν τετυγμένον
> Λαμπρὰ δὲ πανσέληνος ἐν μέσῳ σάκει,
> Πρέσβιστον ἄστρων, νυκτὸς ὀφθαλμός, πρέπει.

poussant de tels cris, il agite trois aigrettes ombreuses qui flottent comme une chevelure de son casque; des clochettes d'airain, suspendues à son bouclier, sonnent l'épouvante. Il a sur ce même bouclier cot *emblême* fastueux : le ciel ciselé, flamboyant d'étoiles; puis, au milieu, l'on remarque, plein d'éclat, l'œil de la nuit, le premier des astres.

> . . . . . ὑπερχόμποις σάγαις,
> Orgueilleuse *armure*.

L'espion passe au second chef qui attaquera la porte d'É-
lectre, c'est Capanée.

> Ἔχει δὲ σῆμα γυμνὸν ἄνδρα πυρφόρον,
> Φλέγει δέ λαμπὰς διὰ χερῶν ὡπλισμένη·
> Κρυσοῖς δέ φωνεῖ γράμμασιν, ΠΡΗΣΩ ΠΟΛΙΝ.

Il a pour emblême un homme nu, armé de feu, πυρφόρον,
et dans les mains duquel brille une torche, il crie en lettres
d'or (voilà bien l'âme de la devise) : Je brûlerai la ville.

Le troisième chef :

> Ἐσχημάτισται δ'ἀσπίς οὐ σμικρὸν τρόπον·
> Ἀνὲρ δ' ὁπλίτης κλίμακος πρὸς ἀμβάσεις
> Στείχει πρὸς ἐχθρῶν πύργον, ἐκπέρσαι θέλων.
> Βοᾷ δὲ χοῦτος γραμμάτων ἐν ξυλλαβαῖς,
> Ὡς οὐδ' ἄν Ἄρης σφ'ἐκβάλοι πυργωμάτων.

Son bouclier est orné d'emblêmes extraordinaires; c'est un
homme armé de toutes pièces, qui monte les degrés d'une
échelle, pour renverser la tour de l'ennemi ; et il crie, en
lettres d'or, que Mars même ne le repousserait pas.

Le quatrième chef tourne un grand cercle lumineux, πολ-
λὴν ἄλω, c'est l'orbe de son bouclier, κύκλον ἀσπίδος.

Suivons notre citation :

> Ὁ σηματουργὸς δ' οὖ τις εὐτελὴς ἄρ' ἦν,
> Ὅστις τόδ' ἔργον ὥπασεν πρὸς ἀσπίδι,
> Τυφῶν' ἱέντα πύρπνόον διὰ στόμα
> Λιγνὺν μέλαιναν, αἰόλην πυρὸς κάσιν.
> Ὄφεων δὲ πλεκτάναισι περίδρομον κύτος
> Προσηδάφισται κοιλογάστορος κύκλου.

Et ce n'était pas un mauvais peintre d'emblêmes qui a représenté, sur son bouclier, Typhon vomissant une noire fumée

de sa bouche au souffle de feu ; puis autour du cercle creux de ce bouclier, sont incrustés des serpents entrelacés.

Etéocle opposera Hyperbius à ce cinquième chef ; Hyperbius qui porte aussi un emblème sur son bouclier :

Ὑπερϐίῳ δὲ Ζεὺς πατερ ἐπ' ἀσπίδος
Σταδαῖος ἧσται, διὰ χερὸς βέλος φλέγων.

Sur le bouclier d'Hyperbius on voit, fermement assis, Jupiter tenant un trait enflammé dans sa main.

Le cinquième chef porte aussi son emblème sur son bouclier d'airain, rempart circulaire de son corps.

Σφίγγ' ὠμόσιτον προσμεμηχανευμένην
Γόφοις ἐνώμα, λαμπρὸν ἐκκρουστὸν δέμας·
Φέρει δ' ὑφ' αὑτῇ φῶτα Καδμείων ἕνα,
Ὃς πλεῖστ' ἐπ' ἀνδρὶ τῷδ' ἰάπθεσται βέλη.

Le sphinx sanguinaire, opprobre de cette ville, cloué et resplendissant d'un éclat qui éblouit. Le monstre tient un enfant de Cadmus sous ses griffes, qui sont autant de pointes acérés, dirigées sur la victime.

Le sixième guerrier est un devin plein de sagesse, qui ne porte point d'emblème sur son écu ; il ne veut point s'annoncer comme brave, mais il veut l'être.

Νέμων ἀσπίδα οὐκ ἐπὴν δεσῆμα.

Le septième chef est le propre père d'Etéocle ; voici la description de son bouclier :

Ἔχει δὲ καινοπηλὲς εὔθετον σάκος,
Διπλοῦν τε σῆμα προσμεμηχανευμένον·
Χρυσήλατον γὰρ ἄνδρα τεύχηστὴν ἰδεῖν
Ἄγει γήνη τις σωφρόνως ἡγουμένη.
Δίκηδ' ἄρ' εἶναί φησιν, ὡς τὰ γράμματα :
Λέγει· ΚΑΤΑ ΞΩ Τ' ΑΝΔΡΑ ΤΟΝΔΕ, ΚΑΙ ΠΟΔΙΝ
ΕΞΕΙ ΠΑΤΡΟΑΝ, ΔΩΜΑΤΩΝ Τ' ΕΠΙΣΤΡΟΦΑΣ.

· Et il a un bouclier de forme nouvelle, bien fait, portant un double emblème habilement fixé, qui représente une femme guidant.un guerrier, ciselé en or ; elle modère ses.pas et dit (dans l'âme de la devise) : Je suis la justice, je ramènerai cet homme, je lui rendrai sa patrie et l'héritage de ses pères.

Nous pourrions multiplier les exemples, nous aimons mieux les puiser à des sources diverses. Passons aux Romains, et invoquons Virgile et·d'autres poètes de l'ancienne Rome, pour nous convaincre que les *boucliers peints* ou armoiries, ou emblèmes héroïques, remontent à une haute antiquité ; le tout pour arriver à cette assertion, déjà avancée par nous, à, savoir que l'usage des armoiries ne fut pas instantanément adopté à une époque donnée, mais qu'il fut pour ainsi dire chrétiennement sanctionné, et seulement régularisé à telle · époque, bien qu'il existât antérieurement.

Laissons parler Du Cange :

ARMA gentilitia insignia, nostris vulgo *armes*, vel *armoiries; arme*, Italis usurpata hæc vox videtur ex eo, quod insignia gentilitia in clypeis ac scutis depingantur, quæ latini proprie arma appellabant. Ac primum quidem *arma* dixere, quibus ipsi tuemur, ut *tela*, quæ emittimus, ut ait Isidorus. Nec dissentit Varro, *lib. 4, de lingua latina*, qui arma dicta esse ab arcendo, quod his arceamus hostem, scribit. Præsertim verò scutis ipsis id nominis tributum. Nam ancilia, *arma* appellata, auctor est Nonius Marcellus : *Ancile, scutum grande, unde etiam arma et ancile appellatur.* Quo loco forte legendum *arma ancilia*, ut in hac inscriptione : *Mansiones saliorum palatinorum a veteribus ab armorum ancilium custodia constitutas lunga œtate neglectas pecun, sua reparaverunt*, etc. Neque aliter poëtæ intelligendi, dum *picta arma* habent, quod in scutis militum ac ducum insignia depingerentur.

Virgilius :

. . . . . . : *et pictis Arcades armis.*

Idem, *lib.* 10.

> *Astur equo fideus, et versicoloribus armis.*

LUCANUS, *lib. 1.*

> *Pugnaces pictis cohibebant Lingones armis.*

Alibi :

> . . . . . *et pictis conspectus in armis.*

VALERIUS FLACCUS, *lib.* 1.

> *Insequeris casusque tuos expressa phalere, arma geris.*

Ita etiam Græci ὅπλον pro scuto non semel usurpant. Gloss. Lat. Græc. *Scutum,* ὅπλον, scutum φυρεός, ἀσπὶς, καὶ ὅπλον. *In Psalm.* 5, 75, 90 ὅπλον per *scutum* redditur. Annotat præterea Leo imp. in facticis, quos ὁπλίτας, Græci vocant, sua ætate σκουτάτους appellatos.

Neque tamen desunt, qui existimant, arma non semper pro scutis, sed interdum pro ipsis quæ in scutis depingebantur insignibus, usurpari, apud Virgilium, *lib.* 1.

> *Aut Capyn aut celsis in puppibus arma Caÿci.*

(Enée est monté sur un rocher après une tempête qui a dispersé sa flotte, et il cherche s'il ne reconnaîtra pas quelques-uns de ses navires, aux signes distinctifs, aux symboles (*arma*) peints sur la poupe de celui de Capys, par exemple, ou de celui de Caïcus. *Arma* est ici bien significatif.)

Nous continuons à citer Du Cange ; mais nous déclarons que les deux exemples qui suivent nous paraissent peu concluants, *arma* signifiant, à notre sens ici, directement *armes* de guerre offensives.

> . . . . *Hic illius arma.*
> *Hic currus fuit.*

Et *lib*. 10.

Pacem ovare manu præfigere puppibus arma.

Denique, *lib*. 1.

*Hic tamen ille urbem Patavi, sedesque locavit Teucrorum,
et genti nomen dedit, armaque fixit Troïa.*

Quæ quidem imitatus videtur Silius Ital. *lib*. 13.

*Jam phryx condebat Lavinia Pergama victor.
Armaque Laurenti figebat Troïa luco.*

Virgilium porro hoc loco sic accipiendum prodit Messàla
Corvinus, *lib. de progenie Augusti :*

In templis ARMA *et* INSIGNE *armorum suspendit ; nam
post exactam militiam, laboresque militiæ, mos fuit suspen-
dere arma. Ideo arma fixit Troïa, Troïa fuit inter arma
templis affixa, armorum insigne,* id est, sus. Livius : *Sam-
nites præter cæteros apparatus, ut acies sua fulgeret novis
armorum insignibus fecerunt. Duo exercitus erant, scuta
alterius auro, alterius argento cælaverunt, etc. Ubi insignia armorum,* sunt scutorum et clypeorum picturæ. RODE-
RICUS TOLETANUS, *lib.* 9, *de re Hisp.* cap. 13. *Armorum
suorum insignia fecit nigra, quæ alibi et in bellis præferebat.*

Pour démontrer d'une manière encore plus évidente que
nous n'avons été que des imitateurs en fait d'armoiries, joi-
gnons ici quelques détails sur les distinctions romaines qui
nous serviront à établir que la hiérarchie, les mœurs, les
coutumes, les missions, les récompenses, ont dû changer de
nature dans la société chrétienne féodale, mais qu'au fond
c'étaient toujours les mêmes principes de distinction, et que
nos pères ne faisaient qu'appliquer à leur société nouvelle
les errements de l'ancienne, à la différence près, immense,
de la condition de la femme, que les Germains avaient trou-

vée inférieure chez les nations celtiques où la femme n'était qu'un objet de plaisir et de volupté, et qu'ils relevèrent.

Mais voyons quelques-unes des distinctions romaines :

Nous allons y retrouver l'aristocratie de naissance dans les *nobiles, illustres, speciosi, splendidi,* la chevalerie dans l'*ordo equestris,* et le droit d'armoiries dans le *jus imaginum* et dans l'usage des anneaux gravés; mais sachons tenir compte ici des profondes transformations que dût apporter, dans un sensualisme désordonné, la sainte et vénérable loi du Christ : ceux qui avaient exercé des magistratures curules, telles que celles de consul, de préteur, de censeur, ou d'édile curule; ceux aussi dont les *ancêtres* avaient exercé ces fonctions honorables, étaient appelés *NOBILES.* Ils jouissaient du droit de faire dessiner leurs images, *JUS IMAGINUM.*

Leurs descendants les conservaient avec un soin extrême, et les faisaient porter devant eux aux funérailles.

(PLINE. XXXV. 2.)

Au bas de ces images, on faisait inscrire les honneurs, titres et exploits par lesquels on s'était illustré.

Ce droit d'images fut d'abord accordé aux seuls patriciens (patrons ayant clients ou protégés) ; mais les patriciens l'obtinrent dans la suite, lors de leur admission aux dignités curules.   (SALLUSTE, CICÉRON, JUVÉNAL.)

L'ordre des chevaliers romains a été un ordre distinct dès le commencement de la république romaine. Ces chevaliers étaient choisis parmi les patriciens et les plébéiens indistinctement.

On nommait *illustres, speciosi, splendidi,* ceux qui descendaient des anciennes familles. Une assez grande fortune était exigée pour entrer dans l'ordre des chevaliers.

Les marques distinctives d'un chevalier romain étaient : 1º un cheval donné par la république ; 2º un anneau d'or; 3º la tunique *augusticlavia;* 4º une place réservée au spectacle.

Les chevaliers remplirent quelque temps les fonctions de juges, et ils prirent à ferme les revenus publics.

Tous les ans, à Rome, le 15 juillet, il se faisait une cavalcade de chevaliers, ils portaient dans leurs mains les *ornements militaires* (ce sont bien là de vraies décorations ; nous avons changé les mots et les formes, mais le fond de la pensée est le même) qu'ils avaient reçus des généraux pour prix de leur valeur.

Puis ils passaient la revue du censeur : si quelques chevaliers étaient déréglés dans leurs mœurs, s'ils avaient diminué leur fortune, ou mal soigné leurs chevaux, le censeur ordonnait de vendre ces derniers, ce qui annonçait que l'on était dégradé de l'ordre équestre.

On donnait le titre d'*Equestris ordinis princeps* au chevalier dont le nom était le premier inscrit dans le livre du censeur.

La lettre qui garnissait le cothurne du sénateur était une marque distinctive qui, avec les autres *insignia*, servait à mettre en relief celui qui concourait à donner les lois au peuple, celui qui avait mission de veiller à la sûreté de l'État, celui que sa position plaçait dans les rangs de l'aristocratie.

Les sénateurs avaient pour marques distinctives (*insignia*) 1° le laticlave, *latus clavus*, ou *tunica laticlavia*; c'est-à-dire une tunique ou veste bordée sur le devant d'une bande de pourpre semblable à un ruban. Cette espèce de frange avait une certaine largeur, pour la distinguer de celle des chevaliers, qui la portaient étroite ; 2° des cothurnes noirs, espèce de chaussure qui atteignait le milieu de la jambe, HORAT. *Sat.* 1. 6. 28, et qui était garnie d'une lettre G en argent, placée sur le haut du pied, JUV. VII. 197. De là, *calceos mutare*, devenir sénateur, CIC. *Phil.* XIII. 13; une place particulière aux spectacles, appelée *orchestra*. (CICÉRON.)

Si de ces insignes, de ces marques distinctives nous passons à l'usage des anneaux, c'est ici que nous trouverons des habitudes, des coutumes qui offrent les rapports les plus frappants avec l'usage des armoiries et cachets armoriés. Le cachet, chargé d'emblêmes, se transmettait dans la famille, et l'emblême d'un grand n'aurait point été impunément adopté par un autre.

Aucun bijou n'était plus généralement porté que ces anneaux ou bagues (*annuli*). Il paraît que cet usage avait été emprunté des Sabins. (TITE-LIVE.) Les sénateurs et les chevaliers portaient des anneaux d'or (*ibid.*), ainsi que les tribuns légionnaires. (APPIAN. *de bello pun.*)

Les plébéiens portaient des anneaux de fer, à moins qu'ils n'eussent obtenu des anneaux d'or pour leur bravoure à la guerre, ou pour quelques services importants. Sous les empereurs, on accordait plus facilement cette distinction et souvent pour des raisons frivoles. (CICÉRON, MACROBE, PLINE.)

Les bagues étaient enrichies de pierres précieuses. On y faisait graver le portrait de ses ancêtres, de ses amis, de quelque prince ou de quelque homme célèbre; l'emblême de quelque évènement remarquable, ou d'autres pareils sujets. Ainsi, sur la bague de Pompée étaient gravés trois trophées, emblême de ses trois triomphes sur les trois parties du monde. La figure d'une Vénus armée ornait l'anneau de César. Auguste eut d'abord un sphinx gravé sur son anneau, puis la figure d'Alexandre, puis enfin la sienne. Ses successeurs continuèrent à se servir de son anneau.

(MARTIAL, SÉNÈQUE, CICÉRON, SUÉTONE, PLINE, etc.)

On se servait ordinairement du chaton des bagues pour sceller les lettres et les dépêches. (MACROBE.)

On donnait son anneau pour gage de concours à une action collective; donc cet anneau avait un emblême *particulier*.

TROISIÈME SECTION.

TEMPS MODERNES.

Nous ne nous arrêterons pas plus longtemps sur les coutumes de l'antiquité qui ont un rapport direct avec celles du moyen-âge et celles de nos jours, en ce qui regarde les distinctions ; car nous avons hâte d'arriver aux sociétés dont nous sommes descendus, et où nous voulons, sinon placer l'origine d'institutions qui ne vinrent au monde que successivement et qui ne formèrent qu'à la longue des corps compacts et forts, mais montrer les germes de ce qui, se développant plus tard, vécut en vertu de lois régulières et consenties de tous.

Nous allons donc jeter un coup-d'œil rapide sur le mélange des races germaines avec les nations gallo-romaines ; nous allons voir naître ces distinctions dans la société féodale, puis de la vie d'isolement où se trouvait le châtelain, nous verrons poindre les guerres partielles des barrons entre eux, en même temps que nous assisterons aux développements de la vie de famille qui poétisa l'âge de la chevaleric chrétienne avant le grand mouvement des croisades, ces pélerinages armés qui n'étaient qu'une conséquence, qu'une suite des pélerinages religieux qui avaient commencé dès les premiers siècles de l'église. Mais n'anticipons pas, et cheminons graduellement pour arriver de la connaissance de l'antiquité en ce qui nous occupe, à celle de la situation des propriétés et des personnes au moyen-âge.

Ce fut au moyen-âge qu'apparurent les *fiefs* qui succédaient aux bénéfices romains. « Les fiefs, disent les auteurs des *Grands fiefs de la Couronne,* Brunet et Dumoulins, furent inconnus aux Romains, ils sont d'origine franke, ou germaine. Ces récompenses militaires furent d'abord individuelles ; puis, sous la seconde race, elles devinrent insensiblement héréditaires, d'abord par concessions particulières du prince, puis par un droit public et général. »

C'est de là qu'est sortie la noblesse moderne sans cesse renouvelée, éteinte et renouvelée par les acquéreurs de fiefs et par la *tierce foi* de Saint-Louis.

Pourrions-nous aborder l'intéressante question de l'origine de la noblesse qui touche à celle des armoiries sans remonter un peu haut pour en voir, pour ainsi dire, la filiation. Quand nous parlons de la noblesse, nous prenons ce mot dans son acception la plus large ; il ne s'agit pas ici d'un corps privilégié dont les services, bien qu'éminents et glorieux, ne sauraient effacer ou concentrer en lui seul la splendeur de notre passé national, mais de ce patriciat chrétien sans cesse renouvelé par l'accession des hommes du peuple, enrichis par leur talent et leur industrie, distingués par leurs services, par leur dévouement et leur valeur ; de ce patriciat dont Napoléon a consacré le triomphe dans ses institutions en créant un nouvel armorial timbré du sceau de son génie ; de ce patriciat dont nos meilleurs rois ont étendu les limites sans distinction d'ancienneté et d'origine, et qui s'est si fort éloigné de ses premières bases, qu'il y a maintenant un très-petit nombre de familles nobles qui puissent faire remonter leurs preuves au-delà du XIVe siècle.

Le patriciat dont tous les peuples ont reconnu la nécessité et accepté le fait sans pouvoir se soustraire à son empire, non plus qu'à celui de l'inégalité des qualités personnelles, morales et physiques, existait en Grèce et à Rome. Si nous voulions remonter jusqu'à Romulus, nous verrions que les deux cents premiers sénateurs, pris parmi ses compagnons les plus braves, furent les fondateurs du patriciat à Rome, et qu'on distingua plus tard les *gentiles*, qui étaient d'anciennes familles, et les *ingenui*, issus de parents libres Mais les besoins de l'Etat forcèrent bientôt à sortir d'un cercle si restreint, et les plébéiens appelés aux magistratures formèrent un ordre de patriciens qui portaient le nom de *Novi Homines*.

Lorsque Rome affaiblie par les conquêtes n'était plus remplie que d'étrangers et d'affranchis, comme le démontre M. Michelet, le peuple romain allait s'éteignant, l'Italie se peuplait d'esclaves, l'antique patriciat disparaissait pour faire place à une pure aristocratie d'argent, dont le but est l'augmentation de la richesse sans cesse et toujours, alors les 18 centuries équestres composées des riches entrèrent en lutte : ceux qui avaient occupé des charges et qui portaient le nom de *nobles* s'efforçaient d'en exclure les autres riches ou *chevaliers* qui se livrèrent à l'usure, les nobles se contentant des emplois publics devenus extrêmement lucratifs. Le peuple fut oublié, les esclaves étaient là pour cultiver la terre. Aussi tout sentiment d'honneur et d'humanité s'éteignit dans l'âme des maîtres du monde, et les menaces du Nord prirent de jour en jour une importance plus grande, magnifique exemple de l'immoralité des peuples et de leurs gouvernements, qui les conduit à leur ruine.

Les Romains trouvèrent dans les Gaules, qu'ils envahirent, une sorte de chevalerie distincte des druides qui enrégimentait ses *ambactes* ou *vassaux*, ils ne touchèrent point à cette institution, car ils avaient leurs *clients* qui y répondaient parfaitement; survinrent ensuite les Germains, Francs, Bouguignons et autres qui comptaient aussi leurs anciennes familles suivies de leurs *antrustions* ou *fidèles*. Mais dans ces invasions des peuples de la Germanie, il ne faut pas voir le renversement total du monde Gallo-Romain; les invasions étaient partielles, elles se faisaient par tribus plus ou moins hardies, plus ou moins malheureuses, plus ou moins puissantes et qui subissaient les lois du vaincu plutôt qu'elles ne lui imposaient les leurs.

Ces peuples du Nord trouvèrent la Gaule romaine organisée avec un ordre qui les frappa, et ils ne virent rien de mieux à faire que d'accepter la plupart des institutions qu'ils trouvèrent debout, et même leur dénomination ; ainsi, le comte (création d'Auguste), le duc, le préfet, nommés par commission et révocables, restèrent ainsi amovibles jusqu'à la seconde race royale.

C'est l'hérédité des fiefs qui seule créa une noblesse de privilège, déjà moins rationnelle que la noblesse honorifique et passagère qui était attachée aux bénéfices civils et militaires révocables, créés par les Romains et maintenus par les Francs. Et malgré ce mot si connu de *noblesse oblige*, il se vit bientôt que cette distinction héréditaire ne tombait pas toujours sur des sujets dignes d'être les régulateurs des destinées des peuples. Si les *leudes* ou *fidèles* des premiers rois ou chefs francs furent les principaux de cette tribu germaine, il ne faut pas croire que leur organisation était régulière comme celle des possesseurs de fiefs héréditaires pendant la féodalité. Cette hérédité des fiefs ne vint que peu à peu. Les terres saliques, ou sur lesquelles s'appliquaient les lois des Francs-Saliens, ne passaient point aux femmes ; considérées comme terres militaires, elles ne passèrent d'abord qu'aux mâles, ou revinrent au fisc. Ce fut sous Charlemagne et Louis-le-Débonnaire seulement, que les femmes furent aptes à hériter des fiefs, jusqu'alors exclusivement réservés aux descendants mâles. De ce moment le pouvoir royal ne pouvait être fort qu'avec un Charlemagne ; mais celui-ci mort, les possesseurs de fiefs, les ducs et les comtes augmentèrent immensément leur pouvoir et devinrent indépendants de la couronne ; c'est la féodalité.

Charles-le-Chauve favorisa ce développement d'autorité qui se faisait au détriment de celle de la couronne. M. le chevalier de Courcelles, dans la savante et rapide introduction de son *histoire généalogique* et *héraldique des pairs*, explique cette inconcevable conduite de Charles-le-Chauve par les alarmes continuelles que durent donner à ce monarque les incursions des Normands. « Il est probable, dit-il, que, pour s'assurer la fidélité des gouverneurs des provinces, ce monarque leur assura l'hérédité de leurs dignités. On penche d'autant plus volontiers vers ce sentiment, que Charles-le-Chauve ajouta que ceux des comtés ou arrière-vassaux qui, après sa mort, voudraient se retirer sur leurs *alleux*, pourraient disposer de leurs bénéfices ; c'était acheter bien cher un dévouement sur lequel la faiblesse devait peu compter ; car il se forma presque aussitôt autant d'états et de centres de pouvoirs, qu'il y avait de légations ou départements dans le royaume. »

N'allons pas plus loin sans signaler ici l'une des causes de la vie d'isolement des châtelains, isolement qui les rendit farouches au dehors et bons au dedans, isolement qui donna à la femme, dans le sein de la famille châtelaine, cette puissance, partagée avec son époux présent, et illimitée pendant l'absence du maître ; qui l'éleva à la dignité qui est son droit, mais qui n'avait pas été jusque-là son apanage. Les tendresses du foyer domestique avec les magnificences de la religion du Christ réhabilitèrent tout-à-fait la femme dans la société : honneur au christianisme sans restriction, honneur à la féodalité, sous ce rapport.

C'est le moment aussi de parler de la chevalerie ; car les romanciers, qui de leur autorité privée d'écrivains-poètes, la font briller sous Charlemagne, n'ont pas tout-à-fait tort ; et c'est le sentiment de M. Guizot. Comprenons bien ici et disons-le une fois pour toutes, que cette grande institution n'est pas née *ex abrupto*, n'est pas sortie toute armée du cerveau d'un de nos rois ; non, non : comme toutes les institutions grandes, vastes et puissantes, elle est née peu à peu ; et, à la voir aux siècles de sa splendeur, il ne faut pas penser qu'elle fut immédiatement ce qu'elle était alors. Nous encore une fois, la chevalerie, nous parlons ici de celle du moyen-âge et non pas de celle d'Athènes ou de Rome, la chevalerie chrétienne, en un mot, fut l'œuvre de longues années. Sous Charlemagne, on ceignait l'épée, pour le recevoir chevalier, à celui qui avoit été digne de cette faveur par sa naissance (Charlemagne ceignit l'épée à son fils Louis), par sa fortune, par sa bravoure, et la société Germaine, mêlée à la société Gallo-Romaine, se donna bien de garde de ne point honorer le *celer* (cavalier, chevalier), elle lui donna des marques distinctives et des privilèges noblement conquis, il faut le dire, par la valeur, en ces temps de luttes où la valeur était si nécessaire; et, lorsque Charlemagne s'entourait de tous ses agents, ducs, comtes, vicaires, centeniers, *scabins*, pour se faire rendre compte de ce qui se passait, n'était-ce pas là comme une vraie chevalerie qui se préparait aux luttes sous l'omnipotence de l'Empereur.

Mais ne nous dissimulons pas cependant que la chevalerie telle qu'on l'entend, issue de plus haut que la féodalité, dut néanmoins à cette organisation si puissante sa force et sa splendeur; elle lui donna, comme aux propriétaires du sol, une vie indépendante du souverain, à la vaine formalité près de la foi et hommage.

Quand, aux bénéfices, *beneficia*, bienfaits, succédèrent les fiefs héréditaires, et que la fusion de la souveraineté avec la propriété s'opéra sur tout le sol; quand l'organisation féodale qui consiste, comme le démontre si bien l'illustre auteur de l'*Histoire de la civilisation en France*, dans l'association hiérarchique des possesseurs de fiefs et dans leur souveraineté sur les habitants de leurs domaines, fut en pleine possession des privilèges, obtenus, arrachés, extorqués à la couronne; alors l'isolement créa le château, le château fait pour la lutte, pour la lutte morcelée et partielle où tant de victimes intermédiaires vinrent se briser : le plus fort voulut s'agrandir aux dépens du plus faible, d'immenses injustices furent commises; la puissance religieuse fut une digue insuffisante aux agressions des châtelains; le pouvoir central, plus nominal que vrai, échoua lui-même à cette répression : ce fut alors que peu

Blason. G

à peu la chevalerie eut une nouvelle mission ; mais ce n'est pas seulement de là que data son origine, sortie du sein d'une société tourmentée par mille petits tyrans, plus redoutables que le souverain qui siégeait au sommet de l'échelle du pouvoir.

Assigner une époque fixe, une date à la création de cette milice à laquelle la société d'alors dut beaucoup, c'est sans contredit s'égarer. La chevalerie est née de la combinaison des mœurs germaines et des relations féodales. Les vassaux envoyaient leurs fils chez leurs suzerains pour y être élevés dans les principes de la vie du guerrier et du châtelain : le jeune homme chez son seigneur était d'abord astreint à des pratiques de domesticité, et puis, quand l'âge était venu, son seigneur l'armait guerrier, et plus tard chevalier. Voilà ce qu'en dit Le Laboureur : « Les cérémonies de chevalerie sont une espèce d'investiture et représentent une manière d'hommage ; car le chevalier proposé paraît sans manteau, sans épée et sans éperons : il en est revêtu après l'accolée ; de même que le vassal, après la consommation de l'acte de son hommage, reprend son manteau, qui est la marque de chevalerie ou vasselage, la ceinture, qui est l'ancien baudrier militaire, aussi bien que les éperons, et enfin son épée, qui est la marque du service qu'il doit à son seigneur ; et l'on en peut autant dire du baiser, qui se pratique en l'une et l'autre cérémonie. »

Le Laboureur donne une signification trop étendue à ces cérémonies, qui représentaient purement et simplement l'admission du jeune homme au rang et à la vie des guerriers, et consacraient solennellement le lieu qui l'unissait à son suzerain, au seigneur qui l'avait armé.

Peu à peu les relations féodales se poétisèrent, et l'admission des chevaliers devint presque un acte religieux : l'Eglise et la femme intervinrent et sanctionnèrent des cérémonies pleines d'un symbolisme fort élevé ; l'Eglise qui perdait en puissance ce que la féodalité gagnait en force, la femme que la vie intérieure et la religion avaient relevée, s'emparèrent de la chevalerie pour civiliser et moraliser la société. La religion joua un magnifique et splendide rôle dans ces époques barbares, en faisant tourner au profit des saines idées de morale et de bons rapports des hommes entre eux, une force, une puissance qui sans elle n'eût été que purement guerrière.

Quand le récipiendaire, baigné et revêtu de blanc, symbole du pureté, de rouge, symbole du sang qu'il devait verser pour son dieu et son suzerain, de noir, symbole de la mort qu'il devait braver pour accomplir tous ses devoirs, avait jeûné pendant vingt-quatre heures et passé la nuit en prières dans l'église, il se confessait le lendemain, communiait, entendait la messe et un sermon sur les devoirs du chevalier ; il recevait l'épée que le prêtre bénissait avant de la lui remettre; alors les chevaliers et les dames lui mettaient les éperons, le haubert, la cuirasse, les brassards, les gantelets, et on lui ceignait l'épée qui était restée suspendue à son col, puis on lui donnait son écu. Il recevait alors l'accolade du seigneur qui, le frappant de trois coups du plat de son épée sur l'épaule, lui disait : Au nom de Dieu, de Saint Michel et de Saint Georges, je te fais chevalier : Sois preux, hardi et loyal.

Sur le casque du chevalier flottaient des couleurs bien aimées (que nous retrouverons plus tard sous le nom de *lambrequins*) ; sur la housse de son cheval et sur son petit bouclier il y avait, comme de tout temps, des emblèmes qui, plus tard, devinrent ce que l'on appelle des armoiries, c'est-à-dire des emblèmes ou signes de convention, peints sur les armes défensives, pour que le *celer*, le *miles*, le *chevalier* pussent être reconnus des leurs dans la mêlée, et plus tard pour concourir à constater les droits qu'avait le chevalier à prendre part aux splendides joûtes des tournois.

Les tournois, qui n'étaient qu'une imitation des jeux publics anciens, ne furent point immédiatement organisés avec la régularité que nous leur verrons atteindre du temps d'Olivier de la Marche, par exemple, et même bien avant lui; mais ils étaient une image en petit de la guerre. Comme dans ces questions, l'amour de l'absolu l'a aussi emporté, et qu'on a voulu trouver une date précise aux tournois, les auteurs se sont donné la peine de chercher un nom propre autour duquel pussent se grouper les idées que l'on caressait. On a trouvé ce nom propre : c'est celui de Godefroy de Preuilly ; il avait l'avantage d'attribuer aux Français l'invention des tournois, invention dont on se disputait l'honneur. Nous verrons bientôt que si l'on voulait à toute force désigner une époque pour l'invention des tournois, celle de Godefroy de Preuilly serait mal trouvée, et qu'il faudrait, dans l'hypothèse d'une date fixe, ce qui est absurde, remonter plus haut encore. Citons Du Cange, qui s'appuie sur la chronique de Tours, et nous verrons ensuite à le combattre par d'autres dates :

Torneamentorum nomen manere multi opinantur ab illa equorum decursione, et sciomachia, seu imaginaria pugna veterum, quam *Trojam* et *Trojanum Ludum* vocabant, ab Ænea in Sicilia ad Anchisæ patris tumulum primum inventa, deinde ad Romanos traducta, de qua Virgilius, Suetonius et Xiphilinus.

Alii probatius censent ut a Gallis eorum usus originem acceperit, ita et vocabuli etymon ab iis repetendunt, nempe à verbo *torner* aut *tourner*, l. in orbem circumduci, circumflecti. Qui enim in his militaribus decursionibus decertabant, quos insidebant, flexis in gyrum frænis equos circumagebant.

Torneamentorum repertorem Gaufridium II, dominum Pruliaci (de Preuilly) in Andibus agnoscit chronicon Turonense : anno 1066. *Gaufridus de Pruliaco, qui torneamenta invenit, apud Andegavum occiditur, Chron. S*. *Martini Turonensis. Anno Henrici imp. VII et Philippi regis VI fuit proditio apud Andegavum ubi Gaufridus de Pruliaco et alii Navares occisi sunt. Hic Gaufridus de Pruliaco torneamenta invenit.*

Certe inventas a Francis ludicras istas decertationes, et ab iis primum receptas, et obiri solitas, profitentur passim scriptores.

Matthæus, Paris, an 1179 : Conflictus Gallicos, torneamenta appellat. Huic consentit Radulfus Coggeshalensis in Chron. MS. *dum more Francorum cum hastis vel cuntis sese cursim equitantes vicissim impeterent.*

A Francis Torneamentorum usum accepere Angli, etc......

Certum est etiam e Francia in Germaniam invecta torneamenta........

Præ cæteris vero Byzantini scriptores ingenue profitentur, ejusmodi decursionum artem et usum didicisse Græcos a Latinis, id est, Gallis, quos earum primos fuisse repertores tradunt.....

Voici une date qui semble bien établie, c'est en 1066 que les tournois auraient été inventés; mais malheureusement l'historien Nithard est là : (*Nithardi hist.* lib. III. cap. 5, p. 26). A l'occasion du serment solennel de Louis et de Charles, prononcé en 842, serment que nous ne reproduirons pas, parce qu'il l'a été trop souvent déjà, et parce que ce ne serait pas ici le lieu, l'historien Nithard parle des divertissements qui eurent lieu à l'occasion de cette cérémonie; on peut y voir, et cela dès le IXe siècle, l'usage des jeux militaires appelés plus tard *tournois.* « Ils fréquentaient (les deux frères) souvent des jeux ou exercices auxquels on procédait dans l'ordre suivant : On se rassemblait dans un lieu propre à ce spectacle, et toute la multitude s'arrêtant en dehors des barrières, un nombre égal de Saxons, de Gascons, d'Austrasiens et de Bretons s'avançaient d'une course rapide, les uns contre les autres, comme s'ils voulaient combattre. Ceux qu'on attaquait se retiraient vers leur parti, en se couvrant de leur bouclier dans leur fuite; puis ils partaient de leur camp, et poursuivaient à leur tour ceux qui les avaient attaqués, jusqu'à ce que les rois eux-mêmes, avec toute la jeunesse, lâchant la bride à leurs chevaux, et poussant de grands cris, s'élançassent les uns contre les autres. Ils faisaient sonner à l'envi leurs petites lances, et poursuivaient tour à tour tous ceux qui tournaient le dos. Ce spectacle demeura, par la modération universelle, digne d'une si noble assemblée. En effet, dans une si grande multitude de gens de races diverses, il n'y eut personne ou de blessé ou d'offensé ; *ce qui n'arrive pas toujours, même quand les joueurs sont en très-petit nombre, et qu'ils se connaissent tous parfaitement.*

Ainsi, le même historien, dit M. de Sismondi, traducteur de ce fragment, nous donne à la même page le premier monument de la langue française (le célèbre serment) et le premier récit d'un tournois.

Nous nous garderons bien d'assigner cette date aux tournois et aux armoiries, que nous tenons pour beaucoup plus anciens ; car l'historien n'eût pas manqué de signaler ces jeux comme nouveaux, s'ils l'eussent été.

Quant aux armoiries *modernes*, et nous employons ce mot relativement à l'antiquité, nous n'avons qu'à consulter le poème d'Abbon, livre 1er, v. 19, nous verrons que ce moine de l'abbaye de Saint-Germain-des-Prés, témoin oculaire du siège de Paris sur la fin du ixe siècle, parle des boucliers ornés de peinture :

...... *Saxa fremunt parmas (scuta) quatientia pictas.*

Les pierres retentissent sur les boucliers ornés de peintures.

S'il y a impossibilité d'assigner une date précise à l'invention des tournois par l'excellente raison qu'il n'y a pas eu invention, mais imitation, il faut reconnaître aussi que l'origine de la régularisation des armoiries, comme signes de noblesse et de privilèges, se perd dans la nuit du passé, et a dû naître du besoin de se distinguer des *hommes nouveaux*, comme disait Cicéron.

« Tandis que le partage rapide des anciens patrimoines, dit M. de Sismondi, forçait le gentilhomme à se contenter d'une portion de terre bien plus petite qu'autrefois, les bourgeois acquéraient des richesses nouvelles par le commerce et l'industrie; les conditions semblaient plus rapprochées, et les nobles, envieux de l'élévation de ces parvenus, cherchèrent à se séparer d'eux par des barrières artificielles, 1068 à 1074.

» En-effet, dans les siècles précédents, la noblesse n'avait été autre chose que l'exercice actuel d'un pouvoir nécessairement attaché à l'étendue des possessions territoriales. Celui-là était noble ou notable, qui attirait sur lui les regards de tous, par le nombre de ses serfs ou de ses créatures, par le vaste espace que couvraient ses domaines. Mais lorsque les nobles furent assez multipliés, et souvent assez pauvres pour n'avoir plus rien de notable, ils désirèrent d'autant plus vivement se distinguer du reste de leurs concitoyens, par quelque chose qui fût tout à eux, quelque chose qu'ils ne pussent eux-mêmes communiquer, et qui les signalât comme une race étrangère au milieu du reste du peuple. L'attention scrupuleuse aux généalogies et à la pureté du sang commença donc vers cette époque. Auparavant on avait reconnu pour nobles tous ceux qu'on voyait puissants et riches, tandis que, dès le milieu du XIe siècle, la naissance constitua seule la noblesse, à l'exclusion de la richesse et du pouvoir.

» La distinction des races, la pureté du sang, ne sont point des notions sur lesquelles on puisse insister, quand on ne garde aucun souvenir de famille, et l'étude des généalogies est nécessairement liée avec une certaine étude littéraire et historique. Avec le XIe siècle, on commença à vouloir savoir ce qu'avaient fait les ancêtres de chaque famille, non point, il est vrai, pour s'instruire par leur exemple, mais pour s'en énorgueillir. On attacha aux événements passés une importance qu'ils n'avaient point eue encore, parce qu'ils devinrent la cause des grandeurs présentes, et l'on comprit qu'il pouvait y avoir pour le gentilhomme quelque avantage à savoir lire, ne fût-ce que pour connaître les titres et toutes les alliances de sa maison. »

Ce fut alors aussi que les emblêmes dont on avait arbitrairement usé jusqu'à cette époque, furent invoqués comme des témoignages d'une grandeur d'autant plus précieuse, dans ces temps où l'honneur n'avait pas encore obtenu toute sa puissance, que d'immenses privilèges y étaient attachés. Les écrivains qui nous ont précédés dans la carrière que nous parcourons, n'ont point, ce me semble, assez insisté sur cette cause première de la régularisation des armoiries; ils se sont trop préoccupés de l'idée des tournois, et n'ont pas voulu donner une origine moins futile aux armoiries.

Avec les Bénédictins nous placerons leur accroissement aux Croisades, et la fixation définitive de leurs règles fondamentales, aux pas-d'armes et joûtes, et à l'affranchissement des communes. Ce qu'il y a de bien établi, et par des autorités irrécusables, c'est qu'elles existaient avec une sorte de régularité bien avant les croisades.

« Est-ce aux tournois, dit l'auteur d'un Mémoire inséré dans l'un des volumes de l'Académie des inscriptions et belles-lettres, est-ce aux croisades qu'il faut rapporter l'origine des armoiries? »

Je crois que l'on doit décider en faveur des tournois. C'est aussi le sentiment du P. Menestrier, qui se fonde principalement sur le rapport que les armoiries ont eu dans leur origine avec les usages des tournois. Le nom même de *blason est emprunté des tournois :* car l'étymologie de ce mot est allemande, *blazen,* sonner du cor. Les chevaliers qui arrivaient à un tournois, sonnaient du cor pour avertir les hérauts de venir reconnaître et décrire les armoiries, et vérifier l'authenticité de leurs titres écrits, aurait dû ajouter Menestrier, comme l'indique Olivier de la Marche pour le *pas-d'armes de l'arbre d'or.* Reconnaître ainsi les armoiries, s'est appelé depuis *blasonner.*

« Mais une autre raison que le P. Menestrier a négligé de faire valoir, et qui paraît décisive, c'est que l'on trouve l'usage des armoiries établi avant l'époque des croisades. Le P. Mabillon cite, d'après Olivier de Wrée, un sceau de Robert Ier, comte de Flandre, attaché à une Charte de 1072, sur lequel Robert est représenté à cheval, tenant l'épée d'une main, et de l'autre *un écu sur lequel est un lion : Et hic primus est*, ajoutet-il, *comitum flandrensium, qui symbolum gentilitium præferebat*. Or, la première croisade ne fut publiée qu'en 1095. »

Pour nous, nous n'avons jamais été touché par cette étymologie donnée par le P. Menestrier à l'appui de son assertion ; car, si *blazen* veut dire sonner du cor, ne sonnait-on du cor que dans les tournois en levant la barrière ? Non, et le nain de la tourelle du châtelain ne donnait-il pas du cor pour annoncer l'arrivée d'un chevalier aux portes du castel, et le chevalier lui-même ne donnait-il pas du cor pour prévenir que son intention était d'entrer au château ? Et les couleurs de son armure ne le faisaient-elles pas reconnaître ? Et n'étaient-elles pas désignées au châtelain enfermé, pour qu'il donnât l'ordre de faire entrer ?

Le heaume, signe d'hospitalité, qui couronnait la demeure d'un châtelain, n'indiquait pas que le premier venu pouvait entrer ; il était nécessaire que le passant prouvât qu'il était gentilhomme ou gentille dame.

Ouvrons le *roman de Lancelot du lac*, nous y verrons une preuve à l'appui de ce que nous avançons :

« Adoncques estait une coustume en la Grant-Bretaigne, et fut tant que charité dura illecque, tous gentilshommes et nobles dames faisoient mettre au plus hault de leur hostel ung heaulme en signe que tous gentilshommes et gentilles femmes trespassants les chemins, entrassent hardyement en leur hostel comme au leur propre ; car leurs biens estaient davantage à tous nobles hommes et femmes trespassants le royaulme. »

La preuve qu'étaient admis à fournir évidemment les gentilshommes et les gentilles dames, n'est-il pas naturel de pen-

ser que, à la distance où se trouvaient les deux parties, elle
se faisait par les armoiries ?

Le rapport des armoiries aux tournois est sensible, ont dit
plusieurs auteurs en se copiant les uns les autres, il en faut
connaître l'analogie et l'origine. Les chevrons, les pals ou
paux, les jumelles faisaient partie de la barrière qui fermait
le champ du tournoi. Mais ces instruments, ces obstacles ne
faisaient-ils donc pas partie des camps, des circonvallations,
des premières enceintes des premiers castels ? Et l'origine
guerrière n'est-elle pas plus probable que l'origine futile ?
Nous ne craignons pas de le dire, l'origine des armoiries est
toute guerrière ; et, si dans les tournois, on excipait de ses
armoiries pour entrer dans la lice, ce mode de prouver son
droit n'était qu'*un accessoire*, et bien longtemps après la
régularisation parfaite du blason. En effet, consultons la *Chronique de Jacques de Lalain*, par *Georges de Chastelain*, nous
verrons que l'on ne se contentait pas de regarder et de blasonner ou de décrire l'écu, mais qu'il fallait avoir des titres
scellés d'aulcuns princes, etc. Après cette citation curieuse qui
rentre dans notre sujet puisqu'il s'agit de l'un des actes de nos
ancêtres où le blason jouait un rôle important, nous donnerons un passage plein d'intérêt, d'Olivier de la Marche, sur
le pas-d'armes de l'arbre d'or. Voyons d'abord *Georges de
Chastelain*.

« Or, advint que ce jour même que les armes des deux
champions furent faites et achevées, et aussi avant ce que le
duc se partit de son hourt, messire Jacques de Lalain requit
et pria au duc son souverain seigneur, que de sa grâce lui
plût donner congé de, en sa présence, publier lettres et chapitres du pas de la « FONTAINE DES PLEURS, » laquelle chose
le duc lui accorda de bon cœur et volontiers ; et furent lors
ces lettres et chapitres dedans écrits, publiés dessous le hourt
et en la présence du duc et des princes et seigneurs, chevaliers et écuyers, et autre grand nombre de peuple qui là
était présent, par la manière qu'il s'ensuit :

« *Cy s'ensuivent les chapitres des armes qui se firent devant la Fontaine des pleurs, auprès de St-Laurent en Bourgogne, lès Châlons sur la Saône.* . . . .

. . . .

» C'est à sçavoir : qu'il fera par un an entier, tous les premiers jours de chaque mois, tendre devant la Fontaine des pleurs, en la comté d'Auxonne, en Bourgogne, auprès de St-Laurent-lès-Châlons sur la Saône, un pavillon devant lequel il y aura un officier d'armes, notable homme et de bonne renommée, qui illec se tiendra à chacun premier jour desdits mois, pour accompagner une dame, laquelle sera audit pavillon tenant une licorne portant trois targes, auxquelles pourront toucher ou faire toucher par rois, hérauts et poursuivants d'armes, tous nobles chevaliers et aussi écuyers, *nobles de quatre lignées* et sans reproche, lesquels, *de leur noblesse seront tenus de faire apparoire par les scellés d'aulcuns princes ou chevaliers,* ou d'un officier d'armes digne de foi, qu'ils soient dessus dites. »

Pour ne pas quitter cette intéressante matière, avant de l'avoir épuisée, au point de vue de notre ouvrage, c'est-à-dire d'une manière suffisante pour donner une idée du rôle que jouaient les armoiries dans les tournois bien réglés, laissons *Olivier de la Marche* nous décrire l'arrivée de monsieur Ravestain, au *pas-d'armes de l'arbre d'or :*

« LE PAS-D'ARMES DE L'ARBRE D'OR. A l'opposite des dames, du côté des grandes halles (sur la grande place de Bruges), fut l'arbre d'or planté, qui fut un moult beau pin tout doré d'or, excepté les feuilles, etc. Monsieur de Ravestain, environ six heures, arriva à la porte de l'arbre d'or (laquelle il trouva close), et son poursuyvant, nommé Ravestain, la cotte-d'armes vestue (qui portait le blason de ses armes), heurta trois fois d'un marteau doré à la dicte porte; et tantôt lui fut la porte ouverte, et vint Arbre d'or le poursuyvant, ayant une cotte-d'armes blanche, à grans arbres d'or; et estoit accompaigné du capitaine des archers de M. le Bastard (le Bastard de Bourgogne qui tenoit le pas-d'armes) et de six de ses archers, qui desfendoyent l'entrée. Ledit Arbre d'or dit au poursuyvant : « Noble officier d'armes, que demandez-vous ? » Et le poursuyvant lui répondit : « A ceste porte est arrivé haut et puissant seigneur, Monsieur Adolf de Clèves, seigneur de Ravestain, lequel est ici venu pour accomplir l'aventure de l'arbre d'or. Si vous présente le blason de ses armes, et vous prie qu'ouverture lui soit faicte, et qu'il soit reçu. » Ledict Arbre d'or prit unes tables, où il escrivit le nom du chevalier venant au pas, et puis prit en ses mains, en grande révérence et à genoux, le blason de Monsieur de Ravestain, et l'emporta solennellement jusques à l'arbre d'or, et en passant par devant les juges, leur monstra ledict blason et leur dit l'aventure qu'il avoit trouvée à la porte. Si fût ledict blason mis et attaché à l'arbre d'or comme il estoit ordonné, et fut faict savoir au chevalier qui gardoit le pas, le nom de celui qui estoit arrivé, pour son emprise fournir. »

Ajoutons à cela que la position de l'écu suspendu tantôt à un arbre, tantôt à un trophée, tantôt aux fenêtres des grandes places où se tenaient quelquefois les pas-d'armes, a donné naissance à l'usage souvent observé de représenter l'écu incliné. Cela indique nécessairement que le gentilhomme qui le porte ainsi avait des ascendants munis du droit de *faire fenestre*, c'est-à-dire de figurer aux joûtes, tournois et pas-d'armes.

Quand les écus étaient ainsi disposés, avant la lutte, chacun, et les dames ne manquaient pas d'en user, chacun avait le droit de venir *blasonner*, c'est-à-dire décrire, lire et critiquer le blason de chaque chevalier. Dieu sait les malices, les traits d'esprit, les demi-mots, les observations graves ou plaisantes qu'entraînait cet examen !

C'est de là que le mot *blasonner* a pris une signification mordante, outre celle qu'il avait déjà. Voici ce qu'en dit le savant Du Cange, dans le tome premier de son Glossaire :

« BLAZONARE, delineare figuras in scutis gentilitiis. *Addé* *Blazon* nostris ; pro ipso scuto, in quo gentilitium insigne exprimitur ; unde *blasonnier*, scutorum opifex. . .

Lib. I. Ordinat. super artif. Paris. ex Cam. Comput. fol. 346 vo : *Quiconques veult estre blasonnier à Paris, c'est assavoir cuireur de selles et de blason, estre le peut.* . .

. Aliud verò est vox *blasonnement*, irisio nempe vel coutumelia, gal. *dérision, outrage*, à verbo blasonner, quod nostri dixerunt pro maledicere, vituperare.

. Lit. remiss. an. 1387. ex reg. 130. Chartoph. reg. ch. 268. *Lesquelx par manière de blasonnement, de injure ou autrement, mistrent le suppliant en une moyau ou cuve..... et lui jettèrent grant quantité d'eau.* »

Si les armes inclinées ont une signification honorable, les armes renversées en avaient une infamante : ces armes renversées ne subissaient point d'autres modifications, elles différaient des armes diffamées qui consistaient dans la suppression ou l'altération d'une pièce, ordonnées par le souverain, en punition d'une action honteuse.

Voici ce que l'on trouve dans le Chronicon. MS. *Bertrandi, Guesclini,* sur les armes renversées :

: « *Oy, dist l'escuyer, regardés la douleur,*
: *Les armés de Bertrand, où tant a de vigueur,*
: *Ont penduё laidement, ainsi comme trahiteur,*
: *Et traisnée aussi au long d'un quarréfort,*
: *Et les ont* ENVÉRSÉE, *en monstrant par frenour,*
: *Que Bertrand du Glaiequin a cuer de boiseour.* »

Du Cange s'exprime ainsi dans son Glossaire sur les armes renversées :

ARMA REVERSATA, in degradationibus nobilium qui felonice damnati erant : si quis enim proditionis reus damnatus est, continuo ad majorem ignominiam, nobilitate non modo excidebat sed et ipsius liberi nobilium prærogativa privabantur,

Blason. 7.

atque in hujusce rei signum, arma predatoris publice inver-
tebantur, seu *reversebantur*. Thomas Walsinghamus, pag. 192.
*Inter probra verò quæ duci intulerat, arma ejus foro sunt
publice reversata.*

Si l'éducation du chevalier était soignée moralement autant
que physiquement, comme nous allons le voir, il y avait pour
lui bien plus de honte à faillir, car la culpabilité est d'autant
plus grande que l'éducation est plus complète ; on le frap-
pait alors dans le plus vif et le plus apparent de son amour-
propre, les armes de ses ancêtres ; on le forçait à les porter
mais renversées.

« Les premières places que l'on donnait à remplir aux jeunes gens, dit La Curne de Sainte-Palaye, lorsqu'ils sortaient
de l'enfance, étaient celles de *pages, varlets* ou *damoiseaux*,
noms quelquefois communs aux écuyers... Ils étaient astreints
à un service de domesticité auprès de leur maître ou de leur
maîtresse. Les premières leçons qu'on leur donnait regar-
daient principalement *l'amour de Dieu et des dames.* »

Selon la chronique de Jean de Saintré, c'était ordinairement les dames qui se chargeaient de leur enseigner le *caté-
chisme* et *l'art d'aimer* ; mais hâtons-nous de dire que si
les dames enseignaient les éléments de la sainte religion des
aïeux, elles n'instruisaient leur élève dans l'art d'aimer qu'en
leur en donnant une idée pure et toute métaphysique.

On passait de l'état de *page* à celui d'*écuyer*, et la religion
intervenait dans la cérémonie. Le jeune gentilhomme, *sorti
hors de page*, comme l'on disait, était présenté à l'autel par
son père et sa mère, qui, chacun un cierge à la main, allaient
à l'offrande. Le prêtre bénissait l'épée, et la remettait au
nouvel écuyer.

Les écuyers se divisaient en écuyers d'honneur ou de corps,
écuyers de la chambre, écuyers tranchants, écuyers de l'é-
curie, écuyers de l'échansonnerie, écuyers de panneterie.

L'écuyer entrait plus avant dans la confiance de son sei-

gneur et de sa dame, sa vie était plus remplie ; il prenait part
à tous les jeux dont il préparait les éléments au château, et
cette vie de château était fort animée chez les hauts barons.
Voici ce que Froissart dit de la cour du comte de Foix :

. . . . « Brièvement tout considéré
et avisé, avant que je vinsse à sa cour, j'avais été en moult
de cours de rois, de ducs, de princes, de comtes et de hautes dames ; mais je ne fus oncques en nulle qui mieux me
pleust, ni ne vis aucuns qui fussent sur le fait d'armes ré-
jouis, plus que celui comte de Foix étoit. On veoit en la
salle, en la chambre, en la cour, chevaliers et écuyers
d'honneur aller et marcher, et les oyait-on parler d'armes et
d'amour ; tout honneur étoit là-dedans trouvé ; toute nouvelle, de quelque pays ne de quelque royaume que ce fust,
là-dedans on y apprenoit ; car de tout pays, pour la vaillance
du seigneur, elles y venoient. »

Voyons à quels exercices était astreint l'ecuyer aspirant à
la chevalerie, pour préparer son corps au métier de la guerre ;
voici ce que dit l'historien de la vie du jeune Boucicaut :

« Il s'essayoit à saillir sur un coursier, tout armé : puis autrefois couroit et alloit longuement à pied pour s'accoutumer
à avoir longue haleine, et souffrir longuement travail ; autrefois férissoit d'une coignée ou d'un mail grande pièce et gran-
dement. Pour bien se duire au harnois, et endurcir ses bras
et ses mains à longuement férir, et pour qu'il s'accoutumast
à légèrement lever ses bras, il faisoit le soubresaut, armé de
toutes pièces, fors le bacinet, et en dançant, le faisoit armé
d'une cotte d'acier ; sailloit sans mettre le pied à l'étrier, sur
un coursier armé de toutes pièces. A un grand homme monté
sur un grand cheval, sailloit de derrière à chevauchon sur
ses épaules, en prenant le dit homme par la manche à une
main, sans autre avantage.... En mettant une main sur l'ar-
çon de la selle d'un grand coursier, et l'autre emprès les
aureilles, le prenoit par les creins en pleine terre, et sailloit

par entre ses bras de l'autre part du coursier..... Si deux
parois de plastre fussent à une brasse l'une près de l'autre,
qui feussent de la hauteur d'une tour, à force de bras et
de jambes, sans autre aide, montoit tout au plus haut sans
cheoir au monter ne au devaloir. *Item*, il montoit au revers
d'une grande échelle dressée contre un mur, tout au plus
haut sans toucher des pieds, mais seulement sautant des deux
mains ensemble d'échelon en échelon, armé d'une cotte d'acier,
et ôté la cotte, à une main sans plus, montoit plusieurs éche-
lons... Quand il estoit au logis, s'essayoit avec les autres écuyers
à jeter la lance ou autres essais de guerre, ne ja ne cessoit. »

Si le corps recevait une éducation appropriée au métier
des armes, l'âme était soigneusement préparée aux belles et
bonnes actions. Nous allons en donner pour preuve une curieuse citation, tirée des manuscrits d'Eustache Descamps, et
reproduite par de La Curne de Sainte-Palaye; nous la ferons
suivre d'un passage de cet auteur, qui complétera nos preuves :

BALADE (sic).

Vous qui voulez l'ordre de chevalier,
Il vous convient mener nouvelle vie,
Dévotement en oraison veiller,
Péchié fuir, orgueil et villenie ;
L'église devez deffendre,
La véfve, aussi l'orphenin entreprandre,
Estre hardis et le peuple garder,
Prodoms loyaulx sans rien de l'autruy prendre :
Ainsi se doit chevalier gouverner.

Humble cuer ait, toudis doit travailler
Et poursuir faiz de chevalerie,
Guerre loyal, estre grant voyagier,
Tournoiz suir et jouster pour sa mie,
Il doit à tout honnour tendre,
Si com ne puist de lui blasme reprandre ;

Ne laschété en ses œuvres trouver
Et entre touz se doit tenir de mendre :
Ainsi se doit gouverner chevalier.

Il doit amer son seigneur droiturier,
Et dessus touz garder sa seignourie,
Largesse avoir, estre vrai justicier,
Des prodomes suir la compaignie,
Leurs diz oir et aprandre,
Et des vaillands les prouesses comprandre,
Afin qu'il puist les grands faiz achever,
Comme jadis fist le roi Alexandre :
Ainsi se doit chevalier gouverner.

Si nous ajoutons à cette intéressante ballade le passage de La Curne de Sainte-Palaye, nous aurons une idée complète de ce que l'on exigeait du chevlier au moyen-âge, et nous serons forcés de convenir que la chevalerie, en s'épurant, devint une institution vraiment recommandable.

« Indépendamment de la défense de la religion, des ministres et des temples, à laquelle s'étoit engagé le nouveau chevalier, les autres loix de la chevalerie renfermées dans le serment de sa réception, auroient pu être adoptées par les plus sages législateurs et par les plus vertueux philosophes de toutes les nations et de tous les siècles.

» En vertu de ces loix, les veuves, les orphelins et tous ceux que l'injustice faisoit gémir dans l'oppression, étoient en droit de réclamer la protection d'un chevalier, et d'exiger pour leur défense, non-seulement le secours de son bras, mais encore le sacrifice de son sang et de sa vie. Se soustraire à cette obligation, c'étoit manquer à une dette sacrée ; c'étoit se deshonorer pour le reste de ses jours. Les dames avoient encore un privilège plus particulier. Sans armes pour se maintenir dans la possession de leurs biens, dénuées des moyens de prouver leur innocence attaquée, elles auroient vu souvent leur fortune et leurs terres devenir la proie d'un voisin injuste et puissant, ou leur réputation succomber sous les traits de la calomnie, si les chevaliers n'eussent été toujours prêts à s'armer pour les défendre : c'étoit un des points capitaux de leur institution, de ne point médire des dames et de ne point permettre que personne osât en médire devant eux. »

Toutes ces nobles prescriptions annoncent que la religion chrétienne avait passé par là ; car, sans elle, jamais le code de chevalerie n'eût contenu une morale si pure. Il faut le dire aussi, la chevalerie chrétienne ne fut pas dès l'abord régie par d'aussi remarquables lois, comme dans toute chose humaine la perfection n'arriva que lentement, pour s'éteindre bientôt. Déjà, sous le roi Jean, un grand relâchement se faisait sentir dans les mœurs des chevaliers, et c'est le désir de ranimer la chevalerie qui porta ce monarque, en 1351, à créer l'ordre des chevaliers de l'Etoile.

Le roi Jean rappelle, dans ses lettres de 1352, les exploits de l'antique chevalerie qui avait tellement brillé dans tout l'univers par l'éclat de sa valeur et de ses vertus (*per universum orbem sic strennuitate et nobilitate floruit et viguit probitate*). Après Dieu, dit-il, c'était elle qui, par sa bonne intelligence et sa franchise (*sinceriter et unanimiter*), avait fait triompher les rois ses prédécesseurs de tous leurs ennemis, qui, comme par miracle (*divinitùs*), avait ramené à la pureté de la foi catholique, un nombre prodigieux d'infidèles, dans les croisades.

Avant de nous reporter en arrière pour parler de cette imposante époque, suivons les différents degrés de la chevalerie. Outre les conditions requises pour être revêtu de la dignité de chevalier, il fallait avoir atteint sa majorité (21 ans). Brunon, auteur du XIᵉ siècle, fait mention des chevaliers du second et du troisième ordre, ce qui se trouve confirmé par un ancien cérémonial où il est dit : Le chevalier paiera aux rois des hérauts un marc d'argent *se il est bachelet, et se il est baron, le double ; et se il est comte ou de plus, le double.*

Il y avait trois ordres de chevaliers, *les titrés*, ducs, comtes, barons; *les bannerets* non titrés, et *les bacheliers*, ou bas chevaliers, selon l'étymologie probable. Matthieu Paris appelle le chevalier bachelier, *minor miles*.

Les bacheliers ou bas chevaliers étaient ceux qui ne pouvaient lever bannière, car ils n'étaient *mie riches*, comme dit la chronique de Flandre. Ils portaient un pennon allongé en flamme à double pointe, et quand on les créait chevaliers bannerets, le roi ou tout autre seigneur coupait l'extrémité de la flamme et faisait alors une bannière.

Les chevaliers bannerets étaient gentilshommes de nom et d'armes; ils avaient pour vassaux plusieurs gentilshommes qui suivaient leur bannière à l'armée; ils formaient un corps qui tenait le premier rang dans les troupes françaises dès le temps de Philippe-Auguste. Il fallait, pour lever bannière, avoir au moins cinquante hommes d'armes, les hommes, les *archiers* et *arbalestriers* qui y appartenaient. (Vieux cérémonial.)

Si la qualité de chevalier n'était pas héréditaire, celle de banneret l'était. Avant Philippe-Auguste les bannerets jouaient déjà un rôle important dans les armées; ils firent la force des croisades; des croisades où le nombre immense de chevaliers réunis pour le même motif nécessita l'emploi général d'armoiries distinctes pour chaque chef, non que nous prétendions dire que les armoiries sont nées des croisades, elles leur sont antérieures de beaucoup, mais elles commencèrent là à se régulariser.

« Les chevaliers, dit La Curne de Sainte-Palaye, étaient aussi distingués entre eux par les armoiries particulières dont ils chargeaient leur *écu, leur cotte d'armes*, le *pennon* de leur lance, et la banderolle qui se portait quelquefois au sommet du casque (d'où sont venus les lambrequins). »

Nous lisons dans l'historien des croisades, MICHAUD, tome I, p. 209:

« Les princes et les chevaliers avaient sur leurs bannières

des images, des signes de différentes couleurs, qui servaient de point de ralliement à leurs soldats. Là, on voyait peints sur les boucliers et sur les étendards, des léopards, des lions; ailleurs des étoiles, des tours, des croix, des arbres de l'Asie et de l'Occident. Plusieurs avaient fait représenter sur leurs armes des oiseaux voyageurs qu'ils rencontraient sur leur route, et qui, changeant chaque année de climat, offraient aux croisés un symbole de leur pèlerinage. Ces marques distinctives animaient alors la valeur sur le champ de bataille, et devaient être *un jour* l'un des attributs de la noblesse chez les peuples de l'Occident. »

Les armoiries, accordées ou modifiées, étaient déjà une récompense. Nous citerons du même auteur les passages suivants:

« Nous lisons dans une chronique de Brême, qu'on fit alors (1110) dans tout l'empire germanique une grande levée d'hommes pour la guerre sainte d'outre-mer. Plusieurs Bremois, au signal de leur archevêque, et conduits par deux consuls que nomme la chronique, partirent pour l'Orient et se distinguèrent à la prise de Béryte et de Sidon. Au retour de leur pèlerinage, ils n'avaient perdu que deux de leurs compagnons. Ils furent reçus en triomphe par leurs concitoyens; et des armoiries accordées à la ville de Brême par l'empereur d'Allemagne, attestèrent les services qu'ils avaient rendus à la cause de Jésus-Christ dans la Terre-Sainte.

Parmi les peuples qui combattaient alors (1221) sous les drapeaux de la Croix, l'histoire doit distinguer les pèlerins de Cologne et ceux de la Frise et de la Hollande. En mémoire des glorieux travaux de cette guerre, Frédéric II reçut chevalier Guillaume, comte de Hollande, et *permit* aux habitants de Harlem *d'ajouter une épée d'argent* aux *quatre étoiles* peintes sur leur étendard. »

« L'ordre Teutonique portait: *d'argent à une croix pattée de sable, chargée d'une croix potencée d'or et en cœur, sur le tout, l'aigle impérial de sable;* l'ordre a négligé de porter les quatre fleurs-de-lis d'or *dont le roi Saint-Louis l'avait honoré;* il est à croire que dans quelques-unes des guerres entre l'Allemagne et la France, où les chevaliers Teutoniques prirent les armes, ils ont supprimé ces marques d'honneur et d'alliance. »

A la distance où nous nous trouvons des croisades, nous éprouvons quelque étonnement à voir, ainsi que l'a dit la première, Anne Comnène, historien grec, *Alexiad. lib. X,* l'Occident s'arracher de ses fondements pour se jeter sur l'Asie; mais cette surprise cesse, si nous allons au fond des choses et si nous considérons que les pélerinages pacifiques qui commencèrent dès les premiers siècles de l'Église se transformèrent au xiiᵉ siècle en pélerinages armés, croisades, par suite des persécutions éprouvées par les pélerins; d'un autre côté, les grands hommes de ces époques mémorables, ceux qui dirigeaient leur siècle, tel qu'un saint Bernard, par exemple, comprenaient que les Musulmans menaçaient d'envahir le monde, et qu'il y allait de la religion, de la liberté et de l'indépendance de l'Europe. En fallait-il davantage pour que l'Occident se réveillât à la voix de ses chefs, et pour que tous les peuples abandonnassent leurs intérêts du moment pour l'intérêt vital d'une existence morale et matérielle?

C'est un magnifique spectacle que celui de l'Europe abandonnant ses rivalités nationales, pour aller combattre l'ennemi chez lui, autour du tombeau de l'Homme-Dieu!

Il y avait urgence, et pendant que Pierre l'ermite, en 1095, faisait entendre sa parole enthousiaste, Alexis Comnène, menacé par les Turcs, envoyait une ambassade au Pape comme chef des chefs, roi des rois, père des fidèles, pour appeler les secours des Latins. Les conquêtes des Turcs dans l'Asie-

Mineure étaient effrayantes par leur rapidité; Alexis en avait instruit les princes de l'Occident. Après le concile de Plaisance, le pape Urbain ouvrit celui de Clermont, en Auvergne, où la première croisade fut arrêtée, en 1095, comme nous le disions plus haut.

Alors ce fut un ébranlement général, et ce mouvement sublime qui s'effectua de l'est à l'ouest, fut universel et sauveur.

« J'atteste Dieu, dit l'abbé Guibert, que j'ignore le nom de tous les peuples qui débarquèrent dans nos ports; leurs langues nous étaient inconnues, et pour nous montrer qu'ils étaient chrétiens, ils plaçaient l'un de leurs doigts sur l'autre en forme de croix. »

Et cependant, déjà les chefs portaient sur leur vêtement une croix rouge de drap ou de soie, ainsi que nous le voyons dans les *Monuments de la monarchie française*, et dans *l'Histoire des Croisades*.

« Les barons, dit cette dernière, et les chevaliers qui avaient entendu les exhortations d'Urbain, firent tous le serment de venger la cause de Jésus-Christ; ils oublièrent leurs propres querelles, et jurèrent de combattre ensemble les ennemis de la foi chrétienne; tous les fidèles promirent de respecter les décisions du concile (de Clermont), et décorèrent leurs vêtements d'une croix rouge de drap ou de soie. »

Nous lisons dans les Monuments cités :

« La croix que portaient les fidèles dans cette croisade (la première, 1095), était de drap et quelquefois même de soie couleur rouge. Dans la suite elles furent de différentes couleurs. La croix un peu relevée en bosse se cousait sur l'épaule droite de l'habit ou du manteau, ou bien on l'appliquait sur le front du casque. Le père Montfaucon a gravé dans ses *Monuments de la Monarchie française* les peintures des vitraux de l'église de Saint-Denis, qui représentent la première croisade : on y voit les croisés avec des croix peintes sur les banderoles de leurs lances ou bien sur le devant de leurs casques. »

Beaucoup de chevaliers n'ont point eu d'autre désignation dans l'histoire de ces temps héroïques, que celle de leurs armoiries; ainsi, en 1150, un gentilhomme espagnol fit des prodiges en Terre-Sainte, et ne fut désigné qu'ainsi : *le chevalier aux armes vertes.*

La chevalerie se couvrit de gloire dans ces guerres lointaines, et l'on voulut perpétuer par des signes héréditaires symboliques le souvenir des hauts faits auxquels on avait pris part; la science de la *généalogie*, dont Ecatée de Milet, au rapport d'Athénée, et Pomponius Atticus, firent la première application aux familles illustres de la Grèce et de Rome, prit dès lors une grande importance, et plus tard *on mit tous ses soins à descendre* des paladins croisés, dont le noble *cri* de guerre général, sans préjudice du cri particulier à chaque baron, était : DIEV LE VEVT ! DIEV LE VEVT !

Michaud s'exprime ainsi sur la glorieuse part qu'il faut faire à la chevalerie dans ces nobles travaux guerriers :

« Au milieu de l'anarchie et des troubles qui désolaient l'Europe depuis le règne de Charlemagne, il s'était formé une association de nobles chevaliers qui parcouraient le monde en cherchant des aventures; ils avaient fait le serment de protéger l'innocence, de secourir les faibles opprimés et de combattre les infidèles. »

« La religion, qui avait consacré leur institution et béni leur épée, les appela à sa défense, et l'ordre de la chevalerie, qui dut une grande partie de son éclat et de ses progrès à la guerre sainte, vit accourir ces guerriers sous les drapeaux de la Croix. »

L'écu ou bouclier sur lequel étaient peintes les armoiries des chevaliers variait par sa forme. Cependant, il avait assez communément alors l'aspect d'un angle aigu dont la pointe était en bas, c'est cette forme que l'on remarque sur les plus ancien sceaux ; l'écu était porté *appendu au cou*, il était muni d'une courroie *ad hoc*, outré les lanières qui le retenaient au bras et au poignet.

Voici ce que dit Geoffroy de Ville-Hardovin, dans sa *Conqveste de Constantinople* :

« Maiz ainz que li estorz parfinast, vint un chevalier de la masnie Henris, le frère, le conte Baudoin de Flandres et de Hennaut, qui ot nom Esuthaices le Marchis, et ne fut armez que d'un gamboison et d'un chapel de fer, *son escu a son col*, et le fist mult bien alenz metre, si que grant pris s'en dona l'on. »

Citons encore d'autres exemples à l'appui de notre assertion :

Clypeus leunculos aureos imaginarios habens COLLO SUSPENDITUR.

Hist. GAUFREDI *d. Norm.*

Is scutumque simul COLLOQUE *pependit:*

ABBO. *Lib. ij. de Bello Parisi.*

Et s'en alla à eux l'*escu au coul*, son heaume à la teste et son glaive au poing.

Le sire de JOINVILLE. 6. 61.

Cette manière de porter l'écu est consignée en outre dans une foule d'autres auteurs, dans Froissard, Fauchet, dans les Chroniques de Flandre, dans la vie de Boucicault, etc.

La nécessité des couleurs et symboles personnels, dans ces immenses mélanges de peuples, ne se fit pas sentir seulement aux Européens, les émirs musulmans avaient les leurs, comme il appert de ce passage de l'*Histoire des Croisades* :

« La plupart des émirs musulmans, à l'exemple de Saladin, affectaient une austère simplicité dans leurs vêtements et leurs manières. Un auteur arabe compare ce sultan au milieu de sa cour, entouré de ses fils et de ses pairs, à l'astre des nuits qui jette une lueur sombre au milieu des étoiles; toute leur parure était dans la beauté de leurs chevaux, dans l'éclat de leurs armes et dans leurs étendards, sur lesquels ils faisaient peindre des plantes, des fleurs, des abricots et d'autres fruits à la couleur d'or. »

C'est de la guerre sainte que sont venues ces multitudes de croix de toute forme, de toute couleur, de toute dimension, qui ornent les armoiries; on conçoit même que plus d'une famille dont les ascendants n'avaient figuré à aucune des sept croisades dont le Musée historique de Versailles donne les armes, ait désiré introduire ce signe dans leur blason, pour en élever l'origine jusqu'à ces temps héroïques; on l'a fait aussi, il faut le dire, fort souvent, par pure dévotion, sans avoir la vanité de vouloir se placer à côté d'un Montmorency ou d'un Châteaubriand.

Concluons : Nous avons dit que les armoiries, en tant que symboles, existaient de tout temps, pour distinguer les tribus et leurs chefs; qu'elles n'étaient point, en tant que distinctions honorifiques, accordées par les princes, nées de *prime-saut*, comme on a cherché à le démontrer inutilement : mais qu'elles s'étaient peu à peu fortifiées comme concessions héréditaires avec l'hérédité des fiefs; nous avons vu que les tournois leur donnèrent sans doute de la consistance, mais que les croisades les régularisèrent tout-à-fait, puisqu'elles devinrent des récompenses accordées aux chevaliers et aux villes qui se distinguaient dans les guerres saintes; il nous reste maintenant à rechercher la preuve de leur existence, antérieurement aux croisades, dans les sceaux, et à montrer que leur origine, qui est guerrière et communale, est par conséquent beaucoup plus grave et élevée qu'on ne l'avait dit. Les amusements frivoles des tournois et pas-d'armes contribuèrent à régulariser, mais n'établirent pas l'usage des armoiries.

Les sceaux appendus aux pièces diplomatiques vont venir à

nôtre aide pour établir la vérité de ce que nous avons avancé. Nous n'irons pas puiser nos victorieux documents dans les *Registres des Tournois*; pièces controuvées et forgées, en 1566, par l'imposteur Ruxner, et copiées par Modius-Dunod et autres généalogistes des trois derniers siècles; nous les emprunterons aux chartes mêmes, et nous laisserons parler M. de Courcelles, le savant continuateur de l'art de vérifier les dates :

« Les héraldistes, anciens et modernes, dit-il, n'ont eu, jusqu'à présent, qu'une seule preuve de l'existence des armoiries avant les croisades; c'est le sceau de Robert-le-Frison, comte de Flandres, apposé à un acte de l'an 1072; mais la fausseté de cette pièce a été démontrée par D. Mabillon, et vérifiée par d'autres savants diplomatistes. Il ne leur reste donc plus à citer, en faveur de l'antiquité du blason, que le contre-scel de Louis-le-Jeune, qui régnait en 1150; c'est le premier de nos rois qui ait pris une fleur-de-lys, et l'opinion la plus commune porte qu'il choisit cet emblème par allusion à son nom écrit alors *Loys*, ou parce qu'on le nommait *Ludovicus Florus*.

» Ces dernières assertions sont d'une force et d'une vérité propres à fixer d'abord tous les esprits; mais, en examinant la question attentivement, on voit que le jugement de ces critiques n'est fondé que sur le défaut de monuments, ou plutôt sur le manque de recherches. Voici ce que l'on peut leur opposer :

» On a le contrat de mariage de Sanche, infant de Castille, avec Guillemine, fille de Centule Gaston II, vicomte de Béarn, de l'an 1038 de l'ère d'Espagne (1000 de Jésus-Christ), au bas duquel il y avait sept sceaux apposés, dont deux se sont conservés entiers. Le premier représente un écu sur lequel on voit *un lévrier*; le second est un écu tranché par des *barres transversales*. M. de Villaret, qui nous a transmis l'examen de ces sceaux, prétend qu'on peut certainement reconnaître dans le second les figures employées dans le blason moderne. Il en eût pu dire autant du premier, qui pouvait bien être le sceau de Gracie - Arnaud, comte d'Aure et de Magnoac, lequel vivait dans le même temps, et dont les descendants ont toujours porté un lévrier dans leurs armes. Deux sceaux d'Adelbert, duc et marquis de Lorraine, apposés à deux chartes des années en 1030 et 1037 de l'ère vulgaire, représentent un écu chargé d'une aigle au vol abaissé.

» Un diplôme de Raymond de Saint-Gilles, de l'an 1088, est scellé d'*une croix vidée, cléchée et pometée*, telle que l'ont toujours portée depuis les comtes de Toulouse. L'historien du Languedoc avait pensé que c'était le plus ancien monument héraldique.

» Le sceau de Thierri II, comte de Bar-le-Duc et de Montbéliard, de Mouson et de Ferrette, mis au bas d'un acte de l'an 1093, représente *deux bars adossés.*

Renaud 1er, dit le Borgne, qui possédait les mêmes comtés, y ajouta le *semé de croisettes fichées.* »

« Au bas d'une charte de Hugue II, duc de Bourgogne, de l'an 1102, paraît un sceau, où ce prince est représenté à cheval, tenant une lance sur l'épaule, et son bouclier *bandé de six pièces* avec une bordure. On sait que ses descendants ont toujours porté les mêmes armoiries. »

« Raoul 1er, seigneur de Beaugency, qui suivit Godefroy de Bouillon à la conquête de la Terre-Sainte, en 1096 restitua, l'an 1104, l'église de Saint-Firmin aux religieuses de cet abbaye, en présence du concile de Beaugency : à cet acte est apposé son sceau, représentant *un écu échiqueté avec une fasce.* »

« A un acte de la même année 1104, est suspendu le sceau de Simon, sire de Broyes et de Beaufort, représentant *trois broyes ouvertes l'une sur l'autre.*

« Le sceau de Guiraud de Simiane mis à deux actes des années 1118 et 1120, représente *un écu chargé d'un bélier.* »

« Asculfe de Soligné, qui vivait en 1130, portait en son sceau *un écu écartelé*, et pour support *un oiseau de proie.* Yseult de Dole, femme de ce seigneur, portait un écu fretté ou losangé. Enfin, Adam de Soligné, l'un de leurs fils, portait l'écu de sa mère, et Jean de Dole, autre fils d'Asculfe de Soligné, portait celui de son père, excepté que l'écartelé est environné extérieurement de cinq petits oiseaux de proie semblables au support précité.

On a une charte de Hugues VII, dit le Brun, sire de Lezignan, conservée au trésor de l'évêché de Poitiers, au bas de laquelle est apposé le sceau de ce seigneur représentant *un écu burelé.*

« Le moine de Marmoutier, qui a écrit l'histoire de Geoffroy, comte d'Anjou, l'an 1100, parle du blason comme d'un usage établi depuis longtemps dans les familles illustres.

« On peut conclure de tout ce que nous avons rapporté, dit M. de Courcelles, sur l'origine des armoiries, qu'elle remonte incontestablement à la fin du xᵉ siècle, qu'on les voit en usage dans plusieurs grandes maisons, longtemps avant les tournois; que les bannières et les écus armoriés sont pour ainsi dire les bases de la jurisprudence de ces exercices militaires; enfin, que les croisades commencées en 1096, paraissent avoir rendu les armoiries propres à tous les chevaliers qui s'embarquèrent pour ces expéditions et que c'est depuis cette époque qu'elles sont devenues héréditaires dans presque toutes les familles d'origine chevaleresque. »

La grande révolution communale qui s'effectua au xiiᵉ siècle, fut symbolisée par les villes et les bourgades sur le sceau de chaque commune et sur sa bannière. Les luttes qui furent soutenues par les *communiers, conjurés* ou *jurés,* nécessitèrent des armoiries distinctes et significatives qui furent imprimées sur les actes de la commune et peintes sur ses bannières; elles ornèrent aussi l'écu, comme le dit l'illustre et savant auteur des Lettres sur l'Histoire de France, M. Augustin Thierry, « des magistrats chargés de la tâche pénible d'être sans cesse à la tête du peuple dans la lutte qu'il entreprenait contre ses anciens seigneurs; ils avaient mission d'assembler les bourgeois au son de la cloche et de les conduire en armes sous la *bannière* de la commune. »

Cette bannière et le sceau de la commune représentaient des figures symboliques qui sont l'origine des armoiries municipales ou murales, dont l'importance est si généralement comprise aujourd'hui sous le point de vue historique, que des ouvrages spéciaux, entre autres l'*Armorial national de France*, ouvrage remarquable dû à M. Hyacinthe Traversier et à M. Léon Vaïsse, ont été entrepris dans le but de combler une lacune archéologique, et obtiennent un légitime succès.

La formule des droits de commune était ainsi conçue : *Scabinatus, collegium, majoratus* SIGILLUM, *campana, berfredus et jurisdictio*, échevinage, conseil, mairie, sceau, cloche, beffroi et juridiction. Ces sept mots comprennent toute la liberté des communes, et ce mot commune (1) était cher aux *jurés*, mais odieux à ceux dont il détruisait les droits; ainsi l'abbé Guibert, *de vitâ suâ*, s'exprime ainsi : COMMUNIO *autem, novum ac pessimum nomen*, etc.

Les sceaux et bannières des villes, origine des armoiries murales, remontent aux XIe, XIIe et XIIIe siècles pour les villes du Nord, qui n'obtinrent leur affranchissement que vers ces époques. Ils remontent bien plus haut pour les villes du Midi, où l'invasion des barbares n'avait pas eu lieu à fond, et qui jouissaient de longue main des libertés municipales romaines qui n'avaient, chez elles, jamais complètement disparu.

Nous croyons avoir mis sous les yeux du lecteur tous les éléments, toutes les pièces du procès des origines des armoiries; il pourra, nous le pensons, établir solidement son jugement sur cette question archéologique, et nous espérons qu'il inclinera vers notre avis, à savoir que les armoiries et les lois du blason ne se formèrent pas de toutes pièces et à une époque donnée, mais que, comme toutes les choses hu-

(1) Il est synonyme de fraternité, amitié, paix.

maines, elles naquirent successivement les unes des autres, et
se modifièrent de siècle en siècle pour arriver au point de
former un *code* régulier aux xvi°, xvii° et xviii° siècles.

Nous allons dresser les articles de ce *Code héraldique.* Cette
forme neuve nous a semblé la meilleure, et nous sommes
heureux de l'avoir trouvée. Nous nous occuperons ensuite des
titres et dignités tant anciens que modernes, et des ordres de
chevalerie. Nous ouvrirons cette série, nous catholiques, reconnaissant l'autorité du saint siége, par la hiérarchie de
cour du souverain pontife. Nous arriverons aux rois de France,
puis de France et de Navarre, et nous donnerons l'armorial de
l'empereur Napoléon, si plein d'intérêt et d'une valeur historique si grande. Des relations sûres et élevées nous ont mis à
même de fournir sur cette partie des documents précieux, entre autres un arbre généalogique complet de la famille de
Bonaparte, jusqu'au glorieux avènement populaire et provi-
dentiel de Napoléon III, *le Sage!* dont nous avons l'honneur
de servir le loyal gouvernement en qualité de sous-préfet,
après avoir longtemps combattu dans la presse pour les idées
napoléoniennes.

Nous donnerons ensuite une série d'*exercices* où tous les
exemples de notre Code se trouveront reproduits : puis nous
terminerons par l'énumération et la description de toutes
les armoiries de la salle des croisades du *Musée historique
de Versailles.*

QUATRIÈME SECTION.

———◆———

CODE HÉRALDIQUE

CLASSÉ

PAR TITRES, CHAPITRES ET ARTICLES.

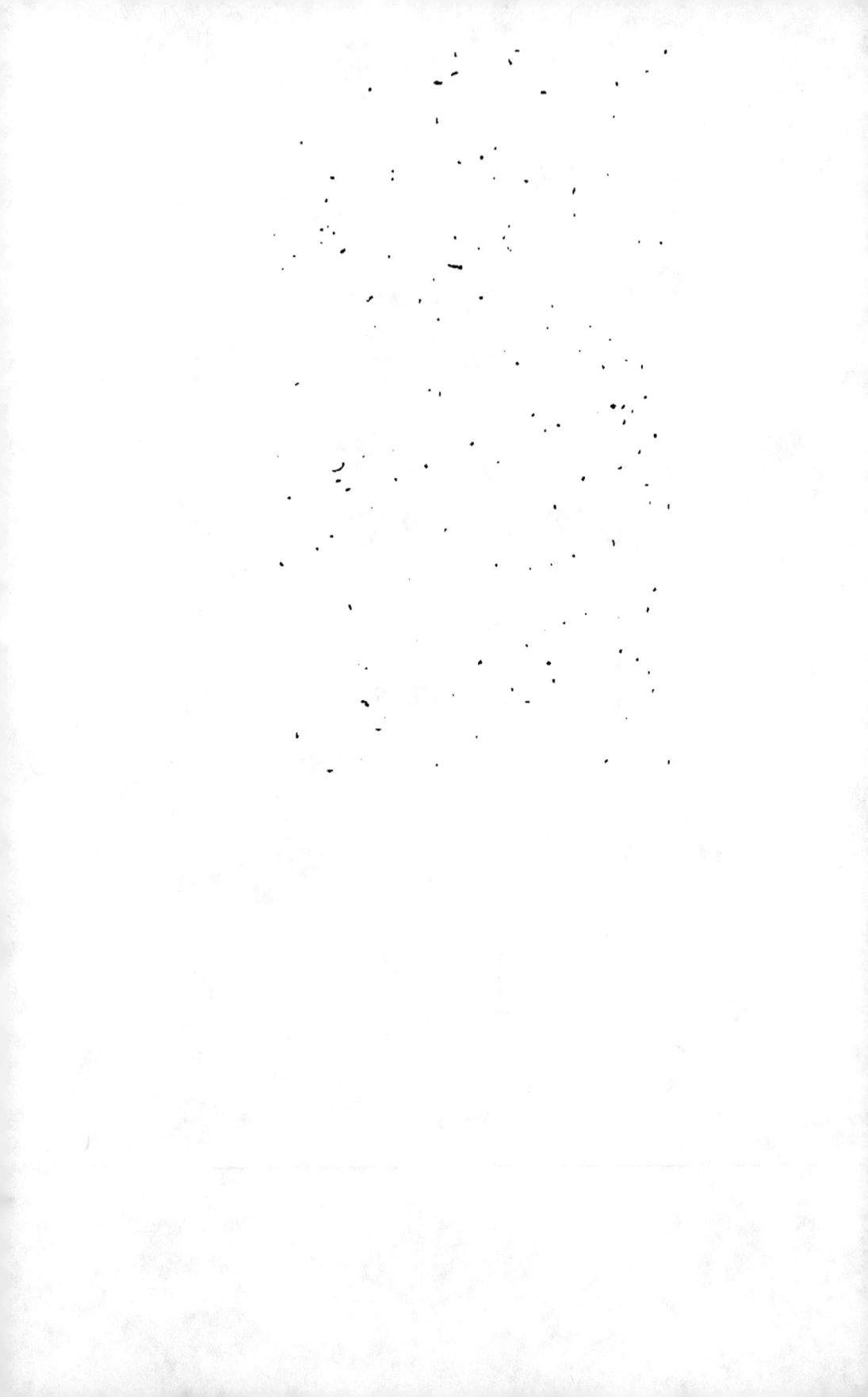

CODE HÉRALDIQUE.

TITRE PREMIER.

DES ARMOIRIES.

CHAPITRE PREMIER.

ARTICLE 1. Les armoiries ou armes sont des emblêmes de noblesse et dignités regulièrement donnés ou artorisés par un pouvoir souverain, pour la distinction des personnes, des familles, des sociétés, des corporations et des villes.

ART. 2. Elles sont méthodiquement composées de figures diverses, de différentes couleurs ou émaux, représentées sur un fond ou champ dont le dessin rappélle plus ou moins le bouclier des armes antiques et du moyen-âge.

CHAPITRE II.

DIVISION DES ARMOIRIES.

ART. 3. Les armoiries se divisent en huit espèces différentes.

ART. 4. On distingue les armoiries : de domaine, de dignités, de concessions, de villes, de patronage, de prétentions, de familles et de sociétés ou corporations.

ART. 5. Les armoiries de domaine sont celles qui sont destinées à symboliser les empires, royaumes, possessions territoriales, anciens fiefs dès souverains, princes et gentils-hommes. On peut les appeler : signes de la terre.

ART. 6. Les armoiries de dignités sont celles qui sont atta-chées aux souverainetés, fonctions et dignités, et que l'on est tenu de porter indépendamment de celles qui sont per-sonnelles.

ART. 7. Les armoiries de dignités se composent de signes intérieurs ou extérieurs.

ART. 8. Les signes intérieurs occupent le champ de l'écu.

ART. 9. Les signes extérieurs accompagnent ou surmontent l'écu sans faire partie de son champ.

ART. 10. Les armoiries de concession sont celles qui con-tiennent quelques signes ou pièces des armoiries de souve-rains; quelquefois ces armoiries tout entières figurent dans celles de certaines familles dans le but de récompenser des services rendus au prince ou au pays, en en perpétuant le souvenir.

ART. 11. Les armoiries de villes sont celles que les cités, au moyen-âge, lors de l'affranchissement des communes, fi-rent graver sur leurs sceaux, peindre sur leurs bannières et sculpter au fronton de leurs hôtels-de-ville.

ART. 12. Ces armoiries sont simples ou de patronage.

ART. 13. Les armoiries simples des villes sont celles qui se sont conservées dans leur symbolisme primitif, telles qu'elles furent choisies par les jurés, jurati de la commune.

ART. 14. Les armoiries composées des villes ou de patro-nage, sont celles qui portent en chef celles du souverain, comme souvenir de résistance à l'ennemi ou de services ren-dus au prince ou à l'Etat.

ART. 15. Les armoiries de prétention sont celles qui con-tiennent des pièces destinées à indiquer les droits que l'on a où que l'on veut avoir sur des royaumes, principautés, villes et terres qui ont échappé au pouvoir du prétendant ou de ses ascendants.

Art. 16. Les armoiries de familles dont les symboles peuvent tenir plus ou moins de celles déjà énoncées, se partagent en sept espèces.

Art. 17. Elles sont légitimes, vraies, pures et pleines quand elles ne sont accompagnées d'aucun signe accessoire. Les aînés des familles les portent ainsi.

Art. 18. Elles sont parlantes lorsqu'elles désignent le nom de la famille qui les porte, et il n'y a rien à y souhaiter, quand elles sont si anciennes qu'il est incertain si la famille a emprunté son nom des armes, ou si la famille a donné le nom aux armes.

Art. 19. Elles sont brisées quand les cadets les surchargent de quelques pièces ou les modifient pour se distinguer de leurs aînés.

Art. 20. Elles peuvent être chargées par concession ou substitution.

Art. 21. Elles peuvent être substituées, quand une personne prend le nom et les armes d'une autre famille : les primitives disparaissent alors.

Art. 22. Les armoiries sont diffamées quand le souverain, pour cause de crime, impose l'obligation de quelque modification injurieuse, et ôte à l'une des pièces principales ses caractères les plus honorables. (1)

Art. 23. Les armoiries sont à enquérir lorsqu'elles ne sont point établies d'après les règles héraldiques, afin d'en faire demander la cause, qui, alors, est toujours honorable.

Art. 24. Les armoiries de sociétés ou corporations, qui forment la huitième espèce, sont celles des académies, universités, corps savants, chapitres, communautés religieuses, corps de marchands et artisans.

(1) Saint-Louis ordonna que Jean d'Avènes, qui avait insulté sa mère, porterait dans ses armes un lion qui ne serait ni *lampassé* ni *viré*.

CHAPITRE III.

COMPOSITION DES ARMOIRIES.

ART. 25. Les armoiries ne différeraient point des emblèmes, symboles et devises (¹) si elles n'avaient des émaux et des figures déterminés par des règles invariables.

ART. 26. Les armoiries se composent de l'*écu*, dont la surface extérieure donne le *champ*.

ART. 27. Des *émaux* qui sont : deux métaux, l'*or* et l'*argent* ; cinq couleurs : *gueules, azur, sinople, sable, pourpre* ; enfin deux pannes ou fourrures qui sont : *hermine* et *vair*, auxquelles on peut ajouter la *contre-hermine* et le *contre-vair*.

ART. 28. Elles se composent enfin des *figures*, qui sont : ou *héraldiques* et propres ; ou *naturelles* ; ou *artificielles*.

ART. 29. Il est nécessaire d'ajouter comme appendice aux couleurs la *carnation* pour les parties du corps humain, et les couleurs naturelles des animaux, des plantes, etc.

ART. 30. On ne doit jamais mettre couleur sur couleur, ni métal sur métal.

ART. 31. Les exceptions constituent ce que l'on appelle *armes à enquérir*.

ART. 32. Les fourrures se mettent avec les couleurs, c'est la règle.

ART. 33. Elles peuvent se mettre avec les métaux, c'est l'exception.

_____

(¹) Ce mot doit prendre son acception vraie qui est de désigner les figures symboliques ; ce que l'on appelle généralement *devise*, n'en est que l'*âme*, c'est-à-dire la sentence.

TITRE DEUXIÈME.

DU BLASON.

—

CHAPITRE PREMIER.

DÉFINITION.

ART. 34. *Le blason* est l'art de connaître, expliquer, et décrire méthodiquement les armoiries.

ART. 35. On lui donne aussi le nom d'*art héraldique*, des fonctions des hérauts d'armes, qui consistaient à décrire, à haute voix, les armoiries des gentilshommes qui concouraient aux tournois, cela s'appelait blasonner (1).

ART. 36. Pour décrire convenablement les armoiries, il faut connaître l'*écu*, les *émaux*, les *figures*, *pièces* et *meubles*. Viennent ensuite les *brisures* et les *ornements extérieurs*.

CHAPITRE II.

DE L'ÉCU.

ART. 37. L'écu, *scutum*, représente l'ancien bouclier; ses formes ont beaucoup varié; il a été *couché*, avec le casque assis sur l'angle sénestre; en *bannière*, c'est-à-dire quarré; *échancré* à dextre pour servir d'arrêt à la lance: *échancré* des deux côtés pour le reposer sur les bras; *ovale*, c'était la forme italienne; *arrondi* à la partie inférieure, c'était la forme espagnole.

---

(1) Le mot *blason* vient ou de *blasing*, expression anglaise qui veut dire *explication*, ou de *blazen*, mot allemand qui signifie *sonner du cor*.

ART. 38. L'écu est à peu près partout maintenant ramené à la forme d'un carré long de huit parties sur sept (fig. 1). Les angles inférieurs s'arrondissent d'un quart de cercle dont le rayon est d'une demi-partie ; deux quarts de cercle, de même proportion, au milieu de la ligne horizontale du bas, se joignent en dehors de cette ligne, et forment la pointe. Telle est la dimension géométrique de l'écu.

CHAPITRE III.

PARTITIONS DE L'ÉCU, ÉCARTELURES ET DIVISIONS.

ART. 39. L'écu est ou *simple* ou *composé*.

ART. 40. L'écu *simple* n'a qu'un émail sans divisions. (fig. 1, 67, 68, 69, 70, 71, 72, 73, 74 et 75.)

ART. 41. L'écu *composé* peut avoir plusieurs émaux, et par conséquent plusieurs partitions ou divisions.

ART. 42. L'écu est *parti* quand il est partagé par un trait perpendiculaire de haut en bas. (fig. 18.)

ART. 43. L'écu est *coupé* quand il est partagé par un trait horizontal. (fig. 19.)

ART. 44. L'écu est *tranché*, quand il est partagé par un trait diagonal de droite à gauche. (fig. 29, 2e quartier.)

ART. 45. L'écu est *taillé*, quand il est partagé par un trait diagonal de gauche à droite. (fig. 29, 3e quartier.)

ART. 46. De ces quatre partitions principales se forment toutes les autres.

ART. 47. Le parti et le coupé forment l'*écartelé*. (fig. 20. 1er, 2, 3, 4, quartiers.)

ART. 48. L'écartelé peut être de quatre, de six, de huit, de dix, de douze, de seize quartiers et plus.

ART. 49. Le tranché et le taillé donnent l'écartelé en sautoir.

ART. 50. L'écu parti d'un, coupé de deux, forme six quartiers. (fig. 21.)

Art. 51. Le parti de trois traits, coupé d'un, donne huit quartiers. (fig. 22.)

Art. 52. Le parti de quatre traits, coupé d'un, donne dix quartiers. (fig. 23.)

Art. 53. Le parti de trois traits, coupé de deux, donne douze quartiers. (fig. 24.)

Art. 54. Le parti de trois traits, coupé de trois, donne seize quartiers. (fig. 25.)

Art. 55. Le parti de quatre traits, coupé de trois, donne vingt quartiers.

Art. 56. Un écu de trente-deux quartiers doit être parti de sept traits, coupé de trois.

Art. 57. L'écu porte quelquefois un écusson que l'on appelle écu *sur le tout*, écusson *en cœur*. (fig. 26, 27 et 28.)

Art. 58. L'écusson *sur le tout* peut porter un autre écusson qui est alors *sur le tout du tout*. (fig. 29.)

Art. 59. Le parti de deux traits, coupé de trois, donne, comme l'article 53, douze quartiers. (fig. 28.)

Art. 60. L'écu peut être écartelé, contre-écartelé, tranché, taillé, coupé, chargé sur le tout et sur le tout du tout, parti. (fig. 29.)

Art. 61. L'écu a neuf points ou places principales, qui s'expliquent par leur énonciation même.

Art. 62. Le *premier*, le *second* et le *troisième* occupent le chef de l'écu, horizontalement en commençant par la droite; le point ou *lieu d'honneur* est immédiatement au-dessous du chef. Le milieu, qui s'appelle *centre*, *cœur* ou *abîme*; le point dit le *nombril* de l'écu est immédiatement au-dessous du centre; le bas, ou la *pointe* de l'écu; et les points *dextre* à la droite; *sénestre*, à la gauche.

Art. 63. L'écu est *fascé de six* pièces quand il est partagé en six parties horizontales, d'une partie deux sixièmes chaque. (fig. 30.)

ART. 64. L'écu est *fascé de huit* pièces quand il contient huit parties horizontales. (fig. 31.)

ART. 65. L'écu est *palé de six* pièces quand il contient six parties perpendiculaires de une partie un seizième chaque. (fig. 32.)

ART. 66. L'écu est palé de huit pièces quand il contient huit parties perpendiculaires de sept huitièmes chaque. (fig. 33.)

ART. 67. L'écu est bandé de six pièces quand il renferme six parties posées de droite à gauche, de une partie deux tiers chaque. (fig. 34.)

ART. 68. L'écu est bandé de huit pièces quand il renferme huit parties de une partie un quart chaque. (fig. 35.)

ART. 69. L'écu est chevronné de six pièces quand il contient six parties en chevron de une partie et quart chaque. (fig. 36) (1).

CHAPITRE IV.

DES ÉMAUX.

ART. 70. Les émaux sont tous les métaux, couleurs et fourrures qui entrent dans la composition des armoiries. (Voir article 27.)

ART. 71. L'or et l'argent sont les seuls métaux énoncés dans le blason.

ART. 72. Dans la gravure on représente les émaux par le pointillé ou des hachures déterminées.

ART. 73. L'or, qui est jaune, est représenté par le pointillé. (fig. 67.)

---

(1) Il existe d'autres partitions extraordinaires, formées de celles ci-dessus, mais dont les lignes suivent des directions différentes, se recourbent et se replient, sont mouvantes de telle ou telle partie de l'écu, et présentent de bizarres irrégularités qu'il faut signaler ; ces partitions sont rares et anormales.

ART. 74. L'*argent*, qui est blanc, est représenté par un fond uni sans aucun trait. (fig. 68.)

ART. 75. Le *gueules*, qui est rouge, est représenté par des traits perpendiculaires. (fig. 69.)

ART. 76. L'*azur*, qui est bleu, est représenté par des traits horizontaux d'un flanc de l'écu à l'autre. (fig. 70.)

ART. 77. Le *sinople*, qui est vert, est représenté par des lignes diagonales d'un angle à l'autre, de droite à gauche. (fig. 72.)

ART. 78. Le *sable*, qui est noir, est représenté par des lignes croisées. (fig. 71.)

ART. 79. Le *pourpre*, qui est violet, est représenté par des lignes diagonales, comme le sinople, mais de gauche à droite. (fig. 73.)

ART. 80. La fourrure appelée *hermine*, est argent ou blanc pour le fond, et sable pour les mouchetures. (fig. 74.)

ART. 81. La *contre-hermine* est sable pour le fond, et argent ou blanc pour les mouchetures. (fig. 75.)

ART. 82. Le *vair* est d'argent et d'azur, et se représente par les traits propres à ces deux émaux. (fig. 76.)

ART. 83. Le *contre-vair* est aussi d'argent et d'azur; il diffère du vair en ce que le métal y est opposé au métal, et la couleur à la couleur. (fig. 77.)

ART. 84. Le *vair* en pal ou appointé, offre la pointe d'un vair opposé à la base de l'autre.

ART. 85. Quand l'hermine et le vair sont de couleurs différentes de celles qui leur sont propres, articles 80 et 82, on l'exprime par ces mots : herminé ou vairé de tel ou tel émail. (fig. 78.) Blasonnez : vairé d'or et de gueules.

ART. 86. Quelquefois le vair sert de bordure, on le blasonne : à la bordure de vair. (fig. 79.)

ART. 87. Il y a dérogation à l'article 30e en faveur du *chef* et de la *champagne*, et de toute figure mouvante des bords de l'écu.

ART. 88. Ces pièces sont dites alors *cousues.*

ART. 89. Le pourpre se place indifféremment sur tous les émaux.

ART. 90. La carnation et les objets naturels se placent aussi indifféremment sur tous les émaux.

ART. 91. Les fourrures se posent indistinctement sur la couleur et le métal.

ART. 92. Fourrure sur fourrure n'est pas admis.

CHAPITRE V.

DES FIGURES OU PIÈCES HÉRALDIQUES.

ART. 93. Les figures, pièces et meubles, sont héraldiques ou propres, naturelles et artificielles.

ART. 94. Les figures héraldiques se subdivisent en pièces honorables ou du premier ordre, et en pièces moins honorables ou du second ordre.

ART. 95. Les pièces du premier ordre, quand elles sont seules, occupent le tiers de l'écu, à l'exception du franc-quartier, du canton et du giron, qui n'en occupent que le quart.

ART. 96. Les pièces honorables du premier ordre sont : *le chef, la fasce, la champagne, le pal; la bande, la barre, la croix, le sautoir, le chevron; le franc-quartier, le canton, la pointe ou la pile, le giron, le pairle, la bordure, l'orle, le trescheur, l'écu en abîme et le gousset,* en tout dix-neuf.

ART. 97. Le chef occupe horizontalement le tiers de l'écu. (fig. 2.)

ART. 98. La fasce occupe horizontalement le milieu de l'écu. (fig. 3.)

ART. 99. La champagne occupe la partie inférieure ou la pointe de l'écu.

ART. 100. Le pal occupe le tiers de l'écu perpendiculairement. (fig. 4.)

ART. 101. La bande se pose diagonalement de droite à gauche. (fig. 6.)

ART. 102. La barre se pose diagonalement de gauche à droite.

ART. 103. La croix remplit de chacune de ses branches le tiers de l'écu, quand elle n'est point cantonnée ou accompagnée. (fig. 5.)

ART. 104. Le sautoir formé de la bande et de la barre, s'appelle aussi croix de Saint-André, croix de Bourgogne. (fig. 8.)

ART. 105. Le chevron est une pièce qui descend du chef de l'écu aux parties dextre et sénestre de la pointe. (fig. 7.)

ART. 106. Le franc-quartier est le premier quartier de l'écu, un peu moindre cependant. (fig. 54.)

ART. 107. Le canton est le diminutif du franc-quartier. (fig. 55 et 56.)

ART. 108. La pile ou la pointe est une figure pareille à un angle aigu dont la pointe touche le haut, et la base le bas de l'écu.

ART. 109. Le giron est une figure triangulaire, un quartier du gironné, pouvant mouvoir de toutes les parties des bords de l'écu.

ART. 110. Le pairle est une figure pareille à l'*i grec*, Y, dont les branches touchent les angles supérieurs de l'écu, et la base la pointe de l'écu.

ART. 111. La bordure est une plate-bande, de la largeur des sept huitièmes du champ; elle règne tout autour et touche les extrémités. (fig. 65.)

ART. 112. L'orle est une bordure isolée, plus étroite que la bordure proprement dite, qui ne touche point le bord de l'écu, dont elle s'éloigne d'une distance égale à sa largeur.

ART. 113. Le trescheur (1), ou Essonnier, n'est que l'orle fleuronné.

_____

(1) Prononcez trékeur.

ART. 114. L'écu en abîme est un petit écusson dans le centre du grand. (fig. 20, 27, 28, 60 et 61.)

ART. 115. Le gousset est un pairle plein.

ART. 116. La croix pleine et le sautoir plein sont toujours seuls; comme pièces honorables.

CHAPITRE VI.

REBATTEMENTS.

ART. 117. Les pièces honorables, excepté la croix et le sautoir pleins, se trouvent souvent en nombre, ou rebattus; il faut, en blasonnant, exprimer le nombre des pièces.

ART. 118. Il y a des exemples de chef sous un autre chef, chacun d'une partie et demie. (fig. 9.)

ART. 119. Les fasces peuvent être au nombre de deux, une partie et demie, un dixième. (fig. 10.)

ART. 120. Les fasces peuvent être au nombre de trois, une partie, un huitième. (fig. 11.)

ART. 121. Les fasces peuvent être au nombre de quatre.

ART. 122. Les fasces qui dépassent le nombre de quatre prennent le nom de *Burelles*. (fig. 39 et 40.)

ART. 123. Les fasces rétrécies, ou burelles, qui sont en nombre impair, s'appellent *Trangles*. (fig. 41 et 42.)

ART. 124. Les pals ou paux peuvent être au nombre de deux, de trois et de quatre.

ART. 125. Les pals ou paux rétrécis ou multipliés au-dessus de quatre prennent le nom de *vergettes*. (fig. 43 et 44.)

ART. 126. Les bandes peuvent être au nombre de deux, de trois et de quatre.

ART. 127. Les bandes au-delà de quatre portent le nom de *cotices*. (fig. 45, 46, 47.)

ART. 128. Les chevrons se multiplient jusqu'au nombre de sept; exemples de deux et trois chevrons. (fig. 16 et 17.)

ART. 129. L'écu peut être burelé (fig. 48), vergeté (fig. 49), cotícé (fig. 50).

ART. 130. Les pièces honorables qui ne sont point en nombre et qui n'ont point la largeur convenable, réduites au tiers, changent de nom.

ART. 131. Le chef diminué s'appelle *comble.*

ART. 132. Le pal diminué s'appelle *vergette.* (fig. 43.)

ART. 133. La fasce diminuée s'appelle *devise en devise.* (fig. 37 et 38.)

ART. 134. La bande diminuée s'appelle *cotice.*

ART. 135. La barre diminuée se nomme *traverse ou bâton en barre.*

ART. 136. La cotice alézée, c'est-à-dire qui ne touche point les bords de l'écu, s'appelle *bâton péri en bande.* (fig. 64.)

ART. 137. La barre alézée s'appelle *bâton péri en barre.* (fig. 66.)

ART. 138. La champagne diminuée s'appelle *plaine;* elle est réduite au tiers.

ART. 139. Les fasces, les bandes et les barres extrêmement diminuées et mises deux à deux, s'appellent *jumelles.*

ART. 140. Les mêmes, disposées trois à trois, s'appellent *tierces.*

ART. 141. Trois fasces alézées, c'est-à-dire ne touchant pas les bords de l'écu, s'appellent *hamade.*

ART. 142. Le chevron réduit au tiers ou au quart, s'appelle *étaye.*

ART. 143. Le sautoir réduit de même prend le nom de *flanquis.*

ART. 144. La croix, réduite au quart, s'appelle *filet en croix.*

ART. 145. Les écussons peuvent être aussi en nombre dans l'écu.

ART. 146. Quand l'écu est chargé de pals, de fasces, de bandes de chevrons, autant d'un émail que d'un autre, en nombre égal, on doit, en blasonnant, énoncer le nombre de pièces. (*Voir* articles 63, 64, 65, 66, 67, 68 et 69.)

Art. 147. Si ces pièces sont opposées, c'est-à-dire si, divisées par un trait, le métal y est opposé à la couleur et la couleur au métal, on doit dire *contre-pallé*, *contre-fascé*, *contre-bandé*, *contre-chevronné*.

CHAPITRE VII.

PIÈCES DU SECOND ORDRE.

Art. 148. Les pièces du second ordre sont au nombre de treize, savoir :

Art. 149. L'*emmenché*, qui se compose de pièces enclavées l'une dans l'autre, en forme de longs triangles pyramidaux.

Art. 150. Les *points équipolés*, qui sont au nombre de neuf en échiquier. (fig. 51.)

Art. 151. L'*échiquier* ou échiqueté. (fig. 52.)

Art. 152. Les *frettes* ou le fretté, qui sont des bandes et des barres entrelacées. (fig. 53.)

Art. 153. Le *treillissé*, qui est le fretté cloué à l'intersection des bandes et des barres.

Art. 154. Les *losanges*, dont il faut exprimer le nombre et la situation.

Art. 155. Les *fusées*, qui sont des losanges allongées.

Art. 156. Les *macles*, qui sont des losanges vidées en losanges.

Art. 157. Les *rustes*, qui sont des losanges percées en rond.

Art. 158. Les *besants*, pièces de monnaie, toujours d'or ou d'argent.

Art. 159. Les *tourteaux*, pièces rondes semblables aux besants, mais toujours de couleur.

Art. 160. Les *besants-tourteaux*, et *tourteaux-besants*,

mi-parties de métal et de couleur; les premiers quand on commence par le métal, les seconds quand on commence par la couleur.

ART. 161. Les *billettes*, figures semblables à des briques, plus hautes que larges; elles peuvent être percées.

ART. 162. L'emmenché peut l'être en fasce, en pal, ou en bande, il faut l'exprimer.

ART. 163. L'échiqueté, ordinairement de six traits, doit être spécifié s'il en a moins.

ART. 164. Les billettes sont ordinairement posées à plomb; il y en a des exemples de fasce et de bande, il faut l'exprimer.

ART. 165. En blasonnant, il faut faire attention au nombre des pièces, à leur position et à leurs émaux.

CHAPITRE VIII.

POSITION, ACCOMPAGNEMENT ET MODIFICATION
DES PIÈCES DU PREMIER ORDRE.

ART. 166. Les pièces du premier ordre peuvent être *abaissées*, c'est-à-dire placées au-dessous de leur situation ordinaire.

ART. 167. *Accompagnées* de plusieurs pièces.

ART. 168. *Adextrées*, c'est-à-dire accompagnées à droite.

ART. 169. *Aiguisées*, c'est-à-dire dont les extrémités sont aiguës.

ART. 170. *Alézées*, en retraite, et ne touchant aucun des bords de l'écu.

ART. 171. *Bandées*, posées en bande.

ART. 172. *Barrées*, posées en barre.

ART. 173. *Bastillées*, à créneaux renversés regardant la pointe de l'écu.

ART. 174. *Bordées*, qui ont des bords de différents émaux.

Art. 175. *Bourdonnées*, dont les branches sont tournées et arrondies en bourdons de pélerins.

Art. 176. *Bretessées*, crénelées haut et bas en alternative.

Art. 177. *Brochantes*, qui se superposent à d'autres.

Art. 178. *Câblées*, faites de cordes ou de câbles tortillés.

Art. 179. *Cantonnées*, placées dans un des deux cantons du chef ou de la pointe, ou accompagnées de quelques autres figures dans les cantons de l'écu.

Art. 180. *Chargées*, portant d'autres pièces superposées.

Art. 181. *Chevronnées*, chargées de chevrons.

Art. 182. *Cléchées*, dont les extrémités sont en forme d'anneaux de clefs.

Art. 183. *Componnées*, composées de pièces carrées, d'émaux alternés.

Art. 184. Contre-*bandées,-barrées,-bretessées,-écartelées,-fascées,-fleurées,-pallées,-potencées,-vairées*, pièces dont les figures sont opposées.

Art. 185. *Cousues*, quand les pièces sont de métal sur métal et de couleur sur couleur.

Art. 186. *Cramponnées*, qui ont à leur extrémité un crampon de guerre ou demi-potence.

Art. 187. *Crénelées*, portant créneaux.

Art. 188. *Denchées*, qui se terminent en pointes aiguës comme des dents.

Art. 189. Pièces *de l'un en l'autre*, sur l'une des parties de l'écu de l'émail de l'autre, réciproquement et alternativement.

Art. 190. *De l'un à l'autre*, passant sur toutes les partitions et alternant les émaux.

Art. 191. *Dentelées*, à petites dents.

Art. 192. *Diaprées*, de diverses couleurs.

Art. 193. *Ecartelées*, posées sur l'écu écartelé, et alternant les émaux de l'un à l'autre,

ART. 194. *Echiquetées,* composées de pièces quarrées, alternées comme celles des échiquiers.

ART. 195. *Ecimées,* dont la partie supérieure est enlevée.

ART. 196. *Empoignées,* assemblées et croisées en pal et en sautoir au milieu de l'écu.

ART. 197. *Endentées,* pièces de triangles alternés de divers émaux.

ART. 198. *Enfilées,* portant des couronnes, annelets et autres pièces trouées, passées dans les branches.

ART. 199. *Engoulées,* dont les extrémités sortent de gueules de lions, léopards, dragons, etc.

ART. 200. *Engrélées,* portant de petites dents arrondies.

ART. 201. *Entées,* qui entrent les unes dans les autres par des ondes arrondies.

ART. 202. *Entrelacées,* passées les unes dans les autres.

ART. 203. *Faillies,* rompues et offrant solution de continuité.

ART. 204. *Fascées,* divisées et posées en zônes.

ART. 205. *Fichées,* à pied aiguisé.

ART. 206. *Fleuronnées,* dont les bords portent des sortes de fleurs, ou trèfles.

ART. 207. *Florencées,* dont les extrémités se terminent en fleurs-de-lis.

ART. 208. *Frettées,* couvertes de bâtons croisés en sautoir, laissant des vides en losange.

ART. 209. *Fuselées,* chargées de fusées.

ART. 210. *Gringolées,* terminées en têtes de serpents.

ART. 211. *Haussées,* plus haut que la situation ordinaire.

ART. 212. *Losangées,* couvertes de losanges.

ART. 213. *Mouvantes,* qui touchent au chef, aux angles, aux flancs, ou à la pointe de l'écu, et semblent en sortir.

ART. 214. *Nébulées,* en forme de nuées.

ART. 215. *Ondées,* tortillées en ondes.

ART. 216. *Pallées,* chargées de pals, ou paux.

Art. 217. *Parties,* divisées de haut en bas en deux parties égales.

Art. 218. *Patées,* dont les extrémités s'élargissent en forme de patte étendue.

Art. 219. *Péries,* qui ne touchent point les bords de l'écu.

Art. 220. *Pommettées,* dont les extrémités sont tournées en plusieurs boules ou pommes.

Art. 221. *Potencées,* terminées en T.

Art. 222. *Recercelées,* pièces dont les extrémités sont ancrées et tournées en cerceaux.

Art. 223. *Recroisettées,* dont les branches dans les croix forment d'autres croix.

Art. 224. *Resarcelées,* croix recouvertes d'autres croix d'autre émail.

Art. 225. *Retraites,* qui, de l'un de leurs côtés, ne touchent pas les bords de l'écu.

Art. 226. *Sénestrées,* accompagnées à gauche d'une autre pièce.

Art. 227. *Versées,* tournées vers la pointe de l'écu.

Art. 228. *Vivrées,* sinueuses et ondées, avec des entailles faites d'angles rentrants et saillants.

Art. 229. *Vuidées,* ouvertes et qui laissent voir le champ de l'écu.

Art. 230. Tous ces attributs, au nombre de soixante-neuf, s'appliquent, à quelques exceptions près, à toutes les pièces honorables. La diversité des fasces, chevrons, croix, sautoir, etc., est, par conséquent, immense (1).

CHAPITRE IX.

ARRANGEMENT DES FIGURES.

Art. 231. Une seule figure occupe le milieu de l'écu.

Art. 232. Deux figures se mettent en fasce ou en pal.

(1) Nous en passerons en revue un grand nombre dans les exercices.

ART. 233. Trois figures se mettent 2 et 1, ou en pal, ou en chef.

ART. 234. Quatre figures se rangent 2, 2; on signale l'exception en blasonnant.

ART. 235. Cinq figures se disposent en sautoir ou en croix.

ART. 236. Six figures se disposent par 3, 2, 1, ou par 2, 2, 2.

ART. 237. Sept figures se disposent par 3, 3, 1, ou 3, 1, 3, ou enfin 2, 3, 2.

ART. 238. Huit figures peuvent se mettre en orle. (*Voyez* art. 112.)

ART. 239. Neuf figures se rangent 3, 3, 3, ou 3, 3, 2, 1.

ART. 240. Dix figures se posent 3, 3, 3, 1, ou 4, 2, 4, ou 4, 3, 2, 1, ou en orle.

ART. 241. Onze figures se posent 4, 3, 4, ou en orle.

ART. 242. Il faut, en blasonnant, désigner l'ordonnance des figures.

ART. 243. Au nombre de treize, les figures peuvent être posées cinq en pal de l'un en l'autre, accostées de huit de l'un à l'autre.

ART. 244. Quand les pièces sont en si grand nombre qu'elles remplissent l'écu, et que celles des bords sont coupées par la moitié, elles s'appellent *semées*, le tout est un écu *semé* de, etc.

ART. 245. Les besants et les tourteaux peuvent porter croix ou figure, on les nomme alors croisés de tel émail, ou figurés.

CHAPITRE X.

DES FIGURES NATURELLES.

ART. 246. Ces figures appartiennent aux esprits célestes, anges, chérubins, à l'homme, aux animaux, aux plantes, aux astres et météores, et aux éléments.

Art. 247. Les figures tirées des esprits célestes et de l'homme, sont ou de carnation, ou de l'émail ordinaire du blason.

Art. 248. Elles peuvent être d'anges, de chérubins, d'hommes, de femmes, de vieillards ou d'enfants.

Art. 249. Elles sont ou nues, ou habillées, couronnées, chevelées, quand la chevelure est d'un émail différent, et leur attitude peut varier, c'est ce qu'il faut spécifier, ainsi que le nombre d'ailes pour les chérubins que l'on dit : ailés de 2, de 4 ou de 6 pièces, et déterminer la position des mains.

Art. 250. Une tête avec la poitrine, sans bras, s'appelle *buste;* il est de front, c'est la règle; de profil, c'est l'exception qu'il faut spécifier.

Art. 251. Une tête de sable et de profil, est appelée tête de *maure;* quand elle est ornée d'une bandelette ou tortil, on la désigne tortillée de tel ou tel émail.

Art. 252. Un bras droit s'appelle *dextrochère,* un bras gauche *sénestrochère;* ils sont nus ou habillés, ou armés.

Art. 253. Deux mains droites, l'une dans l'autre, s'appellent *foi;* on les pose en fasce ou en bande; on désigne l'émail des manches s'il est différent de celui des mains.

Art. 254. Les figures des animaux sont empruntées aux quadrupèdes, aux oiseaux, aux poissons, aux reptiles, aux insectes.

Art. 255. Il faut y joindre les figures allégoriques, représentant des chimères et monstres.

Art. 256. Les animaux doivent regarder la droite de l'écu.

Art. 257. Quand les animaux regardent la gauche, on les dit *contournés.*

Art. 258. Les lions et les léopards sont très-fréquents dans les armoiries; ils y tiennent le premier rang parmi les animaux.

Art. 259. La posture du lion est d'être *rampant,* c'est-à-dire dress sur ses pattes de derrière, c'est la règle; une autre position est l'exception, il faut la spécifier.

Art. 260. Quand les lions paraissent marcher, on les appelle *passants* ou *léopardés.*

Art. 261. Le lion doit toujours être vu de profil.

Art. 262. Le léopard se montre toujours de front.

Art. 263. La posture du léopard est d'être *passant;* s'il rampe, c'est-à-dire s'il se dresse sur ses pattes de derrière, on l'appelle *lionné* ou *rampant.*

Art. 264. Les lions et les léopards sont *armés* lorsqu'ils portent les ongles d'émail différents du reste du corps.

Art. 265. Ils sont *lampassés* quand on voit leur langue.

Art. 266. Ils sont *accolés* quand ils ont des colliers ou des couronnes passées dans le cou.

Art. 267. Ils sont *couronnés* quand ils portent couronne.

Art. 268. Ils sont *adossés* quand ils sont au nombre de deux, rampants, dont l'un *contourné.* (*Voyez* art. 256.)

Art. 269. Ils sont *affrontés,* quand, au nombre de deux, ils sont placés front à front.

Art. 270. Ils sont *mornés* lorsqu'ils n'ont ni langues, ni dents, ni ongles.

Art. 271. Ils sont *diffamés* lorsqu'ils n'ont point de queue.

Art. 272. Ils sont *naissants* et *issants* lorsqu'il n'en paraît que la tête et la moitié du corps.

Art. 273. *Naissants;* lorsqu'ils sortent ainsi du milieu de l'écu.

Art. 274. *Issants,* lorsqu'ils touchent au bord inférieur de l'écu ou d'une pièce quelconque, tels que le chef, la fasce.

Art. 275. Ils sont *burelés, bandés, coupés, partis, échiquetés, d'hermines, de vair.* Ceci s'explique de soi-même.

Art. 276. Ils sont *en barroqués* quand ils sont couchés sur les quatre pattes.

Art. 277. Ils sont *vilenés* quand leur verge est d'émail différent.

ART. 278. Ils sont *évirés* si la verge manque.

ART. 279. Leur langue sort recourbée et arrondie à l'ex-trémité.

ART. 280. Leur queue droite est un peu onduleuse; elle a le bout et la touffe tournés vers le dos.

ART. 281. Leur queue est quelquefois partagée en deux; on la dit alors fourchée.

ART. 282. Elle est souvent *nouée* et *passée* en *sautoir*.

ART. 283. Quand il y a plus de deux lions dans l'écu, ils prennent le nom de *lionceaux*.

ART. 284. Les têtes de lion seules sont *coupées*, c'est-à-dire séparées nettes, ou *arrachées*, c'est-à-dire à coupure en lambeaux.

ART. 285. La plupart de ces désignations s'appliquent aussi aux autres animaux qui figurent dans le blason.

ART. 286. Le cheval est toujours de profil : s'il est nu, il se dit *gai*; s'il porte harnais, il se dit : *sellé, bridé, bardé, caparaçonné*, de tel ou tel émail.

ART. 287. Si le cheval est dressé sur ses pieds de derrière, on le dit *effaré* ou *cabré* : si l'œil est d'émail différent, on le dit *animé*.

ART. 288. Les chiens, lévriers surtout, sont très-communs dans les armoiries : ils sont *passants, courants, couchés, rampants, assis, accolés, bouclés*, c'est-à-dire portant collier, si c'est un lévrier, et un collier bouclé, si c'est un autre chien.

ART. 289. Le lévrier a un collier, le levron n'en a pas, c'est leur seule différence.

ART. 290. Le chat est toujours vu de front; il est effarouché quand il est dressé.

ART. 291. Le loup, dont il faut exprimer la situation, est *langué, onglé, denté, ravissant* s'il est chargé de sa proie; il est *allumé* quand ses yeux sont d'un autre émail.

ART. 292. La tête du loup séparée est toujours vue de profil.

ART. 293. L'ours est *passant* ou *rampant* et toujours de profil ; sa tête séparée est aussi de profil.

ART. 294. Le taureau peut être *passant* ; s'il est *dressé* on le dit *furieux*.

ART. 295. La vache est toujours *passante*.

ART. 296. On les dit l'un et l'autre, *onglés* pour l'émail des pieds, *accornés* pour les cornes, *accolés* pour le collier, *clarinés* pour la sonnette pendue au cou. Le taureau a la queue relevée et jetée à sénestre ; le bœuf a la queue pendante.

ART. 297. Les têtes de bœuf seules, vues de front, se nomment *rencontre de bœuf* ; vues de profil, elles reprennent leur nom simple. Elles sont *bouclées* si un anneau est passé dans le mufle.

ART. 298. Les béliers et les moutons sont *passants*, *debout* ou *sautant*.

ART. 299. Les brebis sont toujours *paissantes*.

ART. 300. Le bélier est toujours accorné.

ART. 301. La tête de bélier de front se nomme *rencontre de béliers*.

ART. 302. On voit dans les armoiries, outre les béliers, les moutons et les brebis, des agneaux, des boucs et des chèvres.

ART. 303. La licorne est *acculée* quand elle est droite sur son séant, les pieds de devant levés ; elle est *en défense* lorsqu'elle baisse la tête et présente la pointe de sa corne.

ART. 304. Le cerf est toujours de profil ; il est *passant*, *courant* ou *gissant*.

ART. 305. Il est *ramé* de tel émail, c'est-à-dire que son bois est de tel émail ; pour exprimer le nombre de dagues, on dit *ramé* et *sommé* de tant de dagues.

ART. 306. La tête seule vue de front se nomme *rencontre de cerf* ; de profil avec une partie du cou, on dit : .... *au cou et tête de cerf*.

ART. 307. Un bois de cerf attaché à une partie du crâne, se nomme *massacre*.

ART. 308. On le dit *chevillé* de tant de cors ; les perches de bois séparées s'appellent *cornes*.

ART. 309. Le daim entre aussi dans les armoiries.

ART. 310. Le sanglier est toujours passant et ordinairement de sable.

ART. 311. Sa tête, nommée *hure*, est vue de profil.

ART. 312. Il est *défendu* ou *aux défenses de...* (exprimer l'émail), *miraillé de...* pour l'émail de l'œil.

ART. 313. Pour les autres quadrupèdes on doit exprimer l'espèce, le nombre, la situation et les émaux.

ART. 314. Le lièvre arrêté et assis sur ses pattes est *en forme.*

ART. 315. Parmi les oiseaux qui figurent dans le blason, l'aigle est le plus usité.

ART. 316. L'aigle à deux têtes est éployée, elle peut être *becquée, membrée, languée, couronnée, diadémée, onglée,* d'un autre émail. Elle est *essorante* si elle paraît prendre sa volée ; si le bout des ailes de l'aigle tend vers le bas de l'écu, elle est au *vol abaissé.*

ART. 317. Les aigles au nombre de plus de deux s'appellent *aiglettes.*

ART. 318. Les *aiglettes* sans becs ni jambes sont des *alérions.*

ART. 319. Les *canettes* sont des canes vues de profil.

ART. 320. Les *merlettes* ressemblent aux canettes, moins le bec et les jambes.

ART. 321. Le coq est *crêté* ou *barbé* de tel émail, il est *chantant* s'il a le bec ouvert, *hardi* s'il lève la patte dextre.

ART. 322. Le paon est vu de front et faisant la roue, il est dit *rouant.*

ART. 323. Les oiseaux de fauconnerie sont reconnaissables par leurs longes, grillettes, chaperons et perchoirs ; ils sont longés, grilletés (portant grelots), chaperonnés, perchés.

ART. 324. Les autres oiseaux qui figurent dans les armoiries étant sans attributs, il faut désigner leurs nom, nombre, situation et émaux.

ART. 325. Le phénix est représenté sur un bûcher qu'on appelle *immortalité*.

ART. 326. Le pélican nourrit ses petits de son sang, au nombre de trois; si le sang est d'un autre émail que son corps, on dit que sa *piété* est de tel émail.

ART. 327. La grue posée de profil tient dans sa patte dextre levée un caillou qu'on nomme *vigilance*.

ART. 328. Les oiseaux avec leur couleur naturelle se posent indifféremment sur métal ou sur couleur.

ART. 329. Deux ailes seules relevées et adossées s'appellent *vol* ; une aile seule est appelée *demi-vol*.

ART. 330. Les poissons entrant dans le blason, il faut les nommer, désigner leur nombre, leur situation et leur émail.

ART. 331. Le dauphin est *allumé* pour l'émail de l'œil, *lorré* pour celui des nageoires, *peautré* pour celui de la queue quand cet émail diffère du reste du corps; *pâmé* lorsqu'il est sans œil, sans dent, d'une seule couleur, la gueule béante et comme près d'expirer ; *couché* si sa tête et sa queue tendent vers le bas de l'écu; *vif* s'il est dressé de profil et arrondi en demi-cercle, la gueule et la queue tournées à dextre.

ART. 332. On appelle *bars* deux poissons adossés, courbés et posés en pal.

ART. 333. Les insectes, mouches, abeilles, sauterelles, etc., sont introduits dans les armoiries ; ils sont *volants* ou *passants*; il faut en déterminer le nombre, la position et l'émail.

ART. 334. Quand les taches du papillon sont d'émail différent du corps, on le dit *miraillé de...*

ART. 335. Le hérisson et le porc-épic sont *bigarrés* lorsque leurs taches sont d'un émail différent du corps.

ART. 336. On appelle *papelonné* ou *papillonné*, un ouvrage à écailles ; le plein de ces écailles tient lieu du champ et les bordures d'ornements.

Art. 337. Les différentes espèces de serpents se posent en pal, quelquefois en rond, se mordant la queue, ou en fasce.

Art. 338. Le serpent se nomme *bisse* ; quand il paraît dévorer un enfant, on l'appelle *guivre*.

Art. 339. Quant aux autres reptiles et insectes qui sont sans attributs, il faut en exprimer le nombre, la position et l'émail.

CHAPITRE XI.

DES FIGURES CHIMÉRIQUES.

Art. 340. Les figures chimériques participent de l'homme et des animaux ; ce sont les créations des poètes et des peintres.

Art. 341. Les harpies, les sirènes, les centaures, les hydres, les dragons, les lions et autres animaux dragonnés, les griffons, les lions monstrueux, etc.

Art. 342. La *harpie* a la tête et la gorge d'une jeune femme, le reste du corps semblable à l'aigle, de front, et les ailes étendues.

Art. 343. La *sirène* est posée de front ou de profil. Elle tient de la main dextre un miroir ovale à manche et de la sénestre un peigne. La queue de poisson est ordinairement simple, elle peut être double.

Art. 344. Lorsque la sirène paraît dans une cuve, elle prend le nom de *Mellusine* ou *Merelusine* (1).

Art. 345. Le *centaure* est le monstre fabuleux que tout le monde connaît, on en désigne l'émail.

Art. 346. L'*hydre* est de profil, elle a sept têtes, dont six sont dressées et menaçantes, et la septième pendante.

(1) Mère Lusine, fée qui trompe.

ART. 347. Le *dragon* est placé de profil, c'est un animal mixte, sa poitrine et ses deux pattes sur lesquelle il repose ressemblent à celles du griffon, mais sa langue se termine en dard.

ART. 348. Les lions et autres animaux sont dragonnés quand ils se terminent en queue de dragon.

ART. 349. Le *griffon* est un animal moitié aigle, moitié lion.

ART. 350. Il faut décrire avec soin les autres figures chimériques dont le blason ne détermine ni la forme ni les attributs, afin d'en faire concevoir la situation, la forme et l'émail.

CHAPITRE XII.

DES FIGURES NATURELLES EMPRUNTÉES AUX PLANTES.

ART. 351. Les arbres sont quelquefois d'un seul émail; quand leur tige et leur fruit diffèrent, on dit *fusté* de tel émail, pour la tige; *fruité* de tel, pour le fruit; *englandé de...*, pour le fruit du chêne. Quand les racines paraissent, les arbres sont *arrachés*.

ART. 352. Il faut, autant que possible, désigner l'espèce de l'arbre.

ART. 353. Une branche retortillée en anneaux les uns sur les autres, sans feuilles, ou avec feuilles, se nomme *retorte*.

ART. 354. Une espèce d'arbre sauvage, mal représenté, et auquel on donne la forme d'un chandelier à sept branches, se nomme *créquier*.

ART. 355. Les arbres paraissent quelquefois dans les armoiries par pièces détachées ou fragments; il faut en désigner le nombre et la situation.

ART. 356. Les noisettes dans leur fourreau se nomment *coquerelles*.

ART. 357. L'arbre est quelquefois représenté *sec*, on le désigne par les mots : *arbre sec.*.

ART. 358. Les feuilles, gerbes, épis et fruits qui se rencontrent en blason, doivent être désignés par leur espèce, leur nombre et leur situation.

ART. 359. Les fruits accompagnés de feuilles sont *feuillés* ; s'ils pendent à une branche, ils sont *soutenus.*.

ART. 360. Les fleurs de trois-feuilles se nomment *tierce-feuilles* ; de quatre, *quatre-feuilles* ; de cinq, *quinte-feuilles*.

ART. 361. Les fleurs sont tigées de tel émail et feuillées de tel, selon l'émail de la tige et des feuilles.

ART. 362. Les lis naturels sont appelés *lis des jardins*, ou au naturel.

ART. 363. Les *fleurs-de-lis* des anciennes armoiries de France, quand elles sont coupées par le bas, sont dites *au pied nourri.*

CHAPITRE XIII.

FIGURES NATURELLES EMPRUNTÉES AUX ASTRES, AUX MÉTÉORES ET AUX ÉLÉMENTS.

ART. 364. Un globe cerclé et surmonté d'une croix s'appelle *monde,* on en désigne l'émail.

ART. 365. Le soleil est ordinairement d'or ; quand il est de couleur on le nomme, *ombre de soleil.*

ART. 366. Le croissant est posé *montant*, les cornes dirigées vers le chef de l'écu, c'est la règle; si ses cornes regardent la pointe, il est *versé*, c'est l'exception.

ART. 367. Le croissant aux cornes regardant le flanc dextre est *tourné* ; il est *contourné* lorsqu'il est posé dans le sens contraire.

ART. 368. Les croissants peuvent être *tournés en bande*, *adossés, appointés, affrontés, mardonnés.*

ART. 369. L'étoile est de cinq pointes, ou rais, c'est la règle ; s'il y en a plus, il faut spécifier l'exception.

ART. 370. Une comète est toujours *caudée* c'est-à-dire portant une trace lumineuse.

ART. 371. Les nuages qui figurent dans les armoiries y reçoivent des positions et des émaux qu'il faut désigner.

ART. 372. L'arc-en-ciel est toujours au naturel, cintré, et en fasce.

ART. 373. Le feu paraît dans le blason sous forme de flammes, de flambeaux allumés, de charbons ardents, de bûchers.

ART. 374. L'eau comprend les fontaines, les rivières, les ondes.

ART. 375. La terre offre dans le blason quelques parties dont elle est l'élément, comme des montagnes, des collines, des terrasses, des rochers.

ART. 376. On nomme *coupeau* le sommet arrondi des montagnes ou collines.

CHAPITRE XIV.

DES FIGURES ARTIFICIELLES.

ART. 377. Le blason emprunte les figures artificielles, aux cérémonies sacrées ou profanes : à la guerre, à la chasse, à la pêche, à la navigation, à l'architecture, aux arts et métiers.

ART. 378. Les cérémonies sacrées fournissent au blason les calices, les encensoirs, les crosses, les mitres, les chandeliers d'église, les chapelets, etc.; dont il faut spécifier la position, le nombre, l'émail, et avant tout, le nom.

ART. 379. Les cérémonies profanes fournissent au blason, les couronnes, les sceptres, les diamants et pierres précieuses; qui se peignent ordinairement au naturel.

ART. 380. Les rais qui sont des bâtons fleurdelisés et pommettés placés comme les rais d'une roue, prennent le nom de *rais d'escarboucle* quand ils sont chargés en cœur d'une de ces pierreries.

ART. 381. Les vêtements, quand ils entrent dans les armoiries, peuvent être *frangés*, comme les gonfanons qui ont des franges, dont il faut spécifier l'émail; *houppés*, munis de houppes; *doublés, rebrassés,* bordés.

ART. 382. Le *bonnet albanais*, le *chapeau antique*, en pyramide à bords retroussés, les *chaperons* ou capuchons, la *manche mal taillée,* manche d'habit bizarre, les *houssettes* ou bottines éperonnées, quelquefois au nombre de trois, disposées en rais dont les pieds tournent aux extrémités de l'écu, figurent dans les armoiries avec d'autres vêtements qu'il faut décrire et spécifier.

ART. 383. Les ustensiles de ménage, même les plus vulgaires, font aussi partie du blason; il faut déterminer leur nombre, leur forme, leur émail.

ART. 384. Une anse seule se nomme *cornière.*

ART. 385. Les instruments de guerre qui figurent dans le blason, sont les épées, les badelaires (épées courtes, larges et recourbées), les dards, les lances, les haches, les étriers, les éperons, les molettes d'éperons, les casques, les cuirasses, les hallebardes, les béliers anciens, les haches d'armes, les cuirasses, armures, les chausse-trapes, trompettes, les arcs et flèches. (Pour le moyen-âge.)

ART. 386. Pour l'âge moderne, ce sont les canons, les fusils les bombes, les obus, etc.

ART. 387. Pour les épées, il faut désigner leur situation, dire si elles sont nues ou dans le fourreau, de quel émail elles sont montées ou garnies.

ART. 388. On nomme *bouterolle*, le bout du fourreau d'un badelaire.

ART. 389. Les *otelles* sont des bouts de fer de pique. Les flèches sur la corde sont *encochées; empennées* quand leurs plumes ou pennons sont d'un autre émail.

ART. 390. Il faut désigner si les casques sont de front ou de profil, et dire de quel côté de l'écu ils sont tournés.

ART. 391. Les *molettes* d'éperon portent une ouverture au milieu, c'est ce qui les distingue des étoiles.

ART. 392. Les éperons sont quelquefois complets; il faut le dire.

ART. 393. Les boucles de baudrier se nomment *fermaux*, elles sont rondes, c'est la règle; quand elles ont d'autres formes, il faut le dire.

ART. 394. Les *anneaux* ou *annelets* s'appellent *vires* quand ils sont plusieurs et concentriques.

ART. 395. La chasse, la pêche et la navigation fournissent aussi des pièces au blason.

ART. 396. Ce sont entre autres les *cors*, les *huchets*, les *couples* de chiens (bâton muni de deux attaches).

ART. 397. Les cors et huchets (espèce de cor de chasse) sont *enguichés*, pour désigner l'émail de l'embouchure; *virolés* pour désigner l'émail des cercles dont ils sont ornés; *liés* par le cordon qui les attache.

ART. 398. La navigation fournit au blason : les vaisseaux, qui sont *équipés* ou *habillés* quand ils ont leurs agrès; *arrêtés* quand ils sont sans voiles et sans mâts; les voiles, qui seules sont dites *enflées* ou en *poupe*; les ancres, dont il faut spécifier les parties, quand elles sont d'émail différent; la traverse de bois des ancres s'appelle *trabs*, la tige, *stangue*, et ses câbles, *gumènes*.

ART. 399. Les pièces fournies par l'architecture sont : les châteaux, les tours, les portes, églises, villes, colonnes, ponts, murailles.

ART. 400. Les *châteaux* sont *maçonnés de...* (dire l'émail) lorsque la séparation des pierres est marquée d'un émail différent.

ART. 401. Les tours sont *donjonnées* ou *sommées* de tant de tourelles ou pièces.

ART. 402. Les tours *crénelées* sont dites crénelées de tant de pièces.

ART. 403. Les châteaux sont *ajourés* quand leurs fenêtres sont d'un autre émail; si les fenêtres et portes sont closes de grillages, il faut les dire *grillées de...*

ART. 404. Si les tours sont *quarrées, couvertes*, et girouettées, il faut le dire.

ART. 405. Les herses figurent dans le blason, ce sont des grillages de bois dont les montants, qui posent à terre, sont aiguisés: c'était des clôtures de forteresses ajoutées aux portes ordinaires.

ART. 406. Le *bris* est un fer destiné à soutenir les portes.

ART. 407. Il faut dire si les ponts ont plusieurs arches, s'ils sont maçonnés, crénelés, chargés de tourelles.

ART. 408. Les bâtiments dont le toit est d'un autre émail sont *essorés de.....*

ART. 409. Une muraille qui se termine en pointe par carreaux superposés à plusieurs montants, s'appelle *pignon* ou *pignonée.*

ART. 410. Un pan de muraille joint à une tour, s'appelle *avant-mur.*

ART. 411. Les pièces empruntées aux arts et métiers, sont les harpes, lyres, violons, etc., maillets, roues, marteaux, doloires, rateaux, charrues, faulx, faucilles, chaînes, etc. Il faut en désigner le nom, le nombre, la position et l'émail.

ART. 412. On distingue parmi les roues celle d'*horloge* qui est crénelée et n'a qu'une croisée au lieu de rayons, et celle de *Sainte-Catherine*, qui est armée de pointes.

ART. 413. Les anilles sont des fers de moulin, ou crochets adossés, avec une ouverture carrée au milieu.

ART. 414. Le *broie* ou *morailles* est une pince destinée à serrer le nez des chevaux difficiles à ferrer.

ART. 415. La *hie* est une masse en pal munie de boucles et destinée à enfoncer les pavés.

Art. 416. Il faut désigner l'émail des chaînes, et dire comment elles sont posées.

Art. 417. La cloche munie d'un battant d'émail différent est *bataillée*.

Art. 418. Les clefs entrent fréquemment dans le blason; il faut désigner leur position et leur émail.

Art. 419. Le *roc* est la tour du jeu d'échec, on le représente à peu près comme un Y dont les branches seraient recourbées.

TITRE TROISIÈME.

DES BRISURES.

CHAPITRE UNIQUE.

Art. 420. Les branches d'une même famille se distinguent par des changements dans les armoiries de la tige principale.

Art. 421. La brisure peut se faire par le changement de toutes les pièces en conservant les émaux.

Art. 422. Par le changement des émaux en conservant les pièces.

Art. 423. Par le changement de situation des pièces, ou par la diminution ou l'accroissement de leur nombre.

Art. 424. Par l'addition de quelque pièce.

Art. 425. Par les partitions ou les écartelures.

Art. 426. Par un changement dans les ornements extérieurs.

Art. 427. La meilleure manière de *briser* est sans contredit celle qui altère peu, et surtout celle qui n'altère point les armoiries : les modes indiqués dans les articles 424 et 425 sont donc préférables en ce qu'ils permettent de conserver les armoiries primitives à peu près intactes, et, par conséquent, très-reconnaissables.

Art. 428. Le *lambel* (fig. 63), la *bordure* (fig. 65), le *bâton péri* (fig. 64), le *canton* (fig. 55) et autres pièces qui n'altèrent que peu le blason principal, sont les pièces dont on se sert ordinairement pour brisure.

Art. 429. Le changement dans les ornements extérieurs,

usité dans quelques royaumes d'Europe, est aussi un moyen rationnel de briser, puisqu'il n'altère pas l'écu, et ne le rend pas méconnaissable.

Art. 430. Les écus accolés sont d'usage pour les femmes mariées, ainsi que les écus écartelés. (fig. 80.)

Art. 431. Les écus en losange sont aussi destinés aux femmes; ils le sont de même aux filles. (fig. 81.)

TITRE QUATRIÈME.

ARMOIRIES EXTÉRIEURES.

CHAPITRE PREMIER.

DES ORNEMENTS EXTÉRIEURS.

ART. 432. Les ornements extérieurs sont : les couronnes, les casques, le bourrelet, les lambrequins, les cimiers, les tenants, les supports, le manteau, le cri de guerre, la devise.

CHAPITRE II.

DES COURONNES.

ART. 433. Les couronnes sont de souveraineté et de noblesse.

ART. 434. Parmi les couronnes de souveraineté, la couronne papale est la première, par son double symbolisme spirituel et temporel.

ART. 435. La couronne papale est triple, et prend le nom de *tiare*, c'est un haut bonnet rond, cerclé d'une triple couronne, dont la seconde fut ajoutée par Boniface VIII, et la troisième par Benoît XII, sommé d'un globe cintré et surmonté d'une croix avec deux pendants derrière. (fig. 82.)

ART. 436. La couronne de Napoléon 1er, Empereur des Français, chef de la dynastie Napoléonienne, est un cercle d'or enrichi de pierreries, relevé de six fleurons d'où partent six demi-cercles qui aboutissent à un globe cerclé et sommé d'une croix; l'aigle impériale occupe les intervalles des demi-cercles. (fig. 85, couronne de droite.)

ART. 437. La couronne impériale est une sorte de mitre ouverte à la persane, offrant au milieu un diadème qui soutient un globe d'or surmonté d'une croix du même. (fig. 83.)

ART. 438. La couronne du roi de France était d'or, couverte et fermée par le haut de cambrure et voutière de huit quarts de cercle en diadèmes relevés, et aboutissant à une double fleur-de-lis, qui est le cimier des rois de France, enrichie de pierreries, et rehaussée de huit fleurs-de-lis au pied nourri sur le bas de chaque diadème. (fig. 84, fig. 85, couronne du centre.)

ART. 439. La couronne du roi des Français était un cercle d'or enrichi de pierreries, couvert de huit hauts fleurons, d'où partaient huit demi-cercles aboutissant à un globe d'or cerclé et surmonté d'une croix du même. (fig. 85, couronne de gauche.)

ART. 440. La couronne du dauphin de France fut d'abord couverte et fermée de cambrure et voutière représentant des dauphins, dont la queue aboutissait à la double fleur-de-lis; ensuite elle n'eut de différence que le nombre des demi-cercles ou diadème qui n'est que de quatre.

ART. 441. La couronne des fils de France, enfants puînés du roi, est couverte; il n'y a sur le cercle enrichi de pierreries d'autre rehaussement que les huit fleurs-de-lis.

ART. 442. La couronne des princes du sang fut rehaussée de quatre fleurs-de-lis et de quatre fleurons placés alternativement d'abord; puis les fleurs-de-lis restèrent seules au nombre de huit. (fig. 86.)

CHAPITRE III.

DES COURONNES DE LA NOBLESSE.

ART. 443. Les couronnes de la noblesse sont : couronnes de duc, de marquis, de comte, de vicomte, de baron et de vidame.

Art. 444. La couronne de duc est un cercle d'or enrichi de pierres précieuses et rehaussé de huit grands fleurons refendus, feuilles d'ache. (fig. 87.)

Art. 445. Les ducs princes ou de maison princière placent cette couronne sur une toque de velours de gueules, terminée par une perle, une houppe, une croix. (fig. 88.)

Art. 446. La couronne de marquis est un cercle d'or à quatre fleurons, alternés chacun de trois perles en forme de trèfle. (fig. 89.)

Art. 447. La couronne de comte est rehaussée de dix-huit perles, dont neuf seulement sont apparentes. Le cercle est d'or enrichi de pierreries. (fig. 90.)

Art. 448. La couronne de vicomte n'est rehaussée que de quatre perles dont trois visibles. (fig. 91.)

Art. 449. La couronne de baron est un cercle d'or entortillé de perles enfilées, posées en bande, en six espaces égaux, trois à trois. (fig. 92.)

Art. 450. La couronne de vidame (avoué, ou défenseur des droits des Eglises (1); il suppléait à l'évêque pour aller à la guerre et défendre le diocèse) est d'or, garnie de pierreries et de perles rehaussées de quatre croisettes patées. (fig. 93.)

CHAPITRE IV.

DES COURONNES ANTIQUES ET DES COURONNES MURALES.

Art. 451. Parmi les couronnes antiques on trouve une couronne murale, accordée à celui qui montait le premier sur la muraille d'une ville assiégée ; elle est d'or, le cercle chargé de dix lionceaux de sinople et relevé de tours crenelées. (fig. 94.)

Art. 452. Une couronne civique, faite de branches de

---

(1) Les vidames d'Amiens, de Chartres et de Rhèims étaient les plus considérables.

chêne vert; on l'accordait à celui qui avait sauvé la vie d'un citoyen. (fig. 95.)

ART. 453. Une couronne navale faite d'un cercle d'or relevé de proues et de poupes de navires, qui était le partage de celui qui sautait le premier dans un vaisseau ennemi. (fig. 96.)

ART. 454. Une couronne vallaire, d'or, relevée de pals, paux, ou pieux, c'était la récompense de celui qui le premier franchissait la palissade du camp ennemi. (fig. 97.)

ART. 455. Les couronnes murales actuelles, destinées aux armoiries des villes, sont formées de murailles sommées de créneaux. (Voir les Armes de Paris.) (fig. 98.)

ART. 456. Les couronnes murales des bonnes villes de l'Empire de Napoléon Ier diffèrent selon l'ordre qu'elles occupent; elles sont du premier, du second ou du troisième ordre. (Voir plus loin l'*Armorial de l'Empire*.)

CHAPITRE V.

DES CASQUES.

ART. 457. Depuis le xve siècle, avant lequel le casque posé de profil sur la pointe gauche de l'écu penché était un simple ornement, les héraldistes convinrent de donner des signes distinctifs aux casques des armoiries selon le rang des personnes.

ART. 458. Le casque des empereurs et des rois est d'or taré (posé) de front, entièrement ouvert et sans grille. (fig. 99.)

ART. 459. Celui des princes et des ducs est de même, mais moins ouvert. (fig. 100.)

ART. 460. Le casque de marquis est d'argent, taré de front, à onze grilles d'or, les bords et les diaprures du même. (fig. 101.)

ART. 461. Celui des comtes et des vicomtes est d'argent taré au tiers, à neuf grilles d'or, les bords du même. (fig. 102.)

ART. 462. Celui des barons est d'argent à demi-profil, portant sept grilles d'or, et les bords du même. (fig. 103.)

ART. 463. Celui des gentilshommes non titrés est d'acier poli, taré de profil, grillé de cinq ou de trois, selon l'ancienneté. (fig. 104.)

ART. 464. Le casque des anoblis est d'acier poli, de profil et sans grille, visière presque baissée. (fig. 105).

ART. 465. Le casque des bâtards est de même qu'à l'article 463, mais tourné à sénestre et visière baissée. (fig. 106.)

CHAPÎTRE VI.

MODIFICATIONS AUX CASQUES.

ART. 466. Princes du sang, de front, ouvert, onze grilles.

ART. 467. Ducs : d'argent, de front, neuf grilles.

ART. 468. Marquis : d'argent, de front, sept grilles.

ART. 469. Comtes et vicomtes : d'argent deux tiers, sept grilles.

ART. 470. Barons et anciens gentilshommes : d'argent bruni, de côté, montrant les deux tiers de la visière et cinq grilles.

ART. 471. Les autres gentilshommes : d'acier poli, de profil, visière ouverte, grillé de trois.

ART. 472. Les écuyers : de profil sans grille.

ART. 473. Les bâtards : de même, tourné à sénestre, ou contourné.

ART. 474. Sous l'empereur Napoléon Ier, on substitua à la couronne et au casque une toque de velours noir, retroussée de vair ou contre-vair et d'hermine ou contre-hermine, selon le titre plus ou moins élevé du personnage, et surmontée de plumes blanches ou d'argent en nombre déterminé et gradué. (Voir plus loin l'*Armorial de l'Empire*.)

CHAPITRE VII.

DU BOURLET ET DES LAMBREQUINS.

ART. 475. Le *bourlet*, appelé aussi *fresque*, *torque* ou *tortil*, quand il désigne celui que les simples gentilshommes mettent sur leur casque, est un cercle cordonné, un tour de livrée rempli de bourre, de la couleur des émaux de l'écu et des figures principales.

ART. 476. Les *lambrequins* représentent des morceaux d'étoffe découpés en forme de feuillage, entourant le casque et descendant aux deux côtés de l'écusson ; ils sont toujours des émaux de l'écu et de ses principales pièces.

ART. 477. Les lambrequins découpés en lanières légères que le vent soulève facilement, se nomment *volet*.

ART. 478. Découpés en manière de cape, ils se nomment *capeline*.

ART. 479. Découpés en forme de camail ou petit manteau, ils se nomment *mantelet*.

ART. 480. On les appelle aussi *achement* pour rappeler les rubans et livrées que les dames attachaient au casque des chevaliers.

ART. 481. Les lambrequins, sous l'Empire de Napoléon Ier, furent constamment d'or ou d'argent, contrairement aux prescriptions de l'article 475.

CHAPITRE VIII.

DU CIMIER (1).

ART. 482. Le cimier est la partie la plus élevée dans les ornements de l'écu, c'est la figure que l'on met à la cime du casque ou de la couronne.

(1) C'est un ornement qui remonte à la plus haute antiquité.

Blason. 12

Art. 483. Les cimiers de plumes se nomment *plumails*.

Art. 484. Le cimier représente une pièce du blason, de l'écu, comme un aigle, un lion, une fleur-de-lis ; mais jamais il ne doit représenter une des pièces honorables.

Art. 485. Le *timbre* est tout ce qui se met sur l'écu, et comprend le heaume ou casque, la couronne, le cimier, le bourlet, les lambrequins.

Art. 486. L'écu est *timbré*, c'est-à-dire, couvert du casque ou timbre.

CHAPITRE IX.

DES TENANTS.

Art. 487. Les *tenants* sont des figures célestes, idéales, ou humaines, comme anges, génies, hommes, femmes, Maures, sauvages, chevaliers.

Art. 488. Elles se placent de chaque côté de l'écu qu'elles soutiennent.

Art. 489. Il y a des exemples d'un seul tenant. (fig. 449.)

CHAPITRE X.

DES SUPPORTS.

Art. 490 Les *supports* sont des figures d'animaux ou d'ê-res fantastiques qui supportent l'écu.

Art. 491. Il y a des supports de sirènes, de lions, de lé-vriers, de griffons, d'aigles, de lions casqués, de paons à tête humaine, de cygnes, de léopards, d'ours, etc.

CHAPITRE XI.

DU MANTEAU.

Art. 492. Le manteau est un ornement extérieur de l'écu qui remonte à une haute antiquité pour les rois.

ART. 493. C'est plus tard qu'il devint propre aux princes et aux ducs.

ART. 494. Les armes impériales et royales doivent être placées sous une tente ou pavillon orné de franges et de riches broderies, avec leurs tenants.

CHAPITRE XII.

DU CRI DE GUERRE.

ART. 495. Le cri de guerre qui servait jadis de signal, soit pour livrer le combat, soit pour se reconnaître dans la mêlée, comme le cri des rois de France : *Mont-joie-Saint-Denis* ; le cri de la maison de Bourbon : *Mont-joie-Notre-Dame* ; celui des ducs de Bourgogne : *Mont-joie au noble duc* ; celui des comtes de Champagne : *Passavant le meillor* ; celui des Croisés : *Diex le volt* (Dieu le veut) ; celui des Montmorency : *Dieu aide au premier baron chrétien* ; celui des Montoison : *A la recousse, Montoison* ; celui des Beaufremont : *Dieu aide au premier chrétien* ; celui de Napoléon Ier : *Honneur et patrie* ; ce cri de guerre se prend pour certains mots qu'une nation, une ville, une maison illustre portait écrits sur les bannières, les sceaux, les cottes de maille, et qu'on ajoutait à l'écu comme ornement extérieur.

ART. 496. On met maintenant le cri de guerre au-dessus des armoiries du chef de la famille.

ART. 497. Le cri, étant inhérent à la possession, n'était point pris par les cadets.

ART. 498. Dans un écu où il y a *cri* et *devise*, le cri se place au-dessus du casque, au-dessus de l'écu, et la devise au bas de l'écu.

ART. 499. Le cri de guerre se nomme aussi *cri d'armes.*

ART. 500. Le cri peut n'être ni d'invocation, ni de résolution, ni d'exhortation, ni de défi, ni d'évènement, mais simplement le *cri du nom*, et tous les *cris* sont de ralliement.

CHAPITRE XIII.

DE LA DEVISE.

ART. 501. La devise est une sentence qui rappelle un nom, ou une action mémorable, ou l'ensemble d'actes d'éclat, ou qui porte à accomplir ces derniers.

ART. 502. Il y a deux sortes de devises : la devise personnelle et la devise héréditaire.

ART. 503. La devise personnelle se compose de la figure qui la symbolise, c'est le *corps de la devise*, et de la sentence qui se nomme l'*âme de la devise*.

ART. 504. La devise héréditaire, qui se place toujours au haut des armoiries, dont elle fait, pour ainsi dire, partie, n'est ordinairement composée que de mots qui expriment brièvement et allégoriquement une pensée, un sentiment, une qualité, une aspiration (1).

ART. 505. Les autres marques extérieures de l'écu tiennent aux souverainetés, dignités et emplois, et sont décrites dans le titre suivant.

---

(1) Exemples de quelques devises héréditaires : Baufremont : *Plus deuil que joie;* Clermont : *Si omnes, ego non;* Duchâtel : *Mio cor Doë* (s'il plaît à Dieu) ; Du Butet : *Là; vertu mon but est;* De Croy : *Souvenance. Nul ne s'y frotte ; je maintiendrai; je l'ai empry; éternité; soit; autre n'aray ; toujours; plus soit, que ne parois,* etc. etc., etc.

TITRE CINQUIÈME.

DES SOUVERAINETÉS, DIGNITÉS ET EMPLOIS.

———

ART. 506. S. S. le pape remplit le champ de l'écu des pièces qui constituent ses armes personnelles, puis l'écu est surmonté d'une tiare faite de trois couronnes dont elle est cerclée, d'un bonnet rond élevé, orné d'un globe cintré et surmonté d'une croix d'argent. Derrière l'écu sont deux clefs passées en sautoir, l'une d'or et l'autre d'argent, liées d'azur, chargées de croisettes de sable et la croix triplée posée en pal.

ART. 507. L'Empereur des Français porte de France impériale qui est *d'azur à l'aigle d'or empiétant un foudre du même*; l'écu timbré d'un casque d'or, taré de front, tout ouvert et sans grilles, aux lambrequins d'or, d'argent, de sinople, d'azur, et de gueules, couvert d'une couronne d'or enrichie de pierreries, relevée de six fleurons d'où partent six demi-cercles qui aboutissent à un globe cerclé et sommé d'une croix; l'aigle impériale occupe les intervalles des demi-cercles qui aboutissent à une aigle impériale d'or qui est le glorieux cimier de France désormais. L'écu supporté par deux anges vêtus aux armes de France impériale, tenant chacun une bannière aux mêmes armes, le tout sous pavillon impérial, semé d'abeilles d'or, comblé d'une couronne comme le précédent et sommé d'un panonceau ondoyant de sinople au cri: HONNEUR ET PATRIE! en lettres d'or.

ART. 508. Les prétentions des autres souverains, symbolisées par les écus des diverses contrées qu'ils supposent devoir faire partie de leurs Etats, en droit plus ou moins contestable, bien qu'en fait la plupart de ces nations aient pour jamais secoué leur joug, ces prétentions compliquent tellement leurs armoiries qu'il serait trop long de les décrire.

ART. 509. Le roi de France portait : sous Saint-Louis, semé de France ancien ; sous Charles VI, d'azur à trois fleurs de lis, et sous Henri IV, de France et de Navarre.

TITRE SIXIÈME.

———

CHAPITRE PREMIER.
DIGNITÉS ECCLÉSIASTIQUES.

Art. 510. S. S. le pape occupe le premier rang. (Voir l'art. 506 pour les signes héraldiques de sa puissance.) (fig. 82.)

Art. 511. Le cardinal est prince ecclésiastique, il a voix active et passive dans le conclave, lors de l'élection du pape, il fait partie du conseil et du sénat du souverain pontife, qui se compose des cardinaux-évêques, des cardinaux-prêtres et des cardinaux-diacres.

Art. 512. Le cardinal timbre son écusson d'*un chapeau rouge garni de cordons de soie rouge entrelacés en lozange, avec cinq rangs de houppes qui augmentent en nombre, et font en tout pour chaque cordon quinze de chaque côté, posées 1, 2, 3, 4, et 5; il pose une croix en pal derrière l'écu de ses armes.* (fig. 107.)

Art. 513. Le cardinal, duc et pair (1) pose son écu sur le manteau et timbre de la couronne de duc. (fig. 108.)

Art. 514. Le cardinal associé à l'ordre entoure l'écu d'un *cordon bleu où pend la croix du Saint-Esprit.* (fig. 109.)

Art. 515. L'archevêque primat surmonte son écu d'un *chapeau de sinople garni de longs cordons de soie entrelacés en losanges, quatre rangs de houppes de chaque côté, posées 1, 2, 3 et 4. Derrière l'écu, une croix double posée en pal, couronne de duc.* (fig. 110.)

(1) A Rome, nul cardinal, quoique prince, ne met de couronne sur ses armoiries.

ART. 516. L'archevêque porte *la croix simple en pal der-rière l'écu.* (fig. 111.)

ART. 517. L'archevêque prince de l'empire porte *l'écu sur le manteau, l'épée à dextre, la croix à sénestre derrière l'écu et en sautoir, surmonté d'une couronne de l'empire.* (fig. 112.)

ART. 518. Le grand aumônier de France porte *au-dessous de l'écu un livre couvert de satin bleu, avec les armes de France, brodées en or et argent sur le plat, l'écu entouré du cordon bleu avec la croix.* (fig. 113.)

ART. 519. L'évêque porte *le chapeau de sinople, avec les cordons à trois rangs de houppes seulement, posées 1, 2 et 3, six de chaque côté, l'écu surmonté de la mitre posée de front à dextre, et à sénestre, la crosse tournée en dehors.* (fig. 114.)

ART. 520. L'évêque duc et pair prend *le manteau et la couronne de sa noblesse.* (fig. 115.)

ART. 521. L'évêque associé à l'ordre entoure *son écu du cordon bleu, d'où pend la croix du Saint-Esprit.* (fig. 116.)

ART. 522. L'évêque prince porte : *à dextre une crosse en pal, à sénestre une épée de même.* (fig. 117.)

ART. 523. Les abbés réguliers timbrent : *d'une mitre de front à dextre, la crosse en pal tournée en dedans, derrière l'écu à sénestre.* (fig. 118.)

ART. 524. L'abbé protonotaire porte *l'écu sous un chapeau de sable à deux rangs de houppes, une mitre à droite et la crosse à gauche, tournée en dedans.* (fig. 119.)

ART. 525. Le prieur porte sous le chapeau de sable, le bâton de prieur. (fig. 120.)

ART. 526. Les abbesses portent *l'écu en losange, entouré d'un chapelet, la crosse posée en pal derrière l'écu, timbré de la couronne de leur noblesse.* (fig. 121.)

CHAPITRE II.

GRANDS DIGNITAIRES.

ART. 527. Après l'extinction de la charge de sénéchal, celle de connétable, *comes stabuli*, devint la première de l'armée.

ART. 528. Le connétable, supprimé sous Louis XIII, fut rétabli par Napoléon Ier, qui créa un vice-connétable. (*Voir* l'Armorial de l'Empire.)

ART. 529. Le connétable de l'ancienne monarchie porte *de chaque côté de son écu une épée nue, la pointe haute, tenue par un dextrochère, armé d'un gantelet et sortant d'une nuée, il timbre de la couronne de sa noblesse.* (fig. 87.)

ART. 530. Le chancelier de France, chef suprême de la justice, rétabli par Napoléon Ier sous le titre de grand chancelier, à qui Louis XIII attribua les fonctions d'officier de l'état civil, porte : *pour cimier une figure de reine représentant la France, qui tient de la main droite le sceptre et de la gauche les grands sceaux du royaume, et derrière l'écu de ses armes, deux masses de vermeil sont passées en sautoir.* (fig. 122, pour les masses seulement.)

ART. 531. Il prend la qualité de chevalier et timbre l'écu de ses armes qui est environné du manteau de pair, *d'une couronne ducale, sommée d'un mortier comblé d'or, rebrassé d'hermine et bordé de perles.* (fig. 122.)

ART. 532. Les attributs héraldiques du garde-des-sceaux sont les mêmes que ceux du chancelier.

ART. 533. La dignité de maréchal de France date de 1185 ; elle arrivait immédiatement après celle de connétable.

ART. 534. D'abord unique et commissionné, le maréchal de France eut des collègues en nombre illimité, et devint inamovible depuis François Ier.

ART. 535. Il porte pour attributs héraldiques *deux bâtons*

d'azur passés en sautoir derrière l'écu de ses armes, ces bâtons *semés de fleurs-de-lis d'or* sous la branche aînée des Bourbons; *d'abeilles du même* sous Napoléon Ier; *d'étoiles du même* sous Louis-Philippe; *d'abeilles du même* sous S. M. Napoléon III. (fig. 123.)

ART. 536. La dignité d'amiral de France, connue dès 1270, qui ne s'étendait primitivement qu'en Normandie, et sur quelques côtes voisines, fut supprimée par Louis XIII, rétablie par Louis XIV, élevée et confirmée depuis dans l'importance que lui donne le commandement des forces maritimes.

ART. 537. Les attributs héraldiques de l'amiral de France sont : *deux ancres d'or passées en sautoir derrière l'écu.* (fig. 124.)

ART. 538. La charge de général des galères, supprimée lors de la réunion du corps des galères au département de la marine, prenait pour insigne héraldique *un grappin d'or* ou *ancre double, dont les trabes sont tout unis.* (fig. 125.)

ART. 539. Le grand-maître d'artillerie de France, supprimé en 1755, avait pour signes héraldiques, *deux pièces de canon adossées, placées en supports.* (fig. 126.)

ART. 540. Le colonel général de l'infanterie de France, supprimé en 1788, portait pour attributs *six drapeaux passés en sautoir derrière l'écu de ses armes.* (fig. 127.)

ART. 541. Le grand-maître de France, grand-maître de la maison du roi, portait pour attributs : *deux bâtons de vermeil fleurdelisés; terminés en la partie supérieure de deux couronnes fleurdelisées et fermées; ces deux bâtons passés en sautoir derrière l'écu de ses armes.* (fig. 128.)

ART. 542. Le grand chambellan : *deux clefs d'or passées en sautoir derrière l'écu de ses armes, et dont les anneaux se terminent en couronnes impériales.* (fig. 129.)

ART. 543. Le grand écuyer de France, qui portait l'épée royale dans le fourreau, aux grandes cérémonies royales : *une épée royale avec baudrier, la garde de l'épée d'or, semée de fleurs-de-lis du même émail; le fourreau et le baudrier de velours bleu, semé de fleurs-de-lis d'or*, doit porter aujourd'hui de même, aux signes impériaux. (fig. 130.)

ART. 544. Le grand bouteiller, grand échanson de France; *deux flacons de vermeil, gravés aux armes de France*, posés un de chaque côté de l'écu. (fig. 131.)

ART. 545. Le grand pannetier de France : la clef d'or et le cadenas que l'on sert au couvert du roi. (fig. 132.)

ART. 546. Le grand-veneur de France : *deux cors de chasse placés de chaque côté de son écu.* (fig. 133.)

ART. 547. Le grand fauconnier : *une longe d'où pend un leurre semé de fleurs-de-lis.* (fig. 134.)

ART. 548. Le grand louvetier de France porte *de chaque côté de son écu et un peu au-dessous, presque en supports, deux têtes de loup de front, ou en rencontre.* (fig. 135.)

ART. 549. Un premier président au parlement *timbre de la couronne de sa noblesse, surmontée d'un mortier de velours noir, enrichi de deux larges passements d'or.*

ART. 550. Un président à mortier timbre de même, mais le mortier n'est orné que d'*un galon.*

TITRE SEPTIÈME.

CHAPITRE UNIQUE.

Art. 551. Les colliers des différents ordres de chevalerie sont l'un des principaux ornements extérieurs du blason ; on en entoure l'écu et l'on en fait prendre l'étoile ou croix au dessous, d'une manière apparente.

Art. 552. Quelquefois l'écu est entouré d'un ruban portant devise, et duquel pend une médaille, si elle a été donnée par un prince souverain.

TITRE HUITIÈME ET DERNIER.

Comme complément au *Code héraldique*, nous donnons le symbolisme des armes de S: S., de l'Empereur Napoléon III, de l'Empereur d'Allemagne, du Roi de France et de la France.

La Papauté.

Le Pape est le souverain spirituel de tous les peuples catholiques; son immense et magnifique: pouvoir réalise une admirable unité qui est tout l'avenir du monde. Autour de cette grande figure viennent se grouper par la pensée deux cent millions de catholiques répandus sur la surface du globe, et qui attendent la parole de vie du successeur de saint Pierre! Quel spectacle imposant et sublime! A la même heure et en vertu de la même idée, aux mêmes époques et à des instants donnés, les deux tiers de la population du globe se prosternent et adorent Dieu dans la même langue, dans le même rit, avec les mêmes espérances et les mêmes appréhensions. Immuable et sacré, ce sublime pouvoir reste inébranlable au milieu des choses si mobiles du monde; phare immense, il montre à l'univers les clartés de la vérité, et les tempêtes qui mugissent sur les flots agités de l'humanité n'arrivent pas aux premières assises de sa base!

Oh! s'il était nécessaire de rechercher les preuves de la divinité du catholicisme, faudrait-il les demander à d'autres magnificences; et celles du pouvoir du vénérable souverain faible par le corps, mais fort par la pensée, qui siège dans

Blason. 13

là chaire de saint Pierre, et qui gouverne le monde d'un signe, ne suffiraient-elles pas pour l'établir?

Mais quelle organisation gouvernementale, forte, compliquée, profonde, aux mille rouages, suffit donc à un pareil pouvoir? Quand nous voyons nos gouvernements temporels encombrés d'un immense personnel pour arriver à conduire quelques millions d'hommes, nous nous faisons une idée colossale des moyens employés à Rome pour mener un monde de deux cent millions de fidèles. Eh bien! S. S., assistée de 6 cardinaux évêques, de 40 à 50 cardinaux prêtres et de 14 cardinaux diacres, formant le sacré collège, de ses secrétaires d'Etat, de ses congrégations et de ses tribunaux, suffit à ce monde, et nul gouvernement, quelle que soit sa forme, ne met autant d'ordre, de régularité, de ponctualité et de justice dans tous ses actes que ne le fait celui du Saint-Siège.

C'est qu'il y a là une pensée supérieure à celle qui préside à l'organisation des autres gouvernements; c'est qu'il y a là un esprit de stricte équité qui ne saurait s'égarer; c'est qu'il y a là une direction forte, puissante et large, qui prend sa source ailleurs que dans les régions humaines!

A l'heure où nous écrivons ceci, 1er novembre 1853, la chaire de saint Pierre est occupée par un souverain vénérable, qui a pris l'initiative de toutes les améliorations, et s'est toujours élevé au niveau de la sainte et sublime mission qui lui est confiée par la Providence. S. S. Pie IX s'est sans cesse montrée grande et généreuse au milieu même des terribles bouleversements qui menaçaient la civilisation du monde, son courage et sa piété l'ont soutenu sur cette mer en furie qu'on appelle les révolutions, et, touchante alliance, l'Empereur Napoléon III, ce sage, sauveur de la France et du monde, a rouvert les portes de la ville éternelle au chef spirituel de tant de millions d'âmes! Magnifique tableau que les arts reproduiront à l'envi, car ce sont deux civilisateurs qui se donnent la main pour le repos des hommes,

Le Pape (fig. 82).

Signes Héraldiques : *l'écu surmonté d'une tiare faite de trois couronnes dont elle est cerclée, d'un bonnet rond élevé, orné d'un globe cintré et surmonté d'une croix d'argent.* Les trois couronnes datent de saint Benoît XII. Derrière l'écu sont *deux clefs passées en sautoir, l'une d'or et l'autre d'argent, liées d'azur, chargées de croisettes de sable et la croix triplée posée en pal.*

Symbolisme : la dignité papale est marquée par la tiare et les clefs, la tiare pour le rang, les clefs pour la juridiction ; quand le pape est mort, ses armes sont sans clefs. Les anciens auteurs donnent un symbolisme bien plus poétique : « Le pape timbre son escu de la tiare, qu'on nomme autrement le règne, qui est un haut bonnet orné de trois couronnes l'une sur l'autre, qui signifient sa triple royauté sur l'église universelle, sur la militante, sur la souffrante et sur la triomphante. Les deux clefs marquent encore la même chose, depuis que Jésus-Christ donna les clefs des cieux à saint Pierre et à ses successeurs. » C'est ainsi que s'exprime un ancien héraldiste, Oronce Fine, dit de Brianville.

L'Empereur des Français, S. M. Napoléon III le Sage. (Voir fig. 136.)

Les armes de S. M. l'Empereur Napoléon III, décrites art. 507, sont d'un noble symbolisme : l'aigle d'or est le signe de la gloire, de la grandeur, de la victoire et de la force, elle est d'or parce qu'elle vivifie comme le soleil et la lumière, en champ d'azur qui est le champ de France ; car DIEU PROTÉGE LA FRANCE, ainsi que l'indiquent aussi les deux anges qui tiennent l'écu ; le casque est d'or, ouvert, et sans grille, signe de souveraineté, comme la couronne fermée, il est de front pour tout voir et tout embrasser, les bannières rappellent les combats, et le pavillon la guerre; le cri: HON-NEUR ET PATRIE est celui de Napoléon Ier, le fondateur de la dynastie nationale napoléonienne; le globe est le signe d'un pouvoir qui, par sa grandeur, sa sainteté et sa légitimité, rayonne sur le monde, le globe est surmonté de la croix, car le pouvoir de Napoléon Ier respecta, comme celui de Napoléon III respecte la religion, sans laquelle les peuples sont entraînés vers les abîmes. L'écu est entouré des ordres de la Légion-d'Honneur et de la couronne de fer, avec la médaille militaire instituée par l'Empereur Napoléon III.

Les lambrequins sont d'or, comme pouvoir pur, brillant et sans tache; d'argent de gueules et d'azur, comme réunissant tous les partis; de sinople, couleur particulière de S. M. l'Empereur Napoléon III, couleur de l'espérance qu'avait la France de son salut par une main napoléonienne, salut réalisé par Napoléon III. Les abeilles symbolisent la sollicitude de l'Empereur pour les classes laborieuses.

L'Empereur d'Allemagne.

L'Empereur d'Allemagne, appelé l'Empereur des Romains, César toujours auguste, et sacrée majesté, portait: *une aigle éployée de sable rayonnée d'or ou cerclée, armée et lampassée de gueules, tenant dans la serre dextre une épée nue, et dans la sénestre le sceptre, le tout d'or; au-dessus de l'aigle, la couronne d'or en forme de mitre jetant du milieu un diadème qui soutient un globe d'or, surmonté d'une croix du même. L'aigle portait en cœur un écusson parti de trois traits coupé d'un qui formait huit quartiers*, symbolisant: Hongrie, Naples, Jérusalem, Aragon, Anjou, Gueldres, Juliers et Bar. Le sur le tout de Lorraine et de Toscane; l'écu surmonté d'une couronne d'Espagne.

Symbolisme: L'ancien héraldiste que nous avons cité déjà

s'exprime ainsi : « L'aigle a tousiours esté l'enseigne de l'empire Romain. L'on dit communément qu'on la peint à deux testes depuis la diuision dès deux empires d'Orient et d'Occident ; et que les empereurs de la maison de Saxe qui portèrent fascé d'or et de sable, ont donné les esmaux de leur maison à cet aigle auparavant d'or sur azur. »

« Les empereurs portent aussi le globe surmonté d'une croix ; depuis que Justinian se fit dresser une statue sur une colonne tenant un pareil globe, pour signifier, selon Suidas, que par la croix les empereurs chrestiens avaient subiugué l'univers. C'est pour ce même sujet que tous les rois, à l'imitation des empereurs, portent un pareil globe au sommet de leurs couronnes. » (fig. 83.)

Le Roi de France.

Le Roi de France portait : *un écu d'azur à trois fleurs-de-lis d'or, parti de Navarre qui est de gueules aux chaînes d'or posées en croix, en sautoir et en orle enfermant une émeraude en cœur ;* l'écu timbré d'un heaume ou casque d'or bordé, damasquiné, taré de front, et tout ouvert sans grilles, aux lambrequins d'or, d'azur et de gueules, couvert d'une couronne d'or garnie de huit hautes fleurs-de-lis, le cercle enrichi de pierreries, et fermé par autant de demi-cercles aboutissant à une double fleur-de-lis d'or qui était le cimier de France ; l'écu supporté par deux anges vêtus de dalmatiques : aux armes, l'un à droite, de France, l'autre à gauche, de Navarre, tenant chacun une bannière aux mêmes armes ; le tout sous le pavillon royal, semé de France, fourré d'hermine, frangé d'or, comblé d'une couronne comme la précédente et sommé d'un pannonceau ondoyant attaché à une pique, portant le cri de guerre de Clovis à Tolbiac : MONTIOYE-S.-DENYS. L'écu entouré des ordres de Saint-Michel et du Saint-Esprit.

Symbolisme : Louis-le-Jeune, qu'on appelait *Ludovicus-flo-*

rus, adopta les fleurs-de-lis par allusion à son nom LOYS.
Ce sentiment paraît très-fondé ; voyons le plus poétique :

Autre symbolisme : « L'azur du fond de l'écu annonce la
protection du ciel, les fleurs-de-lis furent prises par Clovis
après qu'un saint ermite de Joyeuval luy eut dit qu'un ange
les lui avait apportées pour en orner l'escu de France. Les
anges qui tiennent l'escu en marquent la céleste origine ; nul
ne pouvait les prendre pour support sans privilège. »

« Les chaisnes de Navarre furent prises pour blason par
dom Sanche-le-Fort après qu'il eut défait les Sarrasins, le 16
juillet 1212. Le chef des Sarrasins avait fait entourer son
camp de chaisnes que Sanche força. Ces chaisnes ont été longtemps suspendues aux murs des églises de Navarre. » (fig. 84.)

La France.

Pour symboliser les différents gouvernements de France jusqu'à nos jours, nous avons fait exécuter un dessin portant cinq
écussons : le premier à dextre d'azur semé de fleurs-de-lis d'or,
est plus particulièrement le symbole de la monarchie féodale ;
le deuxième d'azur à trois fleurs-de-lis d'or, nombre mystérieux,
rappelant la trinité, symbolise la monarchie absolue ; le troisième parti de France et de Navarre symbolise l'avènement de
la branche des Bourbons dans la personne d'Henri IV ; le quatrième d'azur à l'aigle d'or est le signe de l'empire des Napoléon ;
la restauration se retrouve dans les deuxième et troisième écus ;
le cinquième enfin d'azur au livre d'or de la charte était le symbole de la France sous le gouvernement de Louis-Philippe,
dont les armes personnelles comme duc d'Orléans étaient : *de
France au lambel à trois pendants d'argent.* (fig. 86.)

Le quintuple écu symbolique a pour signes extérieurs trois
drapeaux blancs à dextre surmontés de fleurs-de-lis, à séues-
tre un drapeau tricolore terminé par une pique, pour rappeler les républiques, un second drapeau tricolore surmonté de

l'aigle des empereurs Napoléon 1er, Napoléon II et Napoléon III, et un troisième portant le coq gaulois qui surmontait les drapeaux des armées de France, sous le gouvernement de Louis-Philippe.

A sénestre, le sceptre des rois de France entre la couronne des rois de France et celle de Louis-Philippe, à sénestre, en dehors le sceptre du roi des Français, à dextre le sceptre de l'Empereur Napoléon; et la main de justice, commune à tous les règnes, entre la couronne de l'Empereur et celle des rois de France, le tout surmonté de l'oriflamme, bannière mouvante des deux côtés en pointe, de gueule semée de fleurs-de-lis d'or, attachée à une hampe fleurdelisée d'en-haut et des côtés.

A ce quintuple écu symbolique sont appendues les croix : de Saint-Michel au centre, de Saint-Louis à dextre, et de la Légion-d'Honneur à sénestre.

CINQUIÈME SECTION.

DYNASTIE NAPOLÉONIENNE.

Famille des Bonaparte, origine.

Avant de passer à l'art héraldique de l'Empire, nous sommes à même de donner, sur des documents authentiques, la généalogie de l'illustre famille des Bonaparte, de cette dynastie que la Providence tenait en réserve pour sauver deux fois la France menacée par les plus épouvantables bouleversements sociaux : une première fois par Napoléon Ier, son fondateur, et, cinquante ans après, une seconde fois par Napoléon III, *le Sauveur et le Sage, le Père du Peuple.*

Le rôle important, immense, que la famille Bonaparte, par
son chef politique et par Napoléon III, a joué dans le monde,
dès le commencement de ce siècle et de nos jours, rend inté-
ressant tout ce qui se rapporte à son origine; elle est venue,
après une révolution sociale profonde, relier les lambeaux
épars de la société française, et reconstituer son unité sous la
main puissante d'un grand homme de guerre, et bien plus, d'un
grand homme d'État. Cette unité, rêvée par Louis XI, préparée
par Richelieu, achevée par Louis XIV, n'était plus, sous le
pouvoir directorial, que dans la lettre de la loi; les mœurs s'y
refusaient, et chaque faction voulait vivre de sa propre vie et
en animer la France tout entière. C'était l'anarchie dans les
idées, qui avait succédé à l'anarchie dans les pouvoirs.

Napoléon Ier vint, et la France, avide d'ordre et passionnée
pour la gloire, se jeta dans ses bras, s'abrita sous son manteau. Et que l'on ne pense pas qu'il y eut alors servilité, non,
il y eut lassitude du désordre, et l'on préféra moins de liberté
absolue et plus d'ordre. Alors le héros régna sans partage;
les idéologues se turent, les assemblées politiques devinrent
muettes, et la pensée de la France tout entière fut dans le
cerveau d'un seul homme. Après les désirs immenses de liberté et d'égalité, vinrent les tranquilles douceurs d'un repos
politique profond. Le mouvement n'était que sur les champs
de bataille, la politique sommeillait, les arts et les lettres
subissaient la noble influence du héros. Quel phénomène digne
des méditations de l'avenir! Il n'y avait plus, pour ainsi dire,
qu'une famille princière en Europe; et cette famille, les vicis-
situdes d'une guerre colossale, et dont l'immensité même
montre ce qu'était la puissance qu'on voulut renverser, cette
famille, trente-cinq ans disséminée en Europe à l'ombre des
trônes retrouvés que ses membres occupaient naguère, est
redevenue la dynastie populaire, la dynastie sauve-garde de
la France, qui l'a acclamée par 8,000,000 de suffrages dans
la personne auguste et glorieuse de son chef actuel, Napoléon III, l'élu de tous!

Aussi quel puissant intérêt s'attache aux Bonaparte, et comme on est avide de connaître tout ce qui les regarde! avec quelle curiosité respectueuse l'on recherche ses origines! Et puis n'éprouve-t-on pas le besoin de mettre en relief tout ce qui peut relever leur importance? En grandissant ce qui domine, on élève ce qui s'est soumis, et l'on se dit : Si j'obéis, c'est au pouvoir marqué du sceau sacré de Dieu!

Ces considérations nous ont conduit à l'idée de présenter à nos lecteurs, avec l'aide de nos devanciers, mais aussi avec des documents nouveaux, tout-à-fait *inédits*, et que nous avons puisés aux sources les plus sûres et les seules dignes de foi, une série généalogique que nos lecteurs trouveront bien à sa place dans ce livre; nous osons n'en point douter.

Dans la liste donnée par M. de Saint-Allais, il y a un grand nombre de Bonaparte tout-à-fait étrangers à la branche de Corse.

La branche que nous appellerons napoléonienne, ou la branche de Corse, a son origine en François Bonaparte de Sarzane, qui servait la république de Gênes en qualité de *grand-capitaine*; ce fut lui qui passa à Ajaccio, où il eut un fils nommé Gabriel, qui est la souche de toute la branche de Corse. Quant aux Bonaparte de Sarzane, ancêtres de la branche napoléonienne, en Corse, ils remontent sans interruption, pendant plus de trois siècles, au *magistrat Bonaparte*, fils de *Zanparto*, d'où vient le nom de famille BONAPARTE.

Ce magistrat Bonaparte, étant un envoyé Ghibellin, dut s'éloigner de Florence (où l'on montre sa maison), et c'est pour cela qu'il se fixa à Sarzane, où l'on connaît sans interruption ses nombreux descendants, jusqu'à *François*, qui passa en Corse.

Pendant plusieurs siècles, la famille Bonaparte fut une des premières de Sarzane, et sa réputation s'étendit au loin. Elle y exerça les principaux emplois et fit des alliances brillantes. On peut citer entre autres le mariage avec *Dona Apollonia*,

fille du marquis (SOUVERAIN) *Nicolo Malespina* della Verrucola.
On voit à Florence le Code des actes notariés d'Antoine da
Villa, dans lequel se trouve la quittance formelle de la dot de
ladite Apollonie, acte qui est fait par SER *Cesare Bonaparte*, au
MAGNIFIQUE *Spineta, marquis Malespina di Verrucola*, fils du
feu marquis Bartholomée, souverain dudit endroit. L'acte commence par ces paroles : *Ser Cesar, quondam ser Johannis de
Bonaparte de Sarzana, fuit confessus et contentus habuisse
et recepisse à magnifico d'° Spineta Marchione Malespina de
Verrucola, filio quondam recolendæ memoriæ Magnifici domini Bartholomej Marchioni Malespina de Verrucola*, etc.
La dot était de 400 livres de Gènes, et des plus considérables
pour ce temps-là. L'acte passé à Sarzane est du 8 août 1440.

D'après ce qui précède, nous nous abstenons de donner
les treize premiers noms de la série Saint-Allais comme appartenant à une branche étrangère à celle de Corse, et nous
commençons notre série à *François* Bonaparte, premier du
nom. Cependant, nous croyons devoir renvoyer, dans les notes
qui terminent ce volume, les treize premiers Bonaparte de la
série Saint-Allais.

Famille des Bonaparte.

(*Branche Corse ou Napoléonienne.*)

1. *François Bonaparte*, premier du nom, qui fut père
(acte de 1567) de :

II. *Gabriel Bonaparte*, messire, QUI S'ÉTABLIT A AJACCIO;
il rendit de grands services à la République contre les Bar-
baresques, et en obtint beaucoup d'honorables concessions;
il fut père (acte de 1572) de :

III. *Jérôme Bonaparte*, premier du nom, qualifié de Magnifique, et par le sénat de Gènes, dans l'un de ses décrets,
Egregium Hieronimum de Buonaparte, procuratorem no-

bilium. Chef des anciens de la ville d'Ajaccio, possesseur de biens nobles et de la Tour des Salines, député d'Ajaccio auprès du sénat de Gênes; il fut père de :

IV. *François Bonaparte,* deuxième du nom, capitaine de la ville, élu ancien de la ville d'Ajaccio, en 1596, avec la qualité de Magnifique; il fut père de :

V. *Sébastien Bonaparte,* premier du nom, né en 1603; deux actes de 1635 et de 1648 constatent qu'il était noble. Son père, *François Bonaparte,* eût en outre *Fulvio Bonaparte,* qui fut père de *Louis Bonaparte,* qui épousa, en 1632, Marie de Gondi.

VI. *Charles Bonaparte,* premier du nom. Un décret du commissaire de la République de Gênes, du 1er septembre 1661, lui donne le titre de *noble;* et un autre acte, de l'an 1681, prouve qu'il était élu *ancien* de la ville d'Ajaccio, et qu'il jouissait du titre de *Magnifique.* Il fut père de :

VII. *Joseph Bonaparte,* premier du nom, qui fut élu ancien de la ville d'Ajaccio, le 3 mars 1702, avec le titre de *Magnifique;* il fut père de :

VIII. *Sébastien Bonaparte,* deuxième du nom, élu le 17 avril 1720, ancien de la ville d'Ajaccio, et jouissant du titre de *Magnifique;* il fut père de :

IX. *Joseph Bonaparte,* deuxième du nom, élu, en 1760, ancien de la ville d'Ajaccio, et jouissant du titre de *Magnifique;* il fut père de :

X. *Charles-Marie Bonaparte,* né le 29 mars 1746. Il fut baptisé sous ces deux noms, mais il ne signa que celui de Charles. Des lettres-patentes de l'archevêque de Pise, en Toscane, du 30 novembre 1769, lui reconnaissent les titres de *noble* et de *patrice.* Il fut élu plusieurs fois membre de la commission intermédiaire des Etats de Corse. Il mourut à Montpellier en 1785. Il avait épousé Lætitia Ramolino, issue également d'une famille noble; elle fut connue sous le nom de *Madame-mère* depuis l'élévation de Napoléon à l'empire. Les enfants issus de ce mariage sont :

1º *Joseph Bonaparte*, né à Corte le 7 janvier 1768, depuis roi de Naples, puis d'Espagne, connu pendant son exil sous le nom de comte de Survilliers. A la chute de l'Empereur, il se retira aux Etats-Unis, où il avait de vastes propriétés ; il s'établit à Florence, où il est mort le 28 juillet 1844. Il a épousé, le 1er août 1794, Marie-Julie Clary, sœur aînée de la reine actuelle de Suède, épouse du roi Charles-Jean, morte le 7 avril 1845. De ce mariage sont issues :

A. *Zénaïde-Julie*, née le 8 juillet 1804 ; mariée au prince Bonaparte (Charles-Lucien), son cousin, fils du prince Lucien ;

B. *Charlotte*, morte en 1837, le 3 mai ; mariée au prince Napoléon-Louis, son cousin, fils du roi Louis ; il mourut à Forli le 17 mars 1831.

2º *Napoléon Bonaparte*, né à Ajaccio le 15 août 1769, empereur des Français, roi d'Italie, protecteur de la Confédération du Rhin, dont l'article suivra.

3º *Lucien Bonaparte*, prince de Canino, né à Ajaccio en 1775, mort à Viterbe le 29 juin 1840. Il a laissé de son premier mariage :

Charlotte Bonaparte, veuve du prince Gabrielli ;

Christine mariée à lord Dudley-Stuart, morte en 1847, à Rome.

Du second mariage il a eu neuf enfants : deux sont morts avant lui ; le prince Paul est mort en Grèce, et la princesse Jeanne, marquise Honorati, a laissé une fille. Voici la liste des vivants :

Charles-Lucien, prince Bonaparte, né à Paris, le 26 mai 1803 ; il a épousé Zénaïde-Julie, fille du roi Joseph ;

Lœtitia, née le 4 décembre 1804 ;

Louis-Lucien, né le 4 janvier 1813 ;

Pierre-Napoléon, né le 12 septembre 1815 ;

Antoine, né le 31 octobre 1816 ;

Marie, née le 12 octobre 1818, mariée au prince Valentini.

Blason. 14

Constance, née le 30 janvier 1823, abbesse du Sacré-Cœur de Londres.

4º *Louis Bonaparte*, né à Ajaccio le 2 septembre 1778, roi de Hollande, le 5 juin 1806. Il a épousé, le 3 janvier 1802, la princesse *Hortense-Eugénie* de Beauharnais, née le 10 avril 1783, fille du premier mariage de l'impératrice Joséphine avec Alexandre, vicomte de Beauharnais. Elle fut connue depuis sous le nom de duchesse de Saint-Leu, et mourut le 3 octobre 1837. De ce mariage sont issus :

Napoléon-Charles, prince royal de Hollande, mort à La Haye le 5 mars 1807;

Napoléon-Louis, grand-duc de Berg et de Clèves, mort le 17 mars 1831, à Forli, en Italie; il avait épousé la princesse Charlotte, fille de Joseph Bonaparte, morte en 1837;

Napoléon-Louis-Charles, né à Paris le 8 avril 1808, résidait à Arnemberg, en Suisse, lorsque la révolution éclata en 1848. Appelé par la France entière, il occupe le trône impérial sous le nom de Napoléon III. (*Voir* plus loin.)

5º *Jérôme Bonaparte*, né à Ajaccio le 15 décembre 1784, roi de Westphalie le 1er décembre 1807. Il a épousé, le 12 août de cette même année, Catherine-Sophie-Dorothée, princesse royale de Wurtemberg, morte en 1835. Maréchal de France sous son neveu Napoléon III. De ce mariage sont issus :

Jérôme-Frédéric-Napoléon-Louis-Charles-Félix, prince de Montfort, né à Trieste le 24 août 1814, major au service de son oncle, le roi de Wurtemberg, décédé en mai 1847;

Napoléon-Joseph-Charles-Paul, né à Trieste, le 9 septembre 1822, capitaine au service de son oncle le roi de Wurtemberg, élu membre de l'Assemblée constituante et de l'Assemblée législative, en 1848 et 1849, aujourd'hui PRINCE FRANÇAIS;

Mathilde-Lœtitia-Frédérique-Louise-Élisa, née à Trieste le 27 mai 1820, mariée au prince russe, Anatole Demidoff, résidant à Paris.

6º *Marie-Anne-Elisa-Bonaparte*, née à Ajaccio le 3 janvier 1777, élève de la maison royale de Saint-Cyr, princesse de Lucques et de Piombino, grande-duchesse de Toscane. Elle mourut au mois d'août 1820, et avait épousé, le 5 mars 1797, Félix Bacciochi, d'une famille noble de Corse, né le 18 mai 1762. De ce mariage naquirent :

Napoléone-Elisa, princesse Bacciochi, née le 3 juin 1806, mariée au comte Camerata d'Ancône;

Frédéric, mort à Rome, d'une chute de cheval.

7º *Marie-Pauline*, d'abord veuve du général Leclerc, et mariée en secondes noces, le 6 novembre 1803, au prince Camille Borghèse; elle fut créée princessse et duchesse de Guastalla le 30 mars 1806, et décéda sans postérité.

8º *Marie-Annonciade-Caroline*, née à Ajaccio le 25 mars 1782, mariée le 20 janvier 1800, à Joachim Murat, roi de Naples le 15 juillet 1808; morte à Florence le 18 mai 1839 sous le nom de comtesse de Lipona. De ce mariage sont issus :

Napoléon-Achille, prince royal des Deux-Siciles, né le 21 janvier 1801, mort en 1847.

Napoléon-Louis-Charles, né le 16 mars 1803, marié à une américaine de New-Jersey, élu membre de l'Assemblée législative en 1849. Envoyé extraordinaire et ministre plénipotentiaire à Turin.

Lætitia-Josephe, née le 25 avril 1802, mariée au comte Pepoli, de Bologne;

Louise-Julie-Caroline, née le 22 mars 1805, mariée au comte Rasponi, de Ravenne.

Une nièce du roi Joachim, *Antoinette-Murat*, née le 5 janvier 1793, a épousé, le 4 février 1808, Charles-Antoine-Frédéric, prince régnant de Hohenzollern-Sigmaringen : de ce mariage est issu Charles-Antoine-Joachim, prince héréditaire de Hohenzollern-Sigmaringen, né le 7 septembre 1811, marié, le 21 octobre 1834, à la princesse Joséphine-Frédérique-Louise de Bade, fille du grand-duc de Bade et de la princesse Stéphanie de Beauharnais.

XI. *Napoléon-Bonaparte*, né le 14 août 1769, empereur des Français le 18 mars 1804, sacré et couronné à Paris, par Sa Sainteté Pie VII, le 3 décembre de la même année, couronné roi d'Italie le 26 mars 1805; marié: 1° en 1796, à Joséphine-Rose Tascher de La Pagerie, veuve d'Alexandre, vicomte de Beauharnais. Elle mourut, le 29 mars 1814, sans avoir eu d'enfants de Napoléon, qui se maria en secondes noces, le 11 mars 1810, à Marie-Louise, archiduchesse d'Autriche, née le 12 décembre 1791, qui fut duchesse de Parme, Plaisance et Guastalla. Il mourut à l'île Sainte-Hélène, le samedi 5 mai 1821. Il laissa de son second mariage:

Napoléon-François-Charles-Joseph, prince impérial des Français, roi de Rome, né le 20 mars 1811, proclamé sous le nom de Napoléon II, Empereur des Français, décédé duc de Reichstadt, à Vienne, le 22 juillet 1832.

Nous allons terminer par les enfants du prince Charles-Lucien, et par un tableau des mâles qui existent aujourd'hui.

Charles-Jules-Laurenti-Lucien, prince Bonaparte, né à Paris le 4 prairial an XI, épousa sa cousine germaine, fille du roi Joseph:

Zénaïde-Charlotte-Julie, princesse Bonaparte, née à Paris le 8 juillet 1804.

Ils ont eu treize enfants; quatre filles sont mortes, Alexandrine, Pauline, Albertine et Léonie; un garçon, Charles-Albert est mort; voici les huit qui survivent:

Joseph-Lucien-Charles-Napoléon Bonaparte, né à Philadelphie le 13 février 1824;

Lucien-Louis-Joseph-Napoléon-Bonaparte, né à Rome (le 15 novembre 1828;

Julie-Charlotte-Pauline-Lætitia-Désirée Bartholomée, née à Rome le 7 juin 1830; mariée le 30 août 1847 à Alexandre del Gallo, marquis de Ronagiovino;

Charlotte-Honorine-Joséphine, née à Rome le 4 mars 1832; mariée le 4 octobre 1848, à Pierre, comte Piccioli;

ARBRE GÉNÉALOGIQUE DE LA FAMILLE BONAPARTE.

JEAN BONAPARTE

fut consul et recteur de Trévise; en 1183, il alla jurer la paix de Constance.

BONSEMBLANT, Chevalier de la Vierge glorieuse, mourut vers l'an 1268.

NORDIUS, fut podestat de Payne en 1272, puis chevalier de Sainte-Marie-la-Glorieuse, et successivement syndic et procureur général du même ordre; il mourut en 1290.

BONAPARTE DE SAINT-NICOLAS. On en parle pour la première fois en 1200. Il fut conseiller de la commune de Florence, et ensuite exilé. En 1264 il s'établit à Sarzanne. Il fut notaire impérial, conseiller de la commune de Sarzanne, et était mort en 1280.

PIERRE, podestat de Padoue en 1318.

HILDEBRAND, en 1236, fut conseiller à Trévise, et en 1250 recteur de l'hôpital de la Scala de Milan. **CONRAD,** chevalier de l'ordre de l'Éperon-d'Or. En 1311, il fut podestat de la commune de Sienne.

DONAT, banni avec son père, eut sa maison brûlée en 1268, à Lunigzana de Magello.

JEAN, banni avec son père, en à Sarzanne, où il épousa Villa de Pampoline. En 1290, il signa la paix à Florence avec le cardinal Latin. En 1296, il fut syndic de Sarzanne, et signa la paix de cette ville avec Lucques. En 1305, il épousa en secondes noces Jeanne Secchetti. Il mourut environ en 1312.

GUILLAUMINO, veuve en 1293 de Remo de Sarzanne.

GUELFUCCIO, banni avec son père, fut notaire impérial.

OBRIC, capitaine du peuple de Florence en 1346.

SERVIDIO, prieur de l'ordre de la Vierge glorieuse en 1302. Il mourut en 1397.

JACQUES, ambassadeur de la ville de Trévise au duc d'Autriche en 1362.

BUONGIOVANNI. JACQUES. MOCCIO.

JACQUES, notaire impérial à Sarzanne, mari de Gisla de Viraldo. On en parle pour la première fois en 1312. Il fut syndic de Sarzanne en 1324. En 1328, il était vicaire pour Castruccio, seigneur de Lucques.

JEAN, fut époux de Jacqueline Guadagnini, et giboila puissant en 1322. Il avait une tour à Sarzanne. On en parle encore en 1327.

LAPO, fut conseil dans l'Église de Sainte-Marie-Neuve, à Florence, en 1383.

ARRIGUCCIO, mourut à Florence.

LÉONARD-ANTOINE, fut décapité à Florence vers l'an 1441.

JACQUES. Jean-Jacques MOCCIO, fut commandant de la milice. Il mourut en 1441.

NICOLAS, notaire impérial. On en parle pour la première fois en 1366. Il mourut à peu près en 1397.

ANGELINO, notaire impérial à Sarzanne.

NICOLAS, fut clerc de la chambre apostolique et tint une chaire de jurisprudence à Pise.

JACQUES, eut un commandement militaire.

PIERRE, alla s'établir à Florence.

JEAN, épousa en 1397 madame Isabella Calandrini. En 1401, il fut syndic et procureur à Sarzanne, fit des conventions avec Gabriel-Marie Visconti de Milan, dont il fut commissaire à Lunigiana.

DENOIT. PIERRE-ANTOINE.

JACQUES, fut prêtre bénéficiaire de la cour du pape Clément VII, et chevalier de Malte.

CÉSAR, épousa la marquise Apollonie Malaspina, en 1450. En 1460, il fut prieur et chef des anciens de Sarzanne.

PHILIPPE, était en 1494 conseiller à Sarzanne, quand cette ville se rendit aux Génois.

JEAN, cojuteul et homme d'armes de Marc Valerio Orsini.

CATHERINE, épousa Bertrand, noble seigneur de Sienne.

JEAN. On en parle dans deux actes, l'un de 1486, l'autre de 1496. Il fut admis dans l'intimité de Fabrice Colonne.

NICOLAS, tint une chaire de jurisprudence à Pise.

FRANÇOIS, mari de Catherine Guido de Castelletto. Il fut envoyé en Corse en 1512 pour les Génois. Il y mourut en 1529.

CÉSAR, était, en 1489, chanoine à Sarzanne. En 1540, il s'occupait des affaires de Philippe de Givan et de Mathieu Calandrino.

GABRIEL, établi à Ajaccio, en Corse, en 1567. Dans cette année, il vendit la maison paternelle de Sarzanne à son beau-frère Montani.

ANTONIA, femme de François Montani.

JÉRÔME, habitant d'Ajaccio. Il fut chef des anciens de cette ville.

SÉBASTIEN, habitant d'Ajaccio, homme fort distingué.

LUCIEN, archidiacre d'Ajaccio, mourut en 1791.

JOSEPH, chef des anciens et consul d'Ajaccio.

NAPOLÉON, homme fort distingué, eut le grade de maréchal.

CHARLES, épousa Lætitia Ramolino. Il fut reçu docteur à Pise en 1769. Il fut député par la noblesse de Corse au roi de France, et mourut en 1785.

ELISABETH, épousa Orenco.

JOSEPH, fut roi d'Espagne.

NAPOLÉON, Empereur des Français, mort à Sainte-Hélène en 1821. **NAPOLÉON II,** duc de Reichstadt, mort en Allemagne en 1832.

LUCIEN, mourut en 1840 dans sa terre de Canino, située dans les États romains. Il a laissé beaucoup d'enfants, dont l'aîné est **CHARLES LUCIEN,** prince Bonaparte, fondateur des congrès scientifiques d'Italie.

† **ELISA,** fut grande duchesse de Toscane, et mourut à Trieste en 1820.

LOUIS, fut roi de Hollande. **NAPOLÉON LOUIS,** mort à Florence en 1831. **CHARLES LOUIS.**

PAULINE, princesse Borghèse, mourut à Florence en 1825.

CAROLINE, fut reine de Naples et mourut à Florence en 1839.

JÉRÔME, fut roi de Westphalie. **NAPOLÉON.**

JOSEPH, fut roi d'Espagne.

ZÉNAÏDE a épousé Charles-Lucien Bonaparte.

CHARLOTTE a épousé Napoléon-Louis Bonaparte. Elle est morte à Florence en 1839.

TABLEAU DES MALES DE LA FAMILLE BONAPARTE.

Charles Bonaparte.

Joseph Napoléon. — Napoléon Ier. — Lucien. — Louis Napoléon. — Jérôme Napoléon.

Zénaïde, pr Bonaparte. — Napoléon II. — Louis-Charles Napoléon, S. M. Napoléon III. — Jérôme Bonaparte. — Napoléon de Montfort.

Charles Lucien, prince Bonaparte. — Jérôme de Montfort.

Louis. — Pierre Napoléon. — Antoine.

Joseph L. Napoléon, prince de Musignano. — Lucien Napoléon. — Grégoire Napoléon.

Marie-Désirée-Eugénie-Joséphine-Philomène, née à Rome le 15 mars 1835 ; mariée le 2 mars 1851, à Paul, comte de Campello.

Auguste-Amélie-Maximilienne-Jacqueline, née à Rome le 9 novembre 1836 ;

Napoléon-Grégoire-Jacques-Philippe Bonaparte, né à Rome le 5 février 1839 ;

Bathilde-Aloïse-Léonie, née à Rome le 26 novembre 1840.

(*Voir, ci-contre, l'Arbre généalogique de la famille Bonaparte.*)

Nous ne nous bornerons pas à ces documents généalogiques et à l'arbre familial des Bonaparte, que nul avant nous n'a pu donner aussi complet ; nous donnerons les documents que nous avons trouvés dans l'un des ouvrages de l'un de nos écrivains les plus célèbres, Mme Du Devent (Georges Sand), dont nous allons reproduire le passage relatif aux Bonaparte, en renvoyant le lecteur aux figures qui accompagnent le texte.

« Nous avons retrouvé les armoiries des *Bonapart,* qui sont :

» Parti d'azur, chargé de six étoiles d'or, à six pointes, deux, deux et deux ; et de gueules, au lion d'or léopardé ; au chef d'or chargé d'un aigle naissant (éployé) de sable.

» 1. Dans un nobiliaire, ou livre de blason, qui fait partie des richesses renfermées dans la bibliothèque de M. le comte de Montenegro, nous avons pris un *fac-simile* de ces armoiries ;

» 2. A Barcelone, dans un autre nobiliaire espagnol, moins beau d'exécution, appartenant au savant archiviste de la couronne d'Aragon, et dans lequel on trouve, à la date du 15 juin 1549, les preuves de noblesse de la famille des Fortuny, au nombre desquelles figure, parmi les quatre quartiers, celui de l'aïeule maternelle, qui était de la maison de *Bonapart.*

» Dans le registre : *Indice*, PEDRO III, tome II des archives de la couronne d'Aragon, se trouvent mentionnés deux actes, à la date de 1276, relatifs à des membres de la famille *Bonpar*. Ce nom d'origine provençale ou languedocienne, en subissant comme tant d'autres de la même époque, l'altération mallorquine, serait devenu *Bonapart*..

» En 1411, *Hugo Bonapart*, natif de Mallorca, passa dans l'île de Corse en qualité de *régent* ou gouverneur pour le roi Martin d'Aragon, et c'est à lui qu'on ferait remonter l'origine des *Bonaparte*; ou, comme on a dit plus tard, *Buonaparte*; ainsi *Bonapart* est le nom roman, *Bonaparte*, l'italien ancien, et *Buonaparte*, l'italien moderne. On sait que les membres de la famille de Napoléon signaient indifféremment *Bonaparte* ou *Buonaparte*.

» Qui sait l'importance que ces légers indices, découverts quelques années plus tôt, auraient pu acquérir, s'ils avaient servi à démontrer à Napoléon, qui tenait tant à être Français, que sa famille était originaire de France. »

(TASTU, ext. d'*Un hiver à Majorque*; par G. SAND.)

« L'histoire, ajoute Georges Sand, sera toujours intéressée à lever le voile qui couvre cette race prédestinée, où Napoléon n'est certes pas un accident fortuit, un fait isolé. Je suis sûr, qu'en cherchant bien, on trouverait dans les générations antérieures de cette famille, des hommes ou des femmes dignes d'une telle descendance; et ici les blasons, ces insignes dont l'égalité a fait justice, mais dont l'historien doit toujours tenir compte, comme de monuments très-significatifs, pourraient bien jeter quelque lumière sur la destinée guerrière ou ambitieuse des anciens *Bonaparte*.

» En effet, jamais écu fut-il plus fier et plus symbolique que celui de ces chevaliers majorquins ? Ce lion, dans l'attitude du combat, ce ciel parsemé d'étoiles d'où cherche à se dégager l'aigle prophétique, n'est-ce pas comme l'hiéroglyphe mystérieux d'une destinée peu commune ? Napoléon qui aimait la poésie des étoiles, avec une sorte de superstition, et qui donnait l'aigle pour blason à la France, avait-il donc connaissance de son écu majorquin, et n'ayant pu remonter jusqu'à la source présumée des *Bonpar* provençaux, gardait-il le silence sur ses aïeux espagnols ? C'est le sort des grands hommes, après leur mort, de voir les nations se disputer leurs berceaux ou leurs tombes.

(*Un hiver à Majorque,* par G. SAND, vol. 1. p. 291.)

BONAPART.

(Tiré d'un armorial MS. contenant les blasons des principales familles de Mallorca, etc., etc. Le MS. appartenait à D. Juan Dametó, cronista de Mallorca, mort en 1633, et se conserve dans la bibliothèque du comte de Montenegro. Le MS. est du XVIᵉ SIÈCLE. (fig. 372.)

Mallorca, 20 septembre 1837.

PROVAS DE PERA FORTVNY A 13 DE JUNY DE 1549.

(*Fig.* 373.)

FORTVNY,
SON PARE, SOLAR
DE MALLORCA.

FORTVNY,
Son père, ancienne maison noble de Mallorca.

Camp de Plata, cinq torteus negres, en dos dos y un.

(*Fig.* 374.)

COS,
SA MARE, SOLAR
DEL MALLORCA.

COS,
Sa mère, maison noble de Mallorca.

Camp vermell; un os de or, portant una flor del liri sobre lo cap, del mateix.

Champ d'argent à cinq tour-teaux de sable deux, deux et un.

Champ de gueules, ours d'or couronné d'une fleur-de-lis de même.

(*Fig.* 375.)
BONAPART,
SA AVIA PATERNA, SOLAR
DE MALLORCA.

(*Fig.* 376.)
GARI,
SA AVIA MATERNA, SOLAR
DE MALLORCA.

BONAPART,

Son aïeul paternel, an-cienne maison noble de Mal-lorca.

Les différences qui existent entre cet écu et celui donné plus haut viennent du peintre qui a manqué d'exactitude, et il n'a pas compté qu'il décalquait.

GARI,

Son aïcule maternelle, an-cienne maison noble de Mal-lorca.

Partit en pal, primer ver-mell, ab tres torres de plata, endos, y una; segon blan, ab tres faxas ondeades, de plata.

Parti de gueules et d'azur, trois tours d'argent, deux, une et trois fasces ondées d'argent.

RÉTABLISSEMENT

DE L'EMPIRE DE NAPOLÉON Ier ET NAPOLÉON II PAR NAPOLÉON III.

Après ces nobles origines et ces prophétiques armoiries, contemplons avec bonheur cette aigle impériale qui vient de nouveau planer sur la France, étendre ses ailes sur ce beau pays, et le sauver de l'anarchie, par la grâce de Dieu et le vœu unanime du peuple français. Admirons ce digne fils du roi Louis, dont les Hollandais ont gardé la mémoire, et de la belle et gracieuse reine Hortense, de poétique souvenir, ce digne petit-fils de l'Impératrice Joséphine, dont le nom est resté dans tous les cœurs, qui monte sur le trône impérial pour le bonheur de tous ; car dans sa haute sagesse il couvre tous les partis sous son noble drapeau ; et dans sa sollicitude il pense sans cesse à l'amélioration du sort des classes laborieuses et souffrantes.

Une révolution éclate en 1848 ; la République est proclamée ; mais bientôt le peuple dans ses instincts napoléoniens, conservateurs monarchiques, nomme pour présider la République, le neveu, le digne héritier de l'Empereur Napoléon 1er ! C'était pour lui, d'abord, un sublime prestige ; mais il s'aperçoit bientôt que ce prestige est une réalité ; que le prince est digne de son nom immortel, il l'environne d'amour et de reconnaissance, puis il le porte en triomphe sur le trône populaire de l'Empire, après qu'en une journée à jamais féconde, célèbre et sainte, le prince a terrassé l'anarchie, relevé les lois, sauvé la France et le monde ébranlés !

Le coup d'État du 2 décembre 1851 est l'admirable pandant de celui du 18 brumaire an VIII ! et plus grand encore, car le 18 brumaire sauvait la France, et le 2 décembre sauvait la société !

Un an s'écoule à peine dans l'enivrement d'un triomphe magnifique, le peuple demande par ses acclamations enthousiastes que la couronne de Napoléon 1er repose sur le front de son digne neveu ; le prince veut que la France se *recueille,* il la consulte, et cette France reconnaissante, *par son vote unanime, crée* LA PLUS IMPOSANTE LÉGITIMITÉ QUI FUT JAMAIS !!!

Le Corps législatif et le Sénat, tous deux interprètes du peuple, remettent dans la main de Napoléon III le sceptre de Napoléon 1er. Laissons parler le président du Corps législatif qui apporte à Saint-Cloud, le 1er décembre 1852, le recensement des votes pour le rétablissement de l'Empire dans la personne de Louis-Napoléon Bonaparte. Le Sénat, le Corps législatif et le Conseil d'Etat sont présents ; l'Empereur Napoléon III est entouré de son oncle, le roi Jérôme, de son cousin le prince Napoléon, fils du roi Jérôme, du Conseil d'Etat et du Sénat. Le président du Corps législatif s'exprime ainsi :

Sire,

Nous apportons à Votre Majesté l'expression solennelle de la volonté nationale : au plus fort des ovations que vous décernait l'enthousiasme populaire, peu pressé de ceindre une couronne qu'on vous offrait de toutes parts, vous avez désiré que la France se recueillît ; vous avez voulu qu'elle ne prît que de sang-froid, dans sa pleine liberté, cette suprême décision par laquelle un peuple, maître de lui-même, dispose souverainement de sa destinée.

Votre vœu, Sire, s'est accompli : un scrutin, libre, secret, ouvert à tous, a été dépouillé loyalement sous les yeux de tous : résumant en une seule huit millions de volontés, il donne à la LÉGITIMITÉ de votre pouvoir la plus large base sur

laquelle se soit jamais assis un gouvernement en ce monde.
Depuis ce jour où six millions de voix recueillies pour vous
par le pouvoir même qu'elles vous appelaient à remplacer,
vous ont remis le sort de la patrie, la France, à chaque nouveau scrutin, a marqué par de nouveaux millions de suffrages l'accroissement continu de sa confiance en vous.

En dehors comme en dedans de ses comices, dans ses
fêtes comme dans ses votes, partout ses sentiments ont
éclaté : d'un bout à l'autre du pays, se précipitant sur vos
pas, accourant de toutes parts pour saluer, ne fût-ce que de
loin, l'homme de leurs espérances et de leur foi, nos populations ont assez fait voir au monde que vous étiez bien leur
Empereur, l'Empereur voulu par le peuple ; que vous aviez
bien avec vous cet esprit national qui, au jour marqué par
la Providence, sacre les nouvelles dynasties et les assoit à
la place de celles qu'il n'anime plus.

Abritant sous un immense souvenir de gloire ce qu'elle a
de plus précieux, son honneur au dehors, sa sécurité au dedans, et ces immortels principes de 1789, bases désormais
inébranlables de la nouvelle société française si puissamment
organisée par l'Empereur votre oncle, notre nation relève
avec un orgueilleux amour cette dynastie des Bonaparte,
sortie de son sein, et qui ne fut point renversée par des mains
françaises. Mais, tout en gardant un fier souvenir des grandes
choses de la guerre, elle espère surtout en vous pour les grandes choses de la paix. Vous ayant déjà vu à l'œuvre, elle at-
tend de vous un gouvernement résolu, rapide, fécond : pour
vous y aider, elle vous entoure de toutes ses sympathies, elle
se livre à vous tout entière : prenez donc, Sire, prenez des
mains de la France cette glorieuse couronne qu'elle vous offre : jamais aucun front royal n'en aura porté de plus LÉGI-
TIME ni de plus populaire.

M. de Mesnard, au nom du Sénat, a prononcé ensuite un

autre discours qui a été accueilli par de vives acclamations.
En voici le texte :

Sire,

Le Corps législatif a fait connaître la volonté souveraine
de la France !

En rétablissant la dignité impériale dans la personne et
dans la famille de Votre Majesté, en vous donnant la couronne qu'elle avait placée il y a un demi-siècle sur la tête
du vainqueur de Marengo, la France dit assez haut quels sont
ses vœux, et comment, rattachant le présent au passé, elle
confond ses espérances avec ses souvenirs.

Ce trône où Votre Majesté va s'asseoir, de quelque force,
de quelque splendeur qu'il soit entouré, trouve dans la puissance de l'opinion publique ses plus solides fondements.

« L'Empire, c'est la paix, » a dit Votre Majesté dans une
mémorable circonstance. La voix du pays ajoute : L'Empire,
c'est le maintien des rapports internationaux dans toute la
dignité d'une réciprocité amicale.; c'est la religion honorée
comme elle mérite de l'être ; c'est la condition des classes
laborieuses et souffrantes devenue l'objet d'une constante
sollicitude ; c'est la discipline dans l'armée, et, au cœur de
chaque soldat, le sentiment ardent de l'honneur et de l'indépendance nationale ; c'est le commerce et l'industrie développant et fécondant la prospérité publique ; enfin, c'est l'apai-
sement des partis, c'est une large et libre place faite à toutes les
capacités et à toutes les intelligences, auxquelles on demande-
ra seulement où elles vont, et non plus d'où elles viennent.

Voilà pourquoi, Sire, tant de millions de voix vous dé-
fèrent cette couronne impériale promise à votre naissance,
reconquise par votre mérite, rendue à votre nom par l'acte
le plus solennel de la souveraineté du peuple.

Nous prions Votre Majesté d'accueillir avec bonté les hom-
mages et les félicitations du Sénat.

Presque aussitôt le Prince, se tournant vers le président du Corps législatif, a lu le magnifique discours que voici :

« Messieurs,

» Le nouveau règne que vous inaugurez aujourd'hui n'a pas pour origine, comme tant d'autres dans l'histoire, la violence, la conquête ou la ruse. Il est, vous venez de le déclarer, le résultat légal de la volonté de tout un peuple, qui consolide au milieu du calme ce qu'il avait fondé au sein des agitations. Je suis pénétré de reconnaissance envers la nation, qui, trois fois en quatre années, m'a soutenu de ses suffrages, et chaque fois n'a augmenté sa majorité que pour accroître mon pouvoir.

» Mais plus le pouvoir gagne en étendue et en force vitale, plus il a besoin d'hommes éclairés comme ceux qui m'entourent chaque jour, d'hommes indépendants comme ceux auxquels je m'adresse pour m'aider de leurs conseils, pour ramener mon autorité dans de justes limites si elle pouvait s'en écarter jamais.

» Je prends dès aujourd'hui, avec la couronne, le nom de Napoléon III, parce que la logique du peuple me l'a déjà donné dans ses acclamations, parce que le Sénat l'a proposé légalement, et parce que la nation entière l'a ratifié.

» Est-ce à dire cependant qu'en acceptant ce titre je tombe dans l'erreur reprochée au prince qui, revenant de l'exil, déclara nul et non avenu tout ce qui s'était fait en son absence ? Loin de moi un semblable égarement. Non-seulement je reconnais les gouvernements qui m'ont précédé, mais j'hérite en quelque sorte de ce qu'ils ont fait de bien ou de mal ; car les gouvernements qui se succèdent sont, malgré leurs origines différentes, solidaires de leurs devanciers.

» Mais, plus j'accepte tout ce que, depuis cinquante ans, l'histoire nous transmet avec son inflexible autorité, moins

Blason. 15

il m'était permis de passer sous silence le règne glorieux du chef de ma famille, et le titre régulier, quoique éphémère, de son fils, que les chambres proclamèrent dans le dernier élan du patriotisme vaincu.

» Ainsi donc le titre de Napoléon III n'est pas une de ces prétentions dynastiques et surannées qui semblent une insulte au bon sens et à la vérité; c'est l'hommage rendu à un gouvernement qui fut légitime, et auquel nous devons les plus belles pages de notre histoire moderne. Mon règne ne date pas de 1815, il date de ce moment même où vous venez me faire connaître les suffrages de la nation.

» Recevez donc mes remerciements, Messieurs les Députés, pour l'éclat que vous avez donné à la manifestation de la volonté nationale, en la rendant plus évidente par votre contrôle, plus imposante par votre déclaration. Je vous remercie aussi, Messieurs les Sénateurs, d'avoir voulu être les premiers à m'adresser vos félicitations, comme vous avez été les premiers à formuler le vœu populaire.

» Aidez-moi tous à asseoir sur cette terre bouleversée par tant de révolutions, un gouvernement stable qui ait pour bases la religion, la justice, la probité, l'amour des classes souffrantes.

» Recevez ici le serment que rien ne me coûtera pour assurer la prospérité de la patrie, et que, tout en maintenant la paix, je ne céderai rien de tout ce qui touche à l'honneur et à la dignité de la France. »

Nous ne saurions rendre l'impression profonde produite par les paroles de l'Empereur, qui à chaque instant était interrompu par les plus vives acclamations. La manière dont Napoléon III a prononcé son discours révélait qu'il en sentait énergiquement la portée, et traduisait l'impression que ressentait avec lui toute l'assemblée de la grandeur de sa position nouvelle.

NAPOLÉON,

Par la grâce de Dieu et la volonté nationale, Empereur des Français,

A tous présents et à venir, salut :

Vu le sénatus-consulte, en date du 7 novembre 1852, qui soumet au peuple le plébiscite dont la teneur suit :

« Le peuple veut le rétablissement de la dignité impériale dans la personne de Louis-Napoléon Bonaparte, avec hérédité dans sa descendance directe, légitime ou adoptive, et lui donne le droit de régler l'ordre de succession au trône dans la famille Bonaparte, ainsi qu'il est prévu par le sénatus-consulte du 7 novembre 1852. »

Vu la déclaration du Corps législatif, qui constate que les opérations du vote ont été partout librement et régulièrement accomplies ;

Que le recensement général des suffrages émis sur le projet de plébiscite a donné sept millions huit cent vingt-quatre mille cent quatre-vingt-neuf (7,824,189) bulletins portant le mot *oui* ;

Deux cent cinquante-trois mille cent quarante-cinq (253,145) bulletins portant le mot *non* ;

Soixante-trois mille trois cent vingt-six (63,326) bulletins nuls ;

Avons décrété et décrétons ce qui suit :

Art. 1er. Le sénatus-consulte du 7 novembre 1852, ratifié par le plébiscite des 21 et 22 novembre, est promulgué et devient loi de l'Etat.

Art. 2. Louis-Napoléon Bonaparte est Empereur des Français sous le nom de Napoléon III.

Mandons et ordonnons que les présentes, revêtues du sceau de l'Etat, insérées au *Bulletin des Lois*, soient adressées aux cours, aux tribunaux et aux autorités administratives, pour qu'ils les inscrivent dans leurs registres, les observent et les fassent observer. Les ministres, chacun en ce qui le concerne, sont chargés d'en surveiller l'exécution.

Fait au palais de Saint-Cloud, le 2 décembre 1852.

NAPOLÉON.

Par l'Empereur :

Le ministre d'Etat,   Vu et revêtu du sceau de l'Etat :

ACHILLE FOULD.   Le garde des sceaux,

ministre de la justice,

ABBATUCCI.

Dès le 2 décembre S. M. l'Empereur revint de Saint-Cloud aux Tuileries, il fut accueilli avec un enthousiasme qui laissera trace dans l'histoire. À dix heures du matin l'imposante solennité de la proclamation de l'Empire avait eu lieu à l'Hôtel-de-Ville, avec pompe, et au milieu d'une foule immense !

À deux heures, M. le comte de Persigny, ministre de l'intérieur, dont le dévouement chevaleresque au grand prince sauveur de la France, est l'éternel honneur d'une vie de sacrifices et d'abnégation, d'études élevées et de nobles travaux, proclama le rétablissement de l'Empire sur la place de la Concorde, au milieu des nombreux bataillons de la garde nationale enthousiasmée ! C'était pour l'illustre et intègre ministre le sublime couronnement de toute une vie d'héroïques labeurs. La garde nationale répondit à cette voix respectée de tous les partis par des cris unanimes de : *Vive l'Empereur !*

Le *Moniteur* publia plusieurs décrets le jour même, outre celui que nous avons donné plus haut, ils avaient pour objet : la forme dans laquelle seraient désormais promulgués les sénatus-consultes ; l'intitulé des expéditions des arrêts, jugements et mandats de justice ; le titre de cours impériales donné aux cours d'appel, etc. Enfin un décret détermina la forme du sceau de l'Empire à l'aigle.

Déjà les aigles avaient été rendues à l'armée par un décret du 31 décembre 1851, et brillaient sur les drapeaux dont les couleurs avaient été rétablies dans l'ordre primitif : *bleu à la hampe, blanc au milieu, rouge flottant.*

Les titres de noblesse abolis par un décret du 29 février 1848, furent rétablis par un autre décret du 24 janvier 1852.

L'illustre et glorieuse famille Bonaparte, pour laquelle dès le 11 octobre 1848 avait été abrogée la loi de bannissement, à la grande joie de la France, devenait le 21 juin 1853 l'objet d'un statut plein de sagesse où l'Empereur Napoléon III, règle la condition et les obligations de ses membres, conformément à l'autorité donnée à S. M. par le sénatus-consulte du 7 novembre 1852, qui dans son article 4 stipulait qu'il appartenait à l'Empereur de régler l'ordre de succession au trône dans la famille Bonaparte.

Pour satisfaire à cette prescription, l'Empereur dans son auguste sollicitude avait, le 18 décembre 1852, décrété que, dans le cas où il ne laisserait aucun héritier direct, légitime ou adoptif, son oncle bien-aimé *Jérôme-Napoléon Bonaparte* et sa descendance directe, naturelle et légitime, provenant de son mariage avec la princesse *Catherine de Wurtemberg,* de mâle en mâle, par ordre de primogéniture, et à l'exclusion perpétuelle des femmes, seraient appelés à lui succéder.

Un sénatus-consulte intervenu le 23 décembre 1852 et sanctionné par l'Empereur le 25, modifiant la belle, sage et féconde constitution donnée par Louis-Napoléon le 14 janvier 1852, stipule que les membres de la famille impériale appelés éventuellement à l'hérédité et leurs descendants portent le titre de *princes français;* que le fils aîné de l'Empereur est appelé *prince impérial;* que les princes français sont membres du Sénat et du conseil d'Etat quand ils ont atteint l'âge de 18 ans accomplis ; mais qu'ils ne peuvent y siéger qu'avec l'agrément de l'Empereur; que les acte de l'état civil de la famille impériale sont reçus par le ministre d'État, et transmis sur un ordre de l'Empereur au Sénat, qui en ordonne la transcription sur ses registres et le dépôt dans ses archives.

Pour effacer à jamais le souvenir de nos discordes civiles, considérant que la célébration des anniversaires politiques les rappellent d'une manière fâcheuse et irritante, considérant en outre que parmi les fêtes c'est un devoir de choisir celle dont la consécration tend le mieux à réunir tous les esprits dans le sentiment commun de la gloire nationale, l'Empereur a, le 16 février 1852, décrété qu'à l'avenir sera seul reconnu et célébré comme fête nationale l'anniversaire du 15 août.

Qu'il nous soit permis en terminant ce tableau magnifique de la reconstitution d'un Empire cher au peuple le plus généreux du monde, de faire connaître de quelle manière l'auteur de ce livre, alors revêtu des fonctions de sous-préfet de Marvejols (Lozère), aujourd'hui Sous-Préfet de Sistéron (Basses-Alpes), comprenait ce grand et sublime événement.

Voici le discours qu'il prononça devant les autorités, la garde nationale et la foule assemblées :

« Gardes nationaux, gendarmes, anciens militaires de l'Empire, habitants de Marvejols.

» Nous venons de rendre grâce à Dieu, dans son saint temple, pour la protection dont il a couvert notre noble pays! Ah! c'est que rien, dans les annales du monde, n'est aussi grand que ce qui vient de s'accomplir!

» Cet élan magnanime de tout un peuple vers celui qui l'a sauvé par son génie, son courage et sa fermeté, couronne les efforts généreux de nos pères en consacrant à jamais les immortels principes de 1789 sous la main puissante de Napoléon III.

» A ce nom magique un horizon, une perspective, un avenir s'ouvrent devant nous, on sent qu'il y a enfin quelque chose au-delà de l'heure présente, car la légitimité de l'Empereur est doublement sacrée puisqu'elle nous vient *par la grâce de Dieu et la volonté nationale.*

» Le pouvoir de l'Empereur c'est le triomphe de la démocratie sage, modérée, progressive, lettrée, savante, arrivant à toutes les fonctions de par son seul mérite !

» Son pouvoir magnanime et loyal éteint les partis éblouis par l'auréole éclatante de 8,000,000 de suffrages. Il ouvre les champs féconds de la conciliation et de la paix entre tous.

» Son pouvoir garantit la religion sacrée de nos pères sans laquelle les peuples s'égarent au gré de leur faible raison.

» Et son titre immortel et rayonnant d'Empereur, ce n'est pas seulement un prestige, c'est une magnifique réalité qui rappelle la grandeur et la gloire, c'est le signe imposant du triomphe des lois après les orages !

» Ah ! c'est un beau spectacle à ravir la pensée que cette France calmée qui va se reposer dans une paix féconde, grande et glorieuse, sous un monarque sans cesse préoccupé de l'amélioration du sort des classes souffrantes et dont le noble cœur s'ouvre à toutes les saintes émotions; sous un monarque qui, rattachant les anneaux brisés de la chaîne des plus hauts souvenirs, relie le passé glorieux de nos vieilles armées, avec la gloire récente de nos jeunes et braves phalanges, en leur rendant l'aigle immortelle qui couvre de ses ailes tant de magnifiques pages de notre histoire nationale et qui de nouveau plane sur la France pour son bonheur et pour sa gloire ! Vive l'Empereur ! »

A trois reprises différentes le cri de vive l'Empereur a couvert ce discours, dit l'*Echo des Montagnès.*

La musique a fait entendre l'air de la Reine Hortense, des détonations ont éclaté, puis M. le Sous-Préfet a fait présenter les armes, le tambour battant aux champs, et a lu le décret constitutif de l'Empire, cette lecture a été suivie de nouveaux cris de : Vive l'Empereur !

La ville était en fête sous un beau soleil d'Austerlitz. Le soir toutes les maisons étaient illuminées; un arc de triomphe de verdure avec un transparent portant les armes de l'Empire : *d'azur à l'aigle d'or aux ailes éployées, empiétant un foudre du même à la lettre N, sur l'hermine d'un manteau impérial semé d'abeilles d'or à la couronne souveraine fermée*, ornait l'entrée de la Sous-Préfecture avec de nombreuses inscriptions et des drapeaux tricolores à l'aigle.

Le soir les salons de la sous-préfecture étaient remplis d'une nombreuse société qu'animait la plus gracieuse cordialité, on y remarquait MM. les ecclésiastiques, la magistrature toute entière.

Un concert composé de sept morceaux a été écouté avec faveur, on y a remarqué et particulièrement applaudi l'*air de la Reine Hortense* et une cantate sur Napoléon III que nous donnons plus haut.

Mᵐᵉ Jules Pautet de Parois du Rozier, de l'une des premières familles du Forez, baronne de Joursanvaux, a profité de la réunion pour provoquer une souscription dans le but d'introduire dans l'arrondissement l'industrie de la dentelle. Cette idée qui est propre à Mᵐᵉ Pautet du Rozier et qui fera bénir son nom un jour, a été goûtée et la souscription s'est couverte de signatures; c'était entrer dans la pensée de notre glorieux Empereur qui est toujours préoccupé de l'amélioration du sort du peuple.

L'espérance, la paix et la confiance sont rentrées dans les cœurs. Dès le lendemain de la proclamation de l'Empire, dit le même journal, M. le Sous-Préfet visitait l'une de nos plus intéressantes fabriques, celle du Pont-Pessil. A son arrivée les ouvriers ont crié : Vive l'Empereur ! Ah ! oui, s'est écrié M. le Sous-Préfet : Vive l'Empereur, car aucun monarque ne s'est jamais autant que lui occupé de l'amélioration du sort des classes laborieuses, il aime et il protège l'industrie.

MARIAGE

DE S. M. L'EMPEREUR NAPOLÉON III.

Bientôt S. M. l'Empereur, dans le plus loyal et le plus noble langage, annonça son mariage avec Mlle de Montijo, duchesse de Téba, il s'exprima ainsi :

Messieurs,

Je me rends aux vœux si souvent manifestés par le pays, en venant vous annoncer mon mariage. L'union que je contracte n'est pas d'accord avec les traditions de l'ancienne politique, c'est là son avantage. La France par ses révolutions successives s'est toujours brusquement séparée du reste de l'Europe. Tout Gouvernement sensé doit chercher à la faire rentrer dans le giron des vieilles monarchies; mais le résultat sera bien plus sérieusement atteint par une politique droite et franche, par la loyauté des transactions que par des alliances royales qui créent de fausses sécurités en substituant souvent l'intérêt de la famille à l'intérêt national. D'ailleurs, les exemples du passé ont laissé dans l'esprit du peuple des croyances superstitieuses; il n'a pas oublié que depuis cinquante ans les princesses étrangères n'ont monté les degrés du trône que pour voir leurs races dispersées ou proscrites par la guerre ou par la révolution.

Une seule femme a semblé porter bonheur et vivre plus que les autres dans le souvenir du peuple, et cette femme, épouse modeste et bonne du général Bonaparte, n'était pas issue d'un sang royal.

Il faut cependant le reconnaître, en 1810, le mariage de

Napoléon Ier avec Marie-Louise fut un grand évènement;
c'était un gage pour l'avenir, une véritable satisfaction pour
l'orgueil national, puisqu'on voyait l'antique et illustre maison d'Autriche, qui nous avait fait si longtemps la guerre,
briguer l'alliance du chef élu d'un nouvel Empire. Sous le
dernier règne, au contraire, l'amour-propre du pays n'a t-il
pas eu à souffrir, lorsque l'héritier de la couronne sollicitait
infructueusement, pendant plusieurs années, l'alliance d'une
maison souveraine et obtenait enfin une princesse, accomplie
sans doute, mais seulement dans des rangs secondaires, et
dans une autre religion? Quand, en face de la vieille Europe,
on est porté par la force d'un nouveau principe à la hauteur
des anciennes dynasties, ce n'est pas en vieillissant son blason et en cherchant à l'introduire à tout prix dans les familles des rois, qu'on se fait accepter; c'est bien plutôt en
se souvenant toujours de son origine, en conservant son caractère propre et en prenant franchement vis-à-vis de l'Europe la position de parvenu, titre glorieux, lorsqu'on par-
vient par le libre suffrage d'un grand peuple. Ainsi obligé
de s'écarter des précédents suivis jusqu'à ce jour, mon mariage n'était plus qu'une affaire privée. Il restait seulement
le choix de la personne. Celle qui est devenue l'objet de ma
préférence est d'une naissance élevée, française par le cœur,
par l'éducation, par le souvenir du sang que versa son père
pour la cause de l'Empire. Elle a, comme espagnole, l'avantage de ne pas avoir en France de famille à laquelle il faille
donner honneurs et dignités. Douée de toutes les qualités
de l'âme, elle sera l'ornement du trône, comme au jour du
danger elle deviendrait un de ses courageux appuis ; catholique et pieuse, elle adressera au ciel les mêmes prières que
moi pour le bonheur de la France; gracieuse et bonne, elle
fera revivre dans la même position, j'en ai le ferme espoir,
les vertus de l'Impératrice Joséphine.

Je viens donc, Messieurs, dire à la France : j'ai préféré

une femme que j'aime et que je respecte, à une femme inconnue, dont l'alliance eût eu des avantages mêlés de sacrifices; sans témoigner de dédains pour personne, je cède à mon penchant, mais après avoir consulté ma raison et mes convictions.

Enfin, en plaçant l'indépendance, les qualités de cœur, le bonheur de famille, au-dessus des préjugés dynastiques et des calculs de l'ambition, je ne serai pas moins fort, puisque je serai libre.

Bientôt, en me rendant à Notre-Dame, je présenterai l'Impératrice au peuple et à l'armée; la confiance qu'ils ont en moi assure leur sympathie à celle que j'ai choisie, et vous, Messieurs, en apprenant à la connaître, vous serez convaincus que, cette fois encore, j'ai été inspiré par la Providence.

Quelques jours après cette union fortunée, l'organe le plus accrédité de la pensée publique à Madrid, faisait ainsi connaître la famille de S. M. l'Impératrice des Français:

Plusieurs de ses ancêtres ont ceint le diadème. La grandesse d'Espagne, à laquelle appartient doña Maria-Eugénia de Guzman y Porto-Carrero, s'est toujours maintenue, non seulement dans la Péninsule, mais en dehors, au premier rang de la noblesse, et les grands d'Espagne se regardent comme les descendants des anciens *ricos hombres* de Castille, qui avaient le droit de traiter d'égal à égal avec le roi, dont ils s'intitulaient les cousins; et les rois épousèrent souvent des femmes de cette classe. Au reste, il est bien reconnu que la reine Isabelle la Catholique fut sur le point d'épouser le grand-maître d'un de nos ordres militaires. La conscience de leur haute dignité était telle qu'à l'époque de Charles V plusieurs ricos hombres refusèrent de recevoir la Toison-d'Or, disant qu'ils ne voulaient pas d'autres décorations que les croix d'Espagne, rouges et vertes, avec lesquelles leurs ancêtres avaient chassé les Maures. A Vienne, comme à Rome, on a vu ces hommes conserver leur rang et ne céder la préséance qu'aux rois.

Dona Maria de Guzman y Porto-Carrero est trois fois grande d'Espagne, par le titre de Teba, qui est le premier, et par ceux de Banos y di Mora. Les autres désignations, selon le *Guide officiel de* 1852, sont les suivants: Marquise d'Ardales di Osera di Moya, comtesse di Ablitas y de Santa Cruz de la Sierra, et vicomtesse de la Calzada. Le nom de Guzman est illustre dans l'histoire, ou, pour mieux dire, est de célébrité européenne. C'était le nom du Brutus espagnol du moyen-âge. Assiégé dans la ville de Tarifa par les Maures, qui le menaçaient de faire périr son fils, s'il ne rendait pas la place, pour toute réponse, il leur jeta par-dessus les murs de la ville son épée.

Si l'épouse de Louis-Napoléon a besoin, un jour, de montrer le courage des Porcia et des Cratesilas, elle n'aura qu'à prendre des exemples dans sa propre famille. Le titre de Porto-Carrero n'est pas moins illustre dans notre histoire. Les Flandres, l'Italie et la France ont vu des personnages qui ont dignement porté ce nom qui a été illustré aussi par des cardinaux et des prélats.

La comtesse de Teba est fille des comtes de Montijo. Son oncle s'est distingué, comme général, au commencement de ce siècle; et à la mort de son père, il y a peu d'années, elle a reçu en partage quatre *condados*, trois *marquesa* et un *vicondados*, qui forment ses titres actuels. Il faut remarquer que, même quand un duc occupe au palais un poste supérieur, les titres de grandesse sont considérés, parmi nous, comme plus élevés et plus respectables. Presque tous nos ducs furent d'abord comtes; et il existe des familles qui tiennent à honneur de n'avoir jamais pris d'autres titres.

Comme nous nous sommes entretenus longuement sur les titres héraldiques, nous voulons, en finissant, satisfaire la curiosité des généalogistes allemands qui doivent être à la recherche des moyens de constater les quartiers de noblesse de la jeune Impératrice.

COMTES DE MONTIJO.

Le premier fut le comte don Juan Porto-Carrero, créé, selon les uns par Philippe IV, selon d'autres par Philippe III. Le titre de grandesse fut donné à don Cristobal Porto-Carrero, quatrième comte, par le roi Charles II en 1691. Cette célèbre famille vient de sang royal, et, selon nos chroniqueurs, s'est glorieusement illustrée dans la guerre et dans la politique comme dans la magistrature. Ses membres ont, entre autres titres, ceux de grand maréchal de Castille, alcades majeurs de Séville, alcades perpétuels de la Alcazaba de Cadix, et capitaines principaux de los cien continuos hijos de la casa de Castilla.

COMTES DE TEBA.

D. Diego Ramirez de Guzman reçut des rois catholiques ce titre, qui est le premier de la maison de Montijo. Il se distingua dans les guerres de son temps ; il appartient à la grandesse d'Espagne.

MARQUIS D'ARDALÈS.

Ce titre fut donné pour la première fois à D. Luis de Guzman, 2e comte de Teba. Ribarola, dans son histoire de la monarchie espagnole, parle de la noblesse de ce personnage.

MARQUIS D'OSERA.

D. Juan de Villalpando Arino y Funes reçut ce titre. Les chroniqueurs Garcia et Trincado en font mention.

MARQUIS DE MOYA.

D. Andres de Cabrera, majordome du roi D. Enrique IV et commandeur de Montemolin, fut le premier marquis de Moya, titre donné par les rois catholiques en 1480. Haro, Ascaer, Garibay, Trelles et Ribarola en parlent.

COMTES D'ABLITAS.

Ce titre fut donné en 1652 par Philippe IV à D. Gaspar Enrique de la Cana.

COMTES DE BANOS.

Si l'historien Bérin ne s'est pas trompé dans ses recherches héraldiques, ce titre fut d'abord donné par Philippe III. Cette famille était issue de sang royal, à plusieurs titrés, selon le même écrivain. A ce titre est venue s'ajouter la grandesse d'Espagne, dès l'année 1692.

COMTES DE MORA.

Don Francisco de Rojas y Guevara reçut ce titre du roi Philippe III en 1615, et la grandesse dès 1613.

COMTES DE SANTA-CRUZ DE LA SIERRA.

Le premier comte fut Baltasar de Chaves y Mendôza en 1635. Salazar et Pellicer donnent la généalogie de cette famille.

VICOMTES DE LA CALZADA.

Philippe IV donna ce titre en 1630 à D. Baltasar de Chaves, dont nous venons de parler.

Ceux qui voudront en savoir plus long n'auront qu'à consulter l'histoire de notre pays. A chaque page ils trouveront des traits illustres des familles Guzman, Porto-Carrero, Roya, Enrique y la Corda. Ce qui vient d'être lu suffit pour placer au premier rang la famille de Montijo, qui n'est inférieure qu'aux familles royales, en Espagne ou ailleurs.

La nouvelle Impératrice a bien d'autres titres qui la rendent déjà digne de la haute position où elle a été appelée : elle est jeune, belle, vertueuse, pleine de grâces et d'esprit; il n'est donc pas étonnant que l'Empereur Louis-Napoléon, s'étant rencontré avec elle, ait été épris de ses charmes, et ait voulu l'associer à ses hautes destinées. Peut-être, s'est-il rappelé, au milieu de ses douces illusions, ces mots de Malésherbes :

> C'est à l'Espagne de produire des reines,
> Comme à la France de produire des rois.

La même feuille ajoutait :

« Le mariage que l'Empereur des Français vient de contracter avec notre belle et gracieuse compatriote, la comtesse de Teba, est un évènement d'une importance telle, que l'attention publique devait naturellement s'en occuper, surtout à cause des conséquences qui peuvent en résulter. Les hommes politiques les plus habiles reconnaissent dans cet évènement tout un système de politique extérieure, qui se développe avec non moins d'énergie que de dignité.

» Le neveu de celui qui fut si mal traité par les souverains n'a pas voulu recevoir la main d'une princesse royale comme une faveur accordée avec dédain ou à contre-cœur. Fidèle à ses instincts démocratiques, si généralement répandus en France, Napoléon III a su s'en prévaloir habilement, en même temps que, comme un véritable chrétien, il a voulu assurer son bonheur domestique. Il s'est placé sans hésiter au-dessus des habitudes ou des préjugés des races souveraines. Le titre qu'il tient du suffrage universel, il le regarde avec raison comme sa plus grande gloire.

» Une Impératrice des Français, alliée aux familles les plus illustres de la Castille, une Impératrice possédant déjà les titres les plus glorieux dont l'histoire de notre monarchie fasse mention, doit exciter une vive sympathie dans toutes les classes de ce pays, et l'amitié d'un peuple aussi brave, aussi chevaleresque que le nôtre, sera toujours acquise désormais au nouvel Empereur. »

Le mariage de Leurs Majestés eut lieu le 30 janvier 1853, avec une pompe magnifique à l'église Notre-Dame de Paris, où Mgr l'archevêque officiait.

Depuis cette date touchante, les pauvres ont eu une providence de plus, et Leurs Majestés l'Impératrice Joséphine et la Reine Hortense revivent dans l'inépuisable bonté généreuse et la suprême beauté de S. M. l'Impératrice Eugénie.

Père du peuple, l'Empereur,
Envoyé de Dieu vers la France,
Est venu calmer sa souffrance,
Et garder son antique honneur !

Du malheureux l'Impératrice
Est le doux refuge et l'espoir,
C'est une auguste protectrice,
Elle fait bénir le pouvoir !

SIGNES DISTINCTIFS

DE LA NOBLESSE DE L'EMPIRE.

ORNEMENTS EXTÉRIEURS.

Princes grands dignitaires.

Toque de velours noir, retroussée de vair, avec porte-aigrette d'or, surmontée de sept plumes et accompagnée de six lambrequins d'or, le tout entouré d'un manteau d'azur semé d'abeilles d'or, doublé d'hermine, sommé d'un bonnet d'honneur, forme électorale, à calotte d'azur, retroussée d'hermine, chef d'azur semé d'abeilles d'or. (fig. 150.)

Ducs.

Toque de velours noir, retroussée d'hermine, avec porte-aigrette d'or, surmontée de sept plumes, accompagnée de six lambrequins d'or, le tout entouré d'un manteau doublé de vair, chef de gueules semé d'étoiles d'argent. (fig. 151.)

Comtes Sénateurs.

Toque de velours noir, retroussée de contre-hermine, avec porte-aigrette or et argent, surmontée de cinq plumes, accompagnée de quatre lambrequins, les deux supérieurs en or et les deux autres en argent; franc-quartier à dextre d'azur, à un miroir d'or en pal, après lequel se tortille et se mire un serpent d'argent. (fig. 152.)

Comtes Archevêques.

Toque de velours noir, retroussée de contre-hermine, avec porte-aigrette or et argent, surmontée de cinq plumes, accompagnée de quatre lambrequins, les deux supérieurs en or, et les deux autres en argent, surmontés d'un chapeau rouge à larges bords, avec des cordons de soie de même couleur, entrelacés l'un dans l'autre, pendants aux deux côtés de l'écu, et terminés par cinq houppes chacun (1, 2, 3, 4, 5, comme dans l'ancien blason) ; franc-quartier à dextre d'azur, à la croix patée d'or. (fig. 154.)

Comtes Militaires.

Toque de velours noir, retroussée de contre-hermine, avec porte-aigrette or et argent, surmontée de cinq plumes, accompagnée de quatre lambrequins ; les deux supérieurs en or, et les deux autres en argent ; franc-quartier à dextre d'azur, à l'épée haute en pal d'argent, montée d'or. (fig. 153.)

Barons Militaires.

Toque de velours noir, retroussée de contre-vair, avec porte-aigrette en argent, surmontée de trois plumes, accompagnée de deux lambrequins d'argent ; franc-quartier à sénestre de gueules, à l'épée haute en pal d'argent. (fig. 156.)

Barons Evêques.

Toque de velours noir, retroussée de contre-vair, avec porte-aigrette en argent, surmontée de trois plumes, accompagnée de deux lambrequins d'argent, surmontée d'un chapeau vert, à larges bords, avec des cordons de soie de même couleur, entrelacés l'un dans l'autre, pendants aux deux côtés de l'écu et terminés par quatre houppes chacun (1, 2, 3, 4) ; franc-quartier à sénestre de gueules, à la croix alaisée d'or. (fig. 155.)

Chevaliers.

Toque de velours noir, retroussée de sinople, surmontée d'une aigrette d'argent, pal de gueules, chargé du signe de chevalier légionnaire. (fig. 157.)

Bonnes Villes.

PREMIER ORDRE. — Couronne murale à sept créneaux d'or, sommée d'une aigle naissante pour cimier, traversée d'un caducée auquel sont suspendues deux guirlandes, l'une à dextre de chêne, l'autre à sénestre d'olivier, le tout d'or, nouées, attachées par des bandelettes de gueules, chef de gueules à trois abeilles d'or posées en face. (fig. 158.)

SECOND ORDRE. — Couronne murale à cinq créneaux d'argent pour cimier, traversée d'un caducée contourné du même, auquel sont suspendues deux guirlandes, l'une à dextre d'olivier, l'autre à sénestre de chêne, aussi d'argent, nouées et attachées par des bandelettes d'azur ; franc-quartier à dextre d'azur, à une N d'or, surmontée d'une étoile rayonnante du même. (fig. 159.)

TROISIÈME ORDRE. — Corbeille remplie de gerbes d'or pour cimier à laquelle sont suspendues deux guirlandes, l'une à dextre d'olivier, l'autre à sénestre de chêne de sinople, nouées et attachées par des bandelettes de gueules ; franc-quartier à sénestre de gueules à une N d'argent, surmontée d'une étoile rayonnante du même. (fig. 160.)

SIGNES INTÉRIEURS.

————

Comtes.

FRANC-QUARTIER A DEXTRE.

Cte Ministre : d'azur à la tête de lion arrachée d'or. (fig. 161.)

Cte Conseiller d'État : échiqueté d'azur et d'or. (fig. 162.)

Cte Président du Corps législatif : d'azur aux tables de la loi d'or. (fig. 163.)

Cte Officier de la maison de S. M. l'Empereur : d'azur au portique ouvert à deux colonnes surmontées d'un fronton d'or, accompagné des lettres initiales D. A. du même. (fig. 164.)

Cte Ministre employé à l'extérieur : d'azur à la tête de lion arrachée d'argent. (fig. 165.)

Cte Officier des maisons des princes : d'azur au portique ouvert à deux colonnes surmontées d'un fronton d'or, accompagné en cœur des lettres initiales D. J. du même. (fig. 166.)

Cte Préfet : d'azur à la muraille crénelée d'or, surmontée d'une branche de chêne du même. (fig. 167.)

Cte Maire : d'azur à la muraille crénelée d'or. (fig. 168.)

Cte Président du collège électoral : d'azur à trois fusées rangées en fasce d'or. (fig. 169.)

Cte Membre du collège électoral : d'azur à la branche de chêne d'or, posée en bande. (fig. 170.)

Cte Propriétaire : d'azur à l'épi en pal d'or. (fig. 171.)

Barons.

FRANC-QUARTIER A SÉNESTRE.

B. Officier de la maison de S. M. l'Empereur : de gueules, au portique ouvert à deux colonnes surmontées d'un fronton d'argent, accompagné des lettres initiales **D. A.** du même. (fig. 172.)

B. Ministre employé à l'extérieur : de gueules à la tête de lion arrachée d'argent. (fig. 173.)

B. Officier des maisons des princes : de gueules au portique ouvert à deux colonnes surmontées d'un fronton d'argent, accompagné en cœur des lettres initiales **D. J.** du même. (fig. 174.)

B. Tiré du Conseil d'Etat : échiqueté de gueules et d'or. (fig. 175.)

B. Préfet : de gueules à la muraille crénelée d'argent, surmontée d'une branche de chêne du même. (fig. 176.)

B. Sous-Préfet : de gueules à la muraille non crénelée d'argent, surmontée d'une branche d'olivier du même. (fig. 177.)

B. Maire : de gueules à la muraille crénelée d'argent. (fig. 178.)

B. Président et procureurs généraux de la Cour de cassation : de gueule à la balance d'argent. (fig. 179.)

B. Présidents et procureurs généraux des Cours impériales : de gueules à la toque de sable retroussée d'hermine. (fig. 180.)

B. Officier de santé attaché aux armées : de gueules à l'épée en barre, la pointe basse. (fig. 181.)

B. Président de collège électoral : de gueules à trois fusées rangées en fasce d'argent. (fig. 182.)

B. Membre de collège électoral : de gueules à la branche de chêne d'argent, posée en bande. (fig. 183.)

B. Tiré des corps savants : de gueules à la palme d'argent posée en bande. (fig. 184.)

B. Propriétaire : de gueules à l'épi en pal d'argent fig. 185.)

Chevaliers.

Ils portent la croix de la Légion-d'Honneur sur une des pièces honorables du blason. (fig. 186 à 197.)

EXTRAIT DE L'ARMORIAL DE L'EMPIRE FRANÇAIS.

S. M. l'Empereur.

NAPOLÉON Ier, Empereur des Français, roi d'Italie, protecteur de la confédération du Rhin, médiateur de la confédération suisse.

NAPOLÉON II, Empereur des Français, régulièrement proclamé.

NAPOLÉON III, Empereur des Français, proclamé par 8,000,000 de suffrages le 2 décembre 1852.

Armoiries : d'azur à l'aigle d'or empiétant un foudre du même. (fig. 136.)

S. M. l'Impératrice Marie-Louise.

MARIE-LOUISE, archiduchesse d'Autriche, impératrice des Français et reine d'Italie.

Armoiries : accolé de France et d'Autriche, qui est parti de deux traits; au premier d'or au lion de gueules; au deuxième de gueules à la fasce d'argent; au troisième d'or à la bande de gueules, chargée de trois alérions d'argent. (fig. 137.)

Le Roi de Rome.

NAPOLÉON, François-Charles-Joseph, prince impérial, roi de Rome.

Armoiries : d'azur à l'aigle d'or empiétant un foudre du même. (fig. 138.)

MADAME, MÈRE de l'Empereur Napoléon Ier. (fig. 139.)

L'IMPÉRATRICE JOSÉPHINE. (fig. 140.)

Archichancelier.

CAMBACÉRÈS ; archichancelier de l'Empire, grand aigle de la Légion-d'Honneur, duc de Parme.

Armoiries : d'or dextrochère au naturel, paré de gueules, rebrassé d'hermine, mouvant de sénestre, chargé des tables de la loi de sable ; le tout accompagné de trois losanges du même. Chef de grand dignitaire. (fig. 142.)

Architrésorier.

LEBRUN, architrésorier de l'Empire, grand aigle de la Légion-d'Honneur, duc de Plaisance.

Armoiries : de sable à la louve arrêtée d'or, surmontée de deux billettes d'argent. Chef de grand dignitaire. (fig. 143.)

Vice-Grand-Electeur.

TALLEYRAND DE PÉRIGORD, vice-grand-électeur, grand-aigle de la Légion-d'Honneur, prince de Bénévent.

Armoiries : parti au premier de gueules, aux trois lions rampants et couronnés d'or ; au deuxième d'or au sanglier passant de sable chargé sur le dos d'une housse d'argent. Chef d'azur à l'aigle d'or, les ailes étendues, empiétant un foudre du même. (fig. 144.)

Vice-Connétable.

BERTHIER, vice-connétable de l'Empire, grand aigle de la Légion-d'Honneur, prince et duc souverain de Neufchâtel, prince de Wagram.

Armoiries : d'or, parti d'un trait, au premier, bras armé d'azur, rehaussé d'or, semé d'abeilles aussi d'or, tenant une épée haute en pal de sable, et chargé d'un bouclier de sable au W d'or, à l'orle du même, entouré de la devise suivante :

COMMILITONI VICTOR CÆSAR.

Chef de prince grand dignitaire ; au deuxième, pal de gueules, chargé de trois chevrons d'argent, chef d'azur à l'aigle d'or, empiétant un foudre du même. (fig. 145.)

Grand Aumônier

FECHS, cardinal, grand aumônier de l'Empire, grand aigle de la Légion-d'Honneur.

Armoiries : d'azur à l'aigle d'or, empiétant un foudre du même, le foudre chargé d'un médaillon ovale d'argent, surchargé d'une F de sable. (fig. 141.)

Grand Maréchal du Palais.

DUROC, grand maréchal du palais, grand aigle de la Légion-d'Honneur, président du collège électoral du département de la Meurthe, grand'croix de l'ordre de la Fidélité de Bade et de l'Aigle noir de Prusse, duc de Frioul.

Armoiries : aux premier et quatrième d'or au château de trois tours donjonnées de gueules, fermées, ajourées et girouettées de sable ; aux deuxième et troisième d'azur au cavalier armé de toutes pièces, tenant de la dextre un sabre nu, le tout d'argent sur le tout de sinople, au rocher d'or mouvant de la pointe, surmonté en chef d'une étoile d'argent. Chef de duc. (fig. 146.)

Grand Chambellan de S. M. l'Empereur.

MONTESQUIOU-FEZENSAC, grand chambellan de S. M. l'Empereur, président du corps législatif, officier de la Légion-d'Honneur, comte de l'Empire.

Blason.   17

Armoiries : d'or, à deux tourteaux de gueules posés en pal, quartier de comte tiré des collèges électoraux. (fig. 147.)

Grand Écuyer.

CAULINCOURT, général de division, grand écuyer de l'Empire, grand aigle de la Légion-d'Honneur, grand cordon des ordres de Saint-Hubert, de la Fidélité de Bade, de la Couronne verte, et de Saint-Joseph; duc de Vicence.

Armoiries : de sable coupé d'or, le coupé d'or chargé d'un sauvage de gueules, appuyé sur une massue de sable et tenant sur le poing dextre un coq du même. Chef de duc. (fig. 148.)

Grand-Maître des Cérémonies.

DE SÉGUR, grand-maître des cérémonies, conseiller d'État à vie, grand aigle de la Légion-d'Honneur, grand croix de l'ordre du Christ du Brésil, et membre de l'Institut de France, comte de l'Empire.

Armoiries : écartelé, au premier, de comte conseiller d'État; aux deuxième et troisième de gueules au lion d'or; au quatrième d'argent. (fig. 149.)

Ducs.

AUGEREAU, *duc de Castiglione :* d'azur au lion passant, lampassé et couronné d'or. Chef de duc. (fig. 198.)

ARRIGHI DE CASA NOVA, *duc de Padoue :* aux premier et quatrième d'argent à la croix treillis d'azur ombrée; aux deuxième et troisième d'or chargés du sphinx égyptien, portant en barre un étendard turc à trois queues de cheval; le tout de sable soutenu de gueules. Chef de duc. (fig. 199.)

BESSIÈRES, *duc d'Istrie :* écartelé, au premier d'azur au lion rampant d'or, lampassé de gueules; au deuxième d'argent à l'épervier essorant de sable ; au troisième d'or à la tour crénelée de trois pièces d'azur, maçonnée, ajourée et ouverte de sable ; au quatrième de gueules au renard passant d'or. Chef de duc. (fig. 200.)

CLARKE, *comte d'Hunebourg, duc de Feltre :* de gueules à trois épées hautes en pal d'argent, montées d'or et rangées en fasce, au chef cousu de duc. (fig. 202.)

D'ALBERT, *duc de l'Empire :* écartelé, aux premier et quatrième d'or à la croix ancrée de gueules ; aux deuxième et troisième d'azur à la forteresse donjonnée de trois tours ; le tout d'argent, ouvert et maçonné de sable, au comble dentelé d'argent. Chef de duc. (fig. 203.)

DAVOUST, *duc d'Auerstaed, prince d'Eckmuhl :* d'or, à deux lions léopardés rampants de gueules, tenant de la patte dextre une lance polonaise de sable, l'un en chef à dextre, et le second contourné en pointe à sénestre, brodure componée or et gueules. Chef de duc brochant sur le tout. (fig. 205.)

FOUCHÉ, *duc d'Otrante :* d'azur à la colonne d'or, accolée d'un serpent du même, semé de cinq mouchetures d'hermine d'argent, deux deux, et une. Franc-quartier de comte ministre, chef de duc brochant sur le franc-quartier. (fig. 206.)

GAUDIN, *duc de Gaète,* ministre des finances : d'or, au pal d'azur chevronné d'or, bordure d'azur semée de besans d'or et d'argent alternatifs. Chef de duc. (fig. 207.)

JUNOT, *duc d'Abrantès :* écartelé, au premier de sable à trois corbeaux et à trois étoiles, le tout d'argent, les corbeaux posés un, deux, les étoiles deux et une ; au deuxième d'azur au palmier d'or, soutenu d'un croissant d'argent ; au troisième d'azur au vaisseau à trois mâts d'or, soutenu d'une mer d'argent ; au quatrième de sable au lion rampant d'or, chargé d'une épée haute d'argent posée en pal. (fig. 208.)

KELLERMANN, *duc de Valmy :* coupé de gueules et d'argent, au chef cousu de gueules et semé d'étoiles d'argent, le gueules chargé d'un croissant versé, d'argent, et l'argent chargé de trois pointes de rocher de sinople, surmontées de trois étoiles de gueules rangées en fasce. (fig. 209.)

LEFÈVRE, *duc de Dantzick :* parti d'azur et d'or, l'azur chargé d'un dextrochère cuirassé d'argent, armé d'une épée d'argent à poignée d'or; l'or à la fasce de sinople, chargée de deux hommes passant menant chacun une femme d'argent accompagnée en chef d'un vol d'aigle de sable, et en pointe d'une croix patée, alaisée du même. Chef de duc. (fig. 210.)

LANNES, *duc de Montebello :* de sinople à l'épée d'or en pal, la poignée en bas; chef de duc. (fig. 211.)

MARMONT (VIESSE DE), *duc de Raguse :* écartelé, aux premier et quatrième d'argent, aux trois bandes de gueules; au deuxième d'or, à l'étendard de gueules bâtonné de sable, posé en bande et chargé d'une croix d'argent; au troisième parti d'azur à la croix de Lorraine d'or et de gueules à l'épée flamboyante d'argent, posée en pal; chef de duc. (fig. 212.)

MARET, *duc de Bassano :* tiercé en pal d'or, de gueules et d'argent, coupé de gueules à la main ailée d'or, écrivant avec une épée d'argent; franc-quartier de comte-ministre, chef de duc brochant sur le quartier; sur le tout d'argent à la colonne de granit, sommée d'une couronne civique de chêne au naturel et accompagnée de deux lions, la queue fourchée, affrontés et contre-rampants de gueules. (fig. 213.)

MONCEY, *duc de Conégliano :* d'azur à une main d'or, ailée d'argent, et tenant une épée haute aussi d'argent; chef de duc. (fig. 214.)

MACDONALD, *duc de Tarente :* écartelé, au premier d'argent au lion de gueules; au deuxième d'or au dextrochère armé de gueules, tenant une croix croisetée haute, du même; au troisième d'or à la galère de sable, matée et voilée du même, au pavillon de gueules; au quatrième de sinople au saumon nageant d'argent; chef de duc. (fig. 215.)

MASSÉNA, *prince d'Essling :* d'or, à la victoire de carnation, ailée, tenant d'une main une palme, et de l'autre une couronne d'olivier de sinople, accompagnée en pointe d'un chien couché de sable ; le tout surmonté du chef de duc. (fig. 216.)

MORTIER, *duc de Trévise* : écartelé, au premier d'or chargé d'une tête de cheval contournée de sable ; au deuxième d'azur, chargé d'un dextrochère d'or, armé d'une épée d'argent, mouvant de sénestre ; au troisième aussi d'azur, le dextrochère de même mouvant de dextre ; au quatrième d'or chargé d'une tête de cheval. Chef de duc. (fig. 217.)

NOMPÈRE DE CHAMPAGNY, *duc de Cadore* : d'azur aux trois chevrons brisés, alaisés et superposés d'or ; franc-quartier de comte-ministre, sur lequel broche le chef de duc. (fig. 218.)

NEY, *duc d'Elchingen (prince de la Moscowa)* : d'or bordé d'azur, en cœur un écu du second à l'orle du champ, accompagné à dextre et à sénestre d'une main armée d'un sabre ; le tout de sable, la main dextre mouvant de sénestre, et la main sénestre mouvant de dextre ; chef de duc. (fig. 219.)

OUDINOT, *duc de Reggio* : de gueules à trois casques tarés de profil d'argent, parti d'argent au lion de gueules, tenant une grenade de sable enflammée de gueules ; chef de duc. (fig. 220.)

RÉGNIER, *duc de Massa di Carrara* : d'hermine, à la fasce de sable, chargée de trois alérions d'or ; chef de duc. (fig. 221.)

SOULT, *duc de Dalmatie* : d'or, chargé d'un écusson de gueules, aux trois têtes de léopard d'or en rencontre, posées deux et une ; chef de duc. (fig. 222.)

SAVARY, *duc de Rovigo* : d'azur, au chevron d'or accosté en chef de deux molettes d'éperon d'argent ; en pointe d'un sabre de cavalerie posé en pal d'argent ; chef de duc. (fig. 223.)

VICTOR, *duc de Bellune* : parti d'azur et d'or ; l'azur au dextrochère gantelé et brassardé d'argent, jointé et paré d'or et armé d'une épée d'argent à poignée d'or ; l'or au lion rampant de sable, à la fasce de gueules brochant sur le lion ; chef de duc. (fig. 224.)

Comtes Ministres.

BIGOT DE PRÉAMNEU, *ministre des cultes, comte de l'Empire:* de sable, à trois têtes de léopard d'or, languées de gueules, posées deux et une; quartier de comte ministre. (fig. 225.)

BACHASSON MONTALIVET, *ministre de l'intérieur, comte de l'Empire :* d'azur au griffon ailé grimpant d'or; quartier do comte ministre. (fig. 226.)

DECRÈS, grand amiral, *ministre de la marine* et des colonies, *comte de l'Empire :* d'azur aux trois croissants d'argent, posés deux et un, une ancre d'or avec son anneau brochant sur le croissant de pointe; quartier de comte ministre. (fig. 227.)

DEJEAN, *ministre directeur de l'administration de la guerre, comte de l'Empire :* d'argent, au griffon essorant de sable, au comble d'azur chargé à sénestre de deux étoiles et d'un croissant d'or, et à dextre du quartier de comte ministre. (fig. 228.)

LAGUÉE, *ministre d'Etat,* gouverneur de l'école Polytechnique, comte de Cessac : de gueules à l'autruche d'argent, portant la tête à gauche de manière qu'elle semble supporter le franc-quartier de comte ministre, prise par un lacet d'or vers le milieu de la jambe droite. (fig. 229.)

MOLLIEN, *ministre du trésor public, comte de l'Empire :* d'azur, à la gerbe d'or, sous le franc-quartier de comte ministre; à sénestre, trois chevrons d'or alaisés et superposés, surmontés de trois étoiles du même posées en fasce. (fig. 230.)

REGNAUD DE SAINT-JEAN-D'ANGELI, *ministre et conseiller d'Etat à vie,* secrétaire de l'état-civil de la famille impériale, *comte de l'Empire :* d'azur, chargé en abîme d'un coq d'argent, ayant la patte droite posée sur un 4 de sable, surmonté en chef d'une étoile d'argent, avec bordure componée or et sable; quartier de comte ministre. (fig. 231.)

Sénateurs (1).

DE BEAUHARNAIS, *comte de l'Empire :* coupé d'argent et parti en chef d'azur et de gueules; l'azur au signe de comte sénateur, le gueule à la tour d'argent alaisée et crénelée, ouverte et maçonnée de sable, surmontée de trois étoiles d'argent posées en comble; l'argent à la fasce de sable, surmontée de trois merlettes de sable allumées d'argent, posées en fasce. (fig. 232.)

BOISSY D'ANGLAS, *comte de l'Empire :* de sable, au chevron d'or abaissé, chef d'argent, chargé à sénestre de deux étoiles d'azur; franc-quartier de comte sénateur. (fig. 233.)

BERTHOLLET, *comte de l'Empire,* quartier du Sénat : au deuxième de gueules à l'ibis d'or : au troisième de gueules au chien d'or triomphant; au quatrième d'azur à l'appareil chimique d'argent. (fig. 234.)

CORNUDET, *comte de l'Empire :* coupé d'azur et de gueules; sur l'azur à dextre, quartier de comte sénateur; à sénestre, lion posé d'or; sur le gueules une fasce d'or. (fig. 235.)

CABANIS, *comte de l'Empire :* d'argent, à la balance soutenue par une verge embrassée d'un serpent, le tout de sable; franc-quartier de comte sénateur. (fig. 236.)

VOLNEY : de sable à deux colonnes ruinées d'or, surmontées d'une hirondelle d'argent; franc-quartier de comte sénateur. (fig. 237.)

CHAPTAL, *comte de l'Empire :* de gueules, à la tour d'or maçonnée de sable, accompagnée de quatre étoiles d'argent, posées en pal, deux à dextre, deux à sénestre, et surmontée en chef à sénestre d'une vigne de sinople fruitée d'or; franc-quartier de comte sénateur. (fig. 238.)

(1) Les limites qui nous sont imposées par la nature même de notre ouvrage, nous obligent à restreindre considérablement la liste armoriale des sénateurs ; nous ne donnerons parmi les armes les plus intéressantes, que celles qui nous sembleront devoir être offertes comme d'utiles exemples pour les prescriptions de notre Code.

DESTUTT TRACY, *comte de l'Empire* : premier quartier de sénateur ; deuxième et troisième d'or au cœur de gueules ; quatrième palé d'or et de sable de six pièces. (fig. 239.)

BOUGAINVILLE, *comte de l'Empire* : d'azur, à une ancre et deux épées croisées d'or, par-dessus un globe terrestre d'argent ; franc-quartier de comte sénateur. (fig. 240.)

DE LACÉPÈDE, *comte de l'Empire* : écartelé, au premier de comte sénateur ; au deuxième de gueules à trois barres d'or, au chef cousu d'azur, chargé de trois étoiles du second ; au troisième bandé d'azur et d'or de six pièces à la bordure de gueules, au franc-canton d'argent ; au quatrième d'or à une bande de gueules chargée de trois alérions d'argent ; sur le tout en abîme d'or à la croix de gueules, au chef de sinople, à la bande d'argent, chargée de trois roses de gueules. (fig. 241.)

DE COSSÉ-BRISSAC, *comte de l'Empire* : de sable, aux trois feuilles de scies d'or posées en fasce ; au chef à sénestre, lion d'argent lampassé de gueules ; franc-quartier de comte sénateur. (fig. 242.)

FAURE DE L'AUDE, *comte de l'Empire* : de gueules, à la bande d'or, deux besans en haut, un en bas du même ; franc-quartier de comte sénateur. (fig. 243.)

FRANÇOIS DE NEUF-CHATEAU, comte de Neuf-Château : de sinople, au cygne d'argent, surmonté de trois épis d'or ; franc-quartier de comte sénateur. (fig. 244.)

GARAT, *comte de l'Empire* : de gueules, à une rivière courante posée en bande d'argent, accompagnée en chef d'une montagne à trois sommets d'or, et en pointe de trois pieds de maïs du même, tigés de sinople ; franc-quartier de comte sénateur. (fig. 245.)

GRÉGOIRE, *comte de l'Empire* : d'argent, à la croix patée de gueules ; franc-quartier de comte sénateur. (fig. 246.)

JACQUEMINOT, *comte de l'Empire* : fond d'or chargé d'une

branche d'oranger de sinople, fleurs d'argent, un fruit au naturel; franc-quartier de comte sénateur. (fig. 247.)

Lanjuinais, *comte de l'Empire* : écartelé, au premier de comte sénateur; au deuxième d'argent à la croix de sinople potencée; au troisième d'argent aux trois mains dextres appaumées de carnation; au quatrième d'azur au lion d'or rampant, tenant par la griffe sénestre une balance d'argent et dans la dextre un frein d'argent, bordure de sable. (fig. 248.)

Lagrange, *comte de l'Empire* : de sable, au triangle équilatéral évidé d'or, surmonté d'une lune d'argent; franc-quartier de comte sénateur. (fig. 249.)

Lejéas, *comte de l'Empire* : de gueules, à un chevron d'or surmonté de deux étoiles à côté l'une de l'autre, d'argent; franc-quartier de comte sénateur. (fig. 250.)

Defay de la Tour-Maubourg, *comte de l'Empire* : de gueules à la cotice d'or chargée en abyme d'une fouine d'azur; franc-quartier de comte sénateur. (fig. 251.)

Monge, *comte de Péluse* : d'or, au palmier de sinople terrassé du même; franc-quartier de comte sénateur. (fig. 252.)

Pastoret, *comte de l'Empire* : d'or à la bande de gueules chargée d'un berger paissant un mouton d'argent. (fig. 253.)

Pérignon, *comte de l'Empire* : d'azur, au bélier passant, contourné d'argent, accorné d'or, la tête sommée d'une croix patriarchale du même; franc-quartier de comte sénateur brochant au neuvième de l'écu. (fig. 254.)

Roger-Ducos, *comte de l'Empire* : d'or, à l'acacia robinier de sinople terrassé de sable, deux étoiles de gueules, l'une sur l'autre, placées à dextre et à sénestre de la cime de l'arbre; franc-quartier de comte sénateur. (fig. 255.)

Rampon, *comte de l'Empire* : de gueules, aux trois pyramides d'or dans le bas; à la redoute d'argent surmontée d'une M d'or dans le haut; franc-quartier de comte sénateur. (fig. 256.)

Roederer, *comte de l'Empire* : écartelé, le premier de comte sénateur; le deuxième de gueules à la tête de lion arrachée et lampassée d'or; le troisième d'argent au saule de sinople arraché; le quatrième d'azur échiqueté d'or. (fig. 257.)

SIÉYÈS, *comte de l'Empire :* d'argent, au pin de sinople terrassé du même, au quartier de comte sénateur à dextre, au canton à sénestre d'azur, chargé d'une tête de Borée cantonnée d'or soufflant d'argent. (fig. 258.)

SERRURIER, *comte de l'Empire :* de gueules au chien lévrier assis d'argent, colleté d'argent; franc-quartier de comte sénateur. (fig. 259.)

TASCHER, *comte de l'Empire :* d'argent, aux trois fasces d'azur chargées chacune de trois sautoirs d'argent; en chef à sénestre deux soleils de gueules; franc-quartier de comte sénateur. (fig. 260.)

VIEN, *comte de l'Empire :* au premier du Sénat; au deuxième de gueules, aux trois étoiles d'argent posées une et deux; au troisième de gueules, à la lampe antique d'or; au quatrième d'azur, au pinceau et porte-crayon d'or placés en sautoir, et au milieu de l'écu, fasce retraite d'or, chargée d'une couronne de sinople attachée avec un ruban de gueules. (fig. 261.)

LAPLACE, *comte de l'Empire :* d'azur, aux deux planètes de Jupiter et Saturne, avec leurs satellites et anneaux placés en ordre naturel, posés en fasce, d'argent; une fleur à cinq branches d'or en chef; franc-quartier de comte sénateur. (fig. 262.

Comte Président du Corps Législatif.

FONTANES, *comte de l'Empire :* de sable, chargé d'une fontaine d'argent sur une terrasse du même; quartier de comte président du Corps législatif. (fig. 263.)

Comte Archevêque.

DE BELLOY, *cardinal, comte de l'Empire :* de gueules à quatre losanges d'argent; placés trois et un; franc-quartier de comte archevêque. (fig. 264.)

Comtes pris dans le Conseil d'État.

BEUGNOT, *comte de l'Empire* : coupé; le premier parti à déxtre du quartier de comte conseiller d'Etat et à sénestre de gueules, au signe de chevalier; le deuxième d'argent au chevron d'or, accompagné de trois grappes de raisin de gueules. (fig. 265.)

CAFFARELLI, *comte de l'Empire* : parti, au premier d'argent, au lion de sable lampassé de gueules; au deuxième, coupé : le premier taillé, le deuxième tranché d'argent et de gueules; le tout surmonté d'un comble d'or; franc-quartier de comte conseiller d'Etat brochant au neuvième de l'écu. (fig. 266.)

CORVETTO, *comte de l'Empire* : échiqueté d'or et de gueules; franc-quartier de comte conseiller d'Etat à la filière d'hermine. (fig. 267.)

DE CASTELLANE, *comte de l'Empire* : parti, au premier de comte pris dans le conseil d'Etat; au deuxième d'or, à trois chabots de gueules en pal, deux et un, coupé de gueules à la tour donjonnée de trois tourelles d'or ouvertes, ajourées et maçonnées de sable. (fig. 268.)

DUCHATEL, *comte de l'Empire* : coupé, au premier d'azur, chargé d'un château donjonné de deux tours d'or girouettées d'argent; au deuxième fascé d'or et de gueules de six pièces, le quartier de comte conseiller d'Etat brochant au neuvième de l'écu. (fig. 269.)

LAVALETTE, *comte de l'Empire* : d'argent à la fasce de sable, chargée de deux épées d'or en sautoir, surmontée en chef à sénestre de trois merlettes de sable, et accompagnée en pointe d'un palmier terrassé de sinople; franc-quartier de comte conseiller d'Etat. (fig. 270.)

PORTALIS, *chevalier et comte de l'Empire* : parti, au premier d'azur, à la fasce cousue de gueules, au signe de chevalier, accompagnée en pointe d'une tour ouverte, crénelée de trois pièces échiquetées de sable et d'argent, au quartier de comte conseiller d'Etat brochant au neuvième de l'écu; au second écartelé; au premier d'argent à la fasce de gueules, au second aussi d'argent,à sept billettes d'azur; au troisième d'azur; à la chausse-trappe évidée d'or; au quatrième d'argent, au mur de sable maçonné d'or, crénelé de trois pièces. (fig. 271.)

PELET (de la Lozère), *comte de l'Empire* : d'azur à trois bandes d'or, au lion d'argent lampassé de même, rampant sur la bande inférieure, bordure de sinople; franc-quartier de comte conseiller d'Etat. (fig. 272.)

REGNIER, *comte de Gronau* : parti, au premier de comte pris dans le conseil d'Etat, coupé de gueules semé d'étoiles d'argent sans nombre; au deuxième écartelé; au premier d'argent, au lion rampant de gueules; au deuxième d'or, au dextrochère armé de gueules, tenant une croix croisetée, haussée au pied fiché du même; au troisième d'or, à la galère antique de sable, mâtée et voilée du même, portant flamme et pavillon de gueules; au quatrième de sinople, au saumon en fasce d'argent sur le tout, d'hermine à la fasce de sable chargée de trois alérions d'or. (fig. 273.)

THIBAUDEAU, *comte de l'Empire:* de gueules; à la colonne d'or accolée d'un lion d'argent, armé et lampassé de sable; franc-quartier de comte conseiller d'Etat. (fig. 274.)

BERLIER, *comte de l'Empire* : écu, parti de sable et d'argent; sur le sable à dextre, bélier d'argent; à sénestre, mât de pourpre; franc-quartier de comte conseiller d'Etat. (fig. 275.)

DARU, *comte de l'Empire* : écartelé; au premier de comte conseiller d'Etat; au deuxième d'azur, au rocher d'argent, mouvant de la pointe et surmonté d'un comble de gueules à trois étoiles en fasce d'or; au troisième d'argent, au chêne de sinople, terrassé du même; au quatrième d'azur, au chevron d'or, accompagné en chef de deux étoiles, et en pointe d'une ancre bouclée; le tout d'argent. (fig. 276.)

GASSENDY, *comte de l'Empire* : d'azur, semé d'étoiles d'argent sans nombre ; franc-quartier de comté conseiller d'Etat brochant sur le tout. (fig. 277.)

MOLÉ, *comté de l'Empire* : écartelé, aux premier et quatrième de gueules, au chevron d'or, accompagné en chef de deux étoiles d'or, et en pointe d'un croissant du même ; aux second et troisième d'argent, au lion de sable, armé et lampassé d'or ; le franc-quartier de comte conseiller d'Etat, brochant sur le premier au neuvième de l'écu. (fig. 278.)

MERLIN, *comte de l'Empire* : d'hermine, mantelé d'azur ; franc-quartier de comte conseiller d'Etat. (fig. 279.)

Comtes tirés de l'Armée.

BROUSSIER, *comte de l'Empire* : coupé, au premier parti d'azur, au signe de comté tiré de l'armée, et d'or à la fasce d'azur, chargée de trois étoiles d'or, et accompagnée en chef et en pointe d'une molette de sable ; au deuxième de sinople au chevron d'or, accompagné en pointe d'un lion léopardé du même. (fig. 280.)

CAFFARELLI, *comte de l'Empire* : écartelé, le premier de comte militaire ; le deuxième taillé d'argent et de gueules ; le troisième d'argent, au lion rampant de sable ; le quatrième tranché d'argent et de gueules. (fig. 281.)

DANTHOUARS, *comte de l'Empire* : écartelé, au premier de comte militaire ; au deuxième de gueules, coupé d'azur à trois roses d'or ; au troisième d'or, à la pyramide de sable, surmontée d'une étoile d'azur ; au quatrième aussi d'or, à trois écrevisses de gueules en pal rangées en fasce. (fig. 282.)

GOUVION-SAINT-CYR, *comte de l'Empire* : coupé, le premier parti à dextre de comte militaire à la filière d'argent ; à sénestre d'azur à l'étoile d'or, au second de sable. (fig. 283.)

GRENIER, *comte de l'Empire* : coupé, au premier parti à dextre de comte tiré de l'armée, à sénestre d'argent, à la forteresse de trois tours de sable, soutenue d'un rocher du même; au deuxième de gueules au chevron d'argent accompagné en cœur d'un lion rampant d'or, au comble du même chargé de quatre glands de sinople en fasce. (fig. 284.)

HEUDELET, *comte de l'Empire* : d'argent, à cinq coticés d'azur tréflées d'or; franc-quartier de comte militaire brochant sur le tout. (fig. 285.)

DUMAS (MATHIEU), *comte de l'Empire* : coupé, le premier parti de comte tiré de l'armée, et de sable, au fer de cheval d'argent cloûté du champ; au deuxième d'azur à deux massues en sautoir d'or. (fig. 286.)

BERTHIER (CÉSAR), *comte de l'Empire* : écartelé, au premier de comte tiré de l'armée; au deuxième de gueules au lion d'or, chargé d'une barre d'argent à trois têtes de Maures de sable; au troisième de gueules, à la couronne de feuillage d'or, chargée d'une hache en barre d'argent, et adextrée en chef d'une étoile du même; au quatrième d'azur, au pal d'argent, chevronné de trois pièces de sable. (fig. 287.)

BERTRAND, *comte de l'Empire* : écartelé, au premier de comte militaire; au deuxième d'or, à l'ombre du soleil rayonnant d'azur; au troisième d'or, au palmier de sinople, issant de la pointe, et fruité du champ, trois à dextre, trois à sénestre posés deux et un; au quatrième d'azur, au créquier d'or issant de la pointe. (fig. 288.)

DELASALLE, *comte de l'Empire* : d'argent à la barre d'azur, alaisée à la moitié de l'écu, chargée de trois têtes de lion coupées d'or, et accompagnée en pointe d'un cheval effrayé et contourné de sable, porté sur une lance brisée de gueules, ferrée d'azur pointant à sénestre; quartier de comte sorti de l'armée, brochant sur l'extrémité de la barre. (fig. 289.)

DE GIRARDIN, *comte de l'Empire* : écartelé, au premier fascé de gueules et d'hermine, de six pièces; aux deuxième et troisième d'argent, à trois têtes de gérardines, deux et une, de sable; au quatrième d'hermine, au sautoir ondé de gueules, chargé en abyme d'une étoile d'or; franc-quartier de comte tiré de l'armée, brochant au neuvième de l'écu. (fig. 290.)

GROUCHY, *comte de l'Empire :* d'or, fretté de six pièces d'azur, à l'écusson d'argent, chargé de trois trèfles de sinople, deux et un; franc-quartier de comte tiré de l'armée. (fig. 291.)

MOLITOR, *comte de l'Empire :* de gueules, à la colonne d'or, adextrée et sénestrée d'une épée en pal d'argent, à la garde d'or, surmontée de cinq branches de laurier formant l'étoile de sinople; franc-quartier de comte tiré de l'armée. (fig. 292.)

MOUTON, *comte de Lobau :* écartelé, au premier de comte tiré de l'armée; au deuxième de gueules, au mouton heurtant d'argent; au troisième de gueules, au pal d'or chevronné de trois pièces de sable; au quatrième d'azur, à l'édifice carré long, qui est le magasin des vivres d'Essling, à trois étages d'argent, ouverts et ajourés de trois rangs de fenêtres de sable, mouvant du flanc sénestre incendié par des flammes de gueules, et soutenu de sinople accosté à dextre d'une bombe de sable allumée de gueules, et accompagnée en pointe de deux autres bombes du même, posées en barre sur la terrasse de sinople. (fig. 293.)

MARCHAND, *comte de l'Empire :* écartelé, au premier de comte militaire, aux deuxième et troisième d'hermine; au quatrième d'azur, aux trois épis de seigle d'or rangés en fasce, posés en pal. (fig. 294.)

Comtes officiers de la maison de l'Empereur.

DE BEAUVAU CRAON, *comte de l'Empire :* d'argent cantonné de quatre lions rampants de gueules; franc-quartier de comte officier de la maison de S. M. l'Empereur. (fig. 295.)

DE LAS CASES, *baron et comte de l'Empire :* d'or, chargé d'une bande d'azur à la bordure de gueules; franc-quartier de comte officier de la maison de S. M. l'Empereur. (fig. 296.)

DE NICOLAY, *comte de l'Empire* : d'azur, au lévrier courant d'argent accolé de gueules et bouclé d'or ; franc-quartier de comte officier de la maison de S. M. l'Empereur. (fig. 297.)

DE BÉARN, *comte de l'Empire* : écartelé, aux premier et quatrième d'or chargés de trois corneilles, deux et une de sable, becquées et membrées de gueules ; aux deuxième et troisième d'or, chargé de deux vaches passant l'une sur l'autre, de gueules, accornées, accolées et clarinées d'azur ; franc-quartier de comte officier de la maison de S. M. l'Empereur, brochant au neuvième de l'écu. (fig. 298.)

DE CHOISEUL-PRASLIN, *comte de l'Empire* : d'azur, à la croix d'or cantonnée en chef à dextre et à sénestre de cinq billettes en sautoir, et en pointe à dextre et à sénestre de quatre billettes, deux et deux, le tout d'or ombré de gueules : franc-quartier de comte officier de la maison de S. M. l'Empereur. (fig. 300.)

Comte Président du collège électoral.

DE RÉMUSAT, *comte de l'Empire* : parti d'un filet d'argent, adextré de gueules au chevron d'or, accompagné en chef de deux étoiles à six rais du même, et en pointe d'une hure de sanglier de sable défendue d'argent : le tout surmonté à dextre du quartier de comte président de collège électoral, qui est d'azur aux trois fusées d'or posées en fasce ; sénestré aussi de gueules aux trois pigeons essorés d'argent, deux et un ; les deux supérieurs affrontés (fig. 301.)

Barons tirés de l'Armée.

BACHELU, *baron de l'Empire* : écartelé, au premier contre-écartelé, denché d'argent et de gueules ; au deuxième de baron tiré de l'armée ; au troisième parti au premier d'argent au chevron de gueules, accompagné de trois mains appaumées du même, deux en chef et une en pointe ; au deuxième de gueules à trois feuilles de chêne posées deux et une; au quatrième coupé; au premier écartelé d'argent et de gueules; au deuxième fascé d'or et d'azur à quatre pièces. (fig. 302.)

BOYÉ, *baron d'Abaumont :* écartelé, le premier d'argent au casque d'azur, les crins de sable; le deuxième de baron sorti de l'armée; le troisième d'azur, au pont de trois arches d'argent terrassé de sable et surmonté des trois étoiles d'argent; le quatrième d'or, au cheval cabré de sable. (fig. 303.)

CAMBRONNE, *baron de l'Empire :* d'azur, au lion d'or en abyme, à l'orle de dix grenades d'argent, allumées du même; franc-quartier de baron militaire. (fig. 304.)

DAUMESNIL, *baron de l'Empire :* coupé, le premier parti de sinople au cor de chasse d'or, et de gueules au signe de baron tiré de l'armée; le deuxième d'azur, au trophée de sept drapeaux et deux fusils avec baïonnettes d'argent, soutenus de deux tubes de canon du même. (fig. 305.)

LAMETH, *baron de l'Empire :* écartelé, aux premier et quatrième de gueules, à la bande d'argent accompagnée de six croix, croisetées du même, posée en orle; au deuxième d'or, à trois maillets de sinople; au troisième freté de gueules au canton d'or; franc-quartier de baron militaire. (fig. 306.)

FORBIN, *baron de l'Empire :* d'or, au chevron d'azur, accompagné de trois têtes de léopard de gueules; franc-quartier de baron militaire. (fig. 307.)

LAFFITE, *baron de l'Empire :* coupé, le premier parti, d'or, à trois hiboux de sable, perchés sur une branche d'olivier de sinople, et de gueules au signe de baron tiré de l'armée; au deuxième d'azur, au palmier terrassé d'or, fruité de gueules. (fig. 308.)

DE LA BOURDONNAIE, *baron de l'Empire :* d'azur à trois croissants, deux et un d'or, surmontés de trois étoiles du même, posées en chef, rangées en fasce; franc-quartier de baron militaire brochant sur le tout. (fig. 309.)

LANNES (ERNEST), *baron de l'Empire :* de sinople à l'épée

haute en pal d'or; franc-quartier de baron tiré de l'armée.
(fig. 310.)

LANNES (OLIVIER GUSTAVE), *baron de l'Empire :* de sinople
à l'épée haute en pal d'or, brisée d'un chevron alaisé d'argent, placé au-dessus de l'épée; au deuxième point en chef;
franc-quartier de baron tiré de l'armée. (fig. 311.)

MICHEL, *baron de l'Empire :* d'azur, aux deux mains appaumées posées en fasce, celle à dextre d'or, celle à sénestre de pourpre; quartier de baron sorti de l'armée. (fig. 312.)

MOUTON DUVERNET, *baron de l'Empire :* d'azur, au mouton
couché d'argent, sous un oranger au naturel, freté d'or,
terrassé de sinople; quartier de baron militaire. (fig. 313.)

CLAUSEL, *baron de l'Empire :* écartelé, au premier d'azur,
à trois étoiles, une et deux d'argent; au deuxième des barons
tirés de l'armée; au troisième d'azur, à deux chevrons d'or
l'un sur l'autre, accompagnés de trois mains appaumées d'argent, deux en chef, une en pointe; au quatrième d'or à trois
crabes de gueules. (fig. 314.)

DROUOT, *baron de l'Empire :* coupé, au premier parti d'azur et de gueules, l'azur à la croix fleuronnée d'or, le gueules
au signe des barons tirés de l'armée; au deuxième d'or, au
chevron de gueules soutenu d'une pile de boulets de sable,
posés un, deux, trois. (fig. 315.)

DEMARÇAY, *baron de l'Empire :* écartelé, au premier d'argent à la pyramide de sable; au deuxième de baron militaire; au troisième d'azur, à la tour crénelée d'or, ouverte et
maçonnée de sable; au quatrième d'or, au bélier posé de
fasce, et attaché de sable. (fig. 316.)

DESAIX, *baron de l'Empire :* écartelé, au premier d'argent,
à la bande de gueules chargée de trois coquilles d'argent;
au deuxième franc-quartier de baron militaire; lequel franc-
quartier est accordé comme souvenir des services militaires
du feu général Desaix; au troisième d'argent, au lion ram-

pant de gueules; au quatrième d'azur, aux trois pyramides d'or terrassées du même. (fig. 317.)

DESAIX (LOUIS-AMABLE), *baron de l'Empire :* écartelé, le premier d'argent, à la bande de gueules chargée de trois coquilles d'argent; le deuxième au franc-quartier de gueules, à l'épée de sable montée d'argent, lequel franc-quartier est accordé comme souvenir des services militaires du feu général Desaix; au troisième d'argent, au lion rampant de gueules; au quatrième d'azur, aux trois pyramides d'or terrassées du même. (fig. 318.)

FOY, *baron de l'Empire :* d'azur, semé d'étoiles d'argent, à la barre du même, chargée de trois tourteaux de sable; franc-quartier des barons tirés de l'armée. (fig. 319.)

GARREAU, *baron de l'Empire :* coupé, au premier parti à dextre d'azur, au lévrier passant d'or, surmonté de trois étoiles, deux et une d'argent, à sénestre des barons tirés de l'armée; aux deuxième d'or, au chevron de gueules accompagné en chef de deux molettes, et en pointe d'un fer de javelot à l'antique de sable. (fig. 320.)

HAXO, *baron de l'Empire :* d'azur, à la tour crénelée de cinq pièces d'or, la porte et une brèche ouverte de sable, accolée d'un serpent de sinople lampassé de gueules, sommée d'un lis d'argent, adextrée d'une grenade et sénestrée d'un compas ouvert d'or, le tout surmonté d'un comble parti de deux traits; au premier de gueules, à l'anneau ovale d'or, fixé aux deux flancs par deux portions de fasce d'argent; au deuxième d'azur, au croissant surmonté d'une étoile à six rais d'argent; au troisième des barons tirés de l'armée. (fig. 321.)

LIGER BÉLAIR, *baron de l'Empire :* d'azur, au chevron d'or, accompagné en chef à dextre de trois étoiles à six rais d'argent, et en pointe d'un coq passant d'or, crêté de gueules; franc-quartier de baron tiré de l'armée. (fig. 322.)

LAMARQUE, *baron de l'Empire :* coupé, le premier parti à

dextre d'or, au lion de sable, armé et lampassé de gueules ; à sénestre de baron militaire ; le deuxième d'azur, à la pyramide d'argent soutenue d'or, accompagné de deux croissants d'argent. (fig. 323.)

PAGÈS, *baron de l'Empire* : coupé, le premier parti de sinople, au casque d'argent, et de gueules, au signe de baron militaire ; le deuxième d'azur, à la tour d'argent, sommée d'un cheval issant d'or, et adextrée et sénestrée d'une branche d'olivier en pal d'argent. (fig. 324.)

SCHRAMM, *baron de l'Empire* : d'or, au chêne de sinople, terrassé du même, accosté à sénestre d'un lion grimpant de gueules, appuyé sur le tronc du chêne ; quartier de baron militaire. (fig. 325.)

SUBERVIC, *baron de l'Empire* : écartelé, au premier d'azur, à la tour d'or, adextrée d'un avant-mur du même, et soutenue de sinople ; au deuxième de baron militaire ; au troisième d'azur, au cheval ruant d'or ; au quatrième d'azur, au chevron d'or. (fig. 326.)

VEAUX, *baron de l'Empire* : coupé, le premier parti d'azur, à deux étoiles d'or posées en bande, et de gueules au signe de baron militaire ; le deuxième d'or, à la pyramide de sable, ouverte et maçonnée du même, sénestrée d'un palmier de sinople. (fig. 327.)

Barons tirés du Conseil d'Etat.

DUDON, *baron de l'Empire* : d'or, coupé d'azur ; l'or au lion de sinople lampassé de gueules, l'azur à l'ancre d'argent, accostée en chef de deux étoiles, et chargée d'une foi, surmontée d'un cœur ailé, le tout aussi d'argent ; franc-quartier de baron tiré du Conseil d'Etat. (fig. 328.)

HÉLY D'OISSEL, *baron de l'Empire* : d'azur à la croix d'argent chargée de cinq ancres de sable, une, trois et une, et cantonnée de quatre fers de lance d'or; franc-quartier de baron pris dans le Conseil d'Etat. (fig. 329.)

JANET, *baron de l'Empire* : coupé, le premier parti d'azur, à trois fusées en fasce d'argent, et de gueules au signe de baron pris dans le Conseil d'Etat ; au deuxième d'or à deux branches, l'une d'olivier, l'autre de chêne de sinople en sautoir. (fig. 330.)

LECOUTEULX, *baron de l'Empire* : d'argent, au chevron de gueules, accompagné de trois trèfles de sinople; franc-quartier de baron pris dans le Conseil d'Etat. (fig. 331.)

PASQUIER, *baron de l'Empire* : de gueules au chevron d'or, accompagné en chef à dextre d'un croissant d'argent, et en pointe d'une tête de licorne du même; franc-quartier de baron pris dans le Conseil d'Etat. (fig. 332.)

ROEDERER, *préfet du département du Trasimène, baron de l'Empire* : écartelé, au premier d'argent, au chêne arraché de sinople ; au deuxième d'or à la tour de sable, ouverte et ajourée du même; au troisième de gueules à la tête de lion arrachée d'argent; au quatrième échiqueté d'or et d'azur ; franc-quartier de baron tiré du Conseil d'Etat, brochant au neuvième de l'écu. (fig. 333.)

LOUIS, *baron de l'Empire* : fuselé d'or et de sable, à la bordure de gueules, besantée d'argent; franc-quartier de baron pris dans le Conseil d'Etat. (fig. 334.)

SÉGUIER, *baron de Langlade* : coupé, le premier parti d'argent, à une coquille de gueules, surmontée d'une croisette du même, et du quartier de baron pris dans le Conseil d'Etat; le deuxième d'azur, au chevron d'or, accompagné en chef de deux étoiles du même, et en pointe d'un mouton passant d'argent. (fig. 335.)

Barons de la Cour de cassation.

FAVARD DE LANGLADE, *baron de Langlade* : écartelé, au

premier d'azur, à trois étoiles d'or ; au deuxième des barons
conseillers de la Cour de cassation, qui est de gueules aux
balances d'argent nouées de sable ; au troisième de gueules
au ramier contourné, posé sur une terrasse, le tout d'argent ; au quatrième d'azur, au triangle d'or. (fig. 338.)

HENRION DE PANSEY, *baron de Pansey :* d'or, au chevron
d'azur, accompagné de trois tortues de sable, deux en chef,
une en pointe ; franc-quartier des barons présidents de la
Cour de cassation. (fig. 339.)

Barons Présidents de Cours d'appel.

BALLANT, *procureur général impérial près la Cour d'ap-*
pel de Dijon : coupé, le premier parti d'azur et de gueules,
l'azur à trois fusées, deux et une d'argent, le gueules au signe
de baron procureur général de la Cour d'appel, le deuxième
d'hermine. (fig. 336.)

D'HAUBERSART : d'azur au chevron d'or, accompagné en
chef de deux étoiles du même, et en pointe d'une balance
d'argent ; franc-quartier de baron premier président de Cour
d'appel. (fig. 337.)

Baron officier de santé.

LARREY, *baron de l'Empire :* écartelé, au premier d'or, au
palmier de sinople, posé à dextre, soutenu du même, chargé
d'un dromadaire d'azur ; au deuxième de gueules, au signe
des barons officiers de santé attachés aux armées, qui est une
épée en barre d'argent, la pointe basse ; au troisième d'azur,
à trois chevrons superposés d'or ; au quatrième coupé, au
premier d'argent à la barre ondée de gueules, chargée d'une
raie nageant du champ ; au deuxième d'or à la pyramide de
sable. (fig. 342.)

Barons officiers de la maison de l'Empereur.

BOYER, *premier chirurgien de S. M. l'Empereur :* écartelé, au premier d'azur, à la main appaumée d'or ; au deuxième de baron pris parmi les officiers de la maison de S. M. l'Empereur ; au troisième de gueules, à la verge en pal d'or, tortillée d'un serpent d'argent ; au quatrième d'azur, au coq d'or crêté de gueules. (fig. 340.)

FAIN, *secrétaire-archiviste de S. M. :* d'azur, à la fasce vairée de sable et d'or, à la plume d'or barbée d'argent, posée en barre, le bec à dextre brochant sur le tout ; franc-quartier de baron, officier de S. M. (fig. 341.)

DUBOIS (ANTOINE), *baron de l'Empire :* coupé, au premier parti à dextre de sinople, à la fleur de lotus d'argent ; à sénestre des barons officiers de la maison de S. M. ; au deuxième d'or, à la louve au naturel, allaitant un enfant de carnation, le tout soutenu d'une terrasse de sinople. (fig. 343.)

Barons Ambassadeurs.

BIGNON : d'azur au cep de vigne d'or, terrassé de sinople, cantonné de quatre flammes d'argent ; franc-quartier de baron, ministre employé à l'extérieur. (fig. 344.)

DE BOURGOIN, d'azur, à la croix ancrée d'or, champagne de gueules du tiers de l'écu au signe de chevalier ; franc-quartier de baron ministre employé à l'extérieur. (fig. 345.)

Barons Évêques.

DE BROGLIE, *évêque de Gand :* d'or, au sautoir ancré d'azur ; franc-quartier de baron évêque. (fig. 346.)

SÉBASTIANI-PORTA, *évêque d'Ajaccio :* écartelé, aux premier et quatrième d'azur au griffon d'or, armé et lampassé de gueules; au deuxième de baron évêque; au troisième d'or plein. (fig. 347.)

REYMOND, *baron de l'Empire :* fuselé de sinople et d'or; franc-quartier de baron évêque. (fig. 348.)

Baron tiré des corps savants.

CORVISART, *premier médecin de S. M. :* écartelé, au premier d'or, au cœur de gueules en abîme, au deuxième de baron tiré des corps savants ; au troisième de gueules, au lion rampant d'argent; au quatrième d'or à la verge de sable, tortillée d'un serpent de sinople. (fig. 349.)

Chevaliers.

BLONDEAU, *général de brigade en retraite, chevalier du Fays :* d'azur, à la fasce de gueules, au signe de chevalier, accompagnée en chef d'une étoile d'argent, et en pointe d'un chevron abaissé d'or, accompagné de deux croissants d'argent. (fig. 350.)

CHABAUD-LATOUR, *député au Corps législatif :* d'argent à la fasce de gueules, chargée de l'étoile de la Légion-d'Honneur et accompagnée en chef d'une tour de sable à trois créneaux, maçonnée et ouverte d'or, en pointe, d'un chabot d'azur, le tout soutenu d'une champagne de sable. (fig. 351.)

DUCHASTEL : d'argent, au chevron de gueules du tiers de l'écu, au signe de chevalier, accompagné en chef de deux molettes de sinople, et en pointe, d'un dextrochère au naturel rebrassé de sinople, tenant une épée haute de gueules. (fig. 352.)

DENON, *directeur général du musée Napoléon :* tiercé en fasce d'argent, de gueules et d'or; le premier au balancier de sable ; le second au signe de chevalier ; le troisième au cerf passant de gueules, au chef d'azur chargé de trois étoiles d'argent posées en fasce. (fig. 353.)

DAVID, *premier peintre de S. M.* : d'or, à la palette de peintre de sable, chargée de deux bras de carnation, mouvant à dextre d'un manteau de gueules; la main dextre appaumée, la sénestre tenant trois sabres de fer poli; le tout soutenu d'une champagne de gueules, au signe de chevalier. (fig. 354.)

PORTAL, *membre de l'Institut, docteur en médecine* : de pourpre à la couleuvre d'or, posée en fasce, vivrée, accompagnée en chef d'un caducée d'argent, et en pointe d'une tour crénelée de trois pièces aussi d'argent, ouverte et maçonnée de sable; le tout adextré d'un tiers de gueules au signe de chevalier. (fig. 355.)

BOURMONT, *chevalier de l'Empire* : d'or, à la bande du tiers de l'écu de gueules, au signe des chevaliers légionnaires, accompagnée de deux lions de sinople, tenant chacun une épée haute de sable. (fig. 356.)

Bonnes Villes, ou du premier ordre.

AMSTERDAM : de gueules au pal cousu de sable, chargé de trois sautoirs d'argent, au chef cousu des bonnes villes de France. (fig. 357.)

ANVERS : de gueules, au château de trois tours d'argent, celle du milieu crénelée de cinq pièces, ouvert, ajouré, et maçonné de sable, surmonté de deux mains appaumées, celle à dextre en bande, celle à sénestre en barre d'argent, et soutenu d'une rivière en fasce alaisée du même; au chef cousu des bonnes villes de l'Empire. (fig. 358.)

BRUXELLES : de gueules au St.-Michel d'or, terrassant le démon du même, armé et allumé de sable, au chef cousu des bonnes villes de l'Empire. (fig. 359.)

GÊNES : d'argent, à la croix de gueules, au chef des bonnes villes de l'Empire. (fig. 360.)

Blason. 19

HAMBOURG : d'argent, au château crénelé, donjonné de trois tourelles terminées en dôme, le tout de gueules, soutenu de sinople, au chef des bonnes villes de l'Empire. (fig. 361.)

LYON : de gueules au lion rampant, la queue fourchée d'argent, au chef cousu des bonnes villes de l'Empire. (fig. 362.)

PARIS : de gueules, au vaisseau antique; la proue chargée d'une figure d'Isis, assise, d'argent, soutenu d'une mer du même, et adextré en chef d'une étoile aussi d'argent ; au chef cousu des bonnes villes de l'Empire. (fig. 363.)

AIX-LA-CHAPELLE : d'or, au globe d'azur cerclé et croiseté du champ, cantonné de quatre alérions de sable allumés de gueules; au chef cousu des bonnes villes de l'Empire. (fig. 364.)

BRÊME : d'or, à la clef antique en bande de sable ; au chef des bonnes villes de l'Empire. (fig. 365.)

COLOGNE : de gueules, à trois pointes d'argent mouvantes du chef des bonnes villes de l'Empire. (fig. 366.)

DIJON : parti, au premier d'azur, au cep de vigne d'or, à la bordure componée d'argent et de gueules ; au deuxième, bandé d'or et d'azur de six pièces, à la bordure de gueules; au chef des bonnes villes de l'Empire. (fig. 367.)

FLORENCE : d'argent, à la fleur d'iris terrassée au naturel; au chef des bonnes villes de l'Empire. (fig. 368.)

PARME : d'or, à la croix patée d'azur; au chef des bonnes villes de l'Empire. (fig. 369.)

Ville du second ordre.

ASTI : coupé, au premier parti, à dextre des villes de second ordre, à sénestre de sable à trois lances antiques rangées en pal d'or; au deuxième écartelé d'azur et de gueules, à la croix d'argent brochant sur le tout; franc-quartier des villes de second ordre. (fig. 370.)

Ville du troisième ordre.

NEUFCHATEAU: d'argent à la bande de gueules chargée de trois tours crénelées d'or ; franc-quartier des villes de troisième ordre. (fig. 371.)

Nous avons cru devoir terminer les armoiries de l'Empire par celles des Bonaparte (ancien), et clore cette glorieuse série, par les armes de S. A. S. Mgr le prince Charles-Lucien Bonaparte, ce digne et noble savant, fils de Lucien Bonaparte, frère de l'Empereur.

Le prince Charles-Lucien Bonaparte, tout entier à l'étude des sciences naturelles où il a manifesté un génie élevé et transcendant, qui faisait dire à notre Geoffroy Saint-Hilaire, en parlant du prince : *C'est une autre face du génie de l'Empereur*, le prince Charles-Lucien Bonaparte, fondateur des congrès scientifiques d'Italie, a employé les heures de l'exil aux méditations de la science. Un grand nombre d'ouvrages dont la nomenclature seule tiendrait une demi-feuille, l'ont placé à la tête des hommes qui cultivent l'étude des sciences naturelles ; et l'on regrettait que des lois rigoureuses qui blessaient le sentiment national privassent la France du fruit des immenses travaux du noble prince dont la bienveillance et la distinction égalent le génie.

Les décrets providentiels qui ont replacé Napoléon III sur le trône impérial pour le bonheur de la France et du monde, ont rendu le prince Charles-Lucien à ses chères études.

Chacun sera heureux de pouvoir trouver dans ce livre les armes d'un prince aussi éminent par l'esprit que grand par la pensée et par le cœur. Ce sont celles des anciens Bonaparte originaires d'Italie (fig. 377), et l'aigle de l'Empire.

SIXIÈME SECTION.

PAIRIE ANCIENNE, MODERNE ET GÉNÉALOGIE DE LA MAISON DE BOURBON.

De la Pairie.

La pairie, ou droit de juger ses pareils comme cour suprême des rois et des grands barons, fut personnelle tant que les bénéfices ne furent point héréditaires ; la pairie devint transmissible par droit de naissance quand les bénéfices furent héréditaires, un peu avant Hugues Capet. Puis, sous Louis-le-Jeune, le nombre des pairs fut de douze, six ecclésiastiques et six laïques.

M. de Courcelles nous donne la liste des douze pairs qui assistèrent au sacre du roi Philippe II, le 12 août 1179, avec les fonctions qu'ils ont exercées depuis au sacre de nos rois.

Pairs Ecclésiastiques.

L'archevêque duc de Reims *sacrait, oignait et couronnait le roi.*

L'évêque duc de Laon *portait la sainte ampoule.*

L'évêque duc de Langres *portait le sceptre* et suppléait l'archevêque de Reims absent.

L'évêque comte de Beauvais *portait le manteau royal.*

L'évêque comte de Châlons *portait l'anneau royal.*

L'évêque comte de Noyon, le *baudrier royal.*

L'archevêque de Paris (1674), duc de Saint-Cloud, devint aussi pair ecclésiastique.

Pairs Laïques.

Le duc de Bourgogne, doyen des pairs laïques, portait la couronne royale, ceignait l'épée au roi et le créait chevalier.

Le duc d'Aquitaine ou de Guienne portait la première bannière carrée ;

Le duc de Normandie, la seconde ;

Le comte de Champagne, l'étendard de guerre ;

Le comte de Toulouse, les éperons ;

Le comte de Flandres, l'épée du roi.

Dès la fin du xiiie siècle, nos rois voulant récompenser de grandes familles de leurs services rendus à l'État ou à leur personne, créèrent de nouveaux pairs laïques.

Les pairies dont les lettres d'érection avaient été enregistrées dans les cours souveraines, se transmettaient aux descendants ; celles qui n'avaient point été accompagnées de cette formalité s'éteignaient avec le titulaire. Puis est venue la révolution, qui renversa cette partie de l'édifice monarchique comme les autres.

Le *conseil des anciens* recommença une sorte de pairie sans hérédité, le *sénat conservateur* la rétablit en la monarchisant ; la restauration créa une pairie constitutionnelle héréditaire dont les éléments sont dans la charte de 1814. La royauté de 1830 conserva la pairie, mais sans hérédité ; la révolution de 1848 abolit spécialement la pairie et ne voulut pas même de deux chambres ; enfin S. M. l'Empereur par la constitution du 14 janvier 1852, rétablit dans le Sénat une pairie logique composée des plus hautes notabilités du pays.

De la Pairie sous la branche aînée des Bourbons.

(Extrait de la Charte constitutionnelle. (1814.)

Louis, par la grâce de Dieu, roi de France et de Navarre, etc.

Art. 24. La chambre des pairs est une portion essentielle de la puissance législative.

27. La nomination des pairs de France appartient au roi, leur nombre est illimité; il peut en varier les dignités, les nommer à vie ou les rendre héréditaires, selon sa volonté.

28. Les pairs ont entrée dans la chambre à vingt-cinq ans, et voix délibérative à trente ans seulement.

29. La chambre des pairs est présidée par le chancelier de France, et en son absence, par un pair nommé par le roi.

30. Les membres de la famille royale et les princes du sang sont pairs par le droit de leur naissance. Ils siègent immédiatement après le président, mais ils n'ont voix délibérative qu'à vingt-cinq ans.

31. Les princes ne peuvent prendre séance à la chambre que de l'ordre du roi, exprimé, pour chaque session, par un message, sous peine de nullité de tout ce qui aurait été fait en leur présence.

33. La chambre des pairs connaît des crimes de haute-trahison et des attentats à la sûreté de l'Etat, qui seront définis par la loi.

Aucun pair ne peut être arrêté que de l'autorité de la chambre, et jugé par elle en matière criminelle.

Extrait de l'ordonnance royale du 19 août 1815.

Louis, par la grâce de Dieu, roi de France et de Navarre, etc.

Art. 1er. La dignité de pair est et demeurera héréditaire de mâle en mâle, par ordre de primogéniture, dans la famille des pairs qui composent actuellement notre chambre des pairs.

3. Dans le cas où la ligne directe viendrait à manquer dans la famille d'un pair, nous nous réservons d'autoriser la transmission du titre dans la ligne collatérale qu'il nous plaira de désigner ; auquel cas le titulaire, ainsi substitué, jouira du rang d'ancienneté originaire de la pairie dont il se trouvera revêtu.

5. Les lettres-patentes délivrées en exécution de l'article ci-dessus, porteront toutes collation d'un titre sur lequel sera instituée chaque pairie.

6. Ces titres sont ceux de *baron, vicomte, comte, marquis* et *duc.*

Extrait de la première ordonnance royale du 25 août 1817.

Louis, par la grâce de Dieu, roi de France et de Navarre, etc.

Art. 1er. A l'avenir, nul ne sera par nous appelé à la chambre des pairs, les ecclésiastiques exceptés, s'il n'a, préalablement à sa nomination, obtenu de notre grâce l'autorisation de former un majorat, et s'il n'a institué ce majorat.

2. Il y aura trois classes de majorats de pairs : ceux attachés au titre de *duc,* lesquels ne pourront être composés de biens produisant moins de 30,000 francs de revenu net ; ceux attachés aux titres de *marquis* et de *comte,* qui ne pourront s'élever à moins de 20,000 francs de revenu net, et ceux attachés aux titres de *vicomte* et de *baron,* lesquels ne pourront s'élever à moins de 10,000 francs de revenu net.

3. Les majorats de pairs seront transmissibles à perpétuité, avec le titre de la pairie, au fils aîné, né ou à naître du fondateur du majorat, et à la descendance naturelle et légitime

de celui-ci, de mâle en mâle, et par ordre de primogéniture, de telle sorte que le majorat et la pairie sont toujours
réunis sur la même tête.

Extrait de la deuxième ordonnance royale du 25 août 1817.

Louis, par la grâce de Dieu, roi de France et de Navarre, etc.

Art. 12. Le fils d'un *duc et pair* portera de droit le titre
de *marquis*; celui d'un *marquis et pair*, le titre de *comte*;
celui d'un *comte et pair*, le titre de *vicomte*; celui d'un
vicomte et pair, le titre de *baron*; celui d'un *baron et
pair*, le titre de *chevalier*.

Les fils puînés de tous les pairs porteront, de droit, le titre
immédiatement inférieur à celui que portera leur frère aîné.

13. Lorsque la chambre de pairs sera appelée à siéger en
notre présence royale, et dans les autres occasions solennelles
seulement, il sera préparé, dans le lieu habituel de ses séances, ou dans celui destiné à la réunion de ses membres, des
places ou bancs séparés pour chaque ordre de titres. Les pairs
également titrés se placeront sur le même banc, selon l'ordre de leur promotion ou de l'ancienneté de leur titre.

14. Le premier de tous les bancs sera destiné aux princes
de notre sang. Les pairs ecclésiastiques occuperont de droit
les premières places des bancs où ils seront appelés en vertu du
titre qui leur est conféré par nos lettres-patentes d'institution.

Le serment que prêtent les pairs, lors de leur réception, est
ainsi conçu : — Je jure d'être fidèle au roi, d'obéir à la charte
constitutionnelle et aux lois du royaume, et de me conduire en
tout comme il appartient à un bon et loyal pair de France.

DE LA PAIRIE SOUS LOUIS-PHILIPPE.

Au palais des Tuileries, le 29 Décembre 1831.

LOUIS-PHILIPPE, ROI DES FRANÇAIS, à tous présents et à venir, SALUT.

Les chambres ont adopté, NOUS AVONS ORDONNÉ ET ORDONNONS ce qui suit :

ARTICLE UNIQUE,

QUI REMPLACE L'ARTICLE 23 DE LA CHARTE.

La nomination des membres de la chambre des pairs appartient au Roi, qui ne peut les choisir que parmi les notabilités suivantes;

Le président de la chambre des députés et autres assemblées législatives;

Les députés qui auront fait partie de trois législatures, ou qui auront six ans d'exercice;

Les maréchaux et amiraux de France;

Les lieutenants généraux et vice-amiraux des armées de terre et de mer, après deux ans de grades;

Les ministres à département;

Les ambassadeurs, après trois ans, et les ministres plénipotentiaires, après six ans de fonctions;

Les conseillers d'Etat, après dix ans de service ordinaire;

Les préfets de département et les préfets maritimes, après dix ans de fonctions;

Les gouverneurs coloniaux, après cinq ans de fonctions;

Les membres des conseils généraux électifs, après trois élections à la présidence;

Les maires des villes de trente mille âmes et au-dessus, après deux élections au moins comme membres du corps municipal, et après cinq ans de fonctions de mairie ;

Les présidents de la cour de cassation et de la cour des comptes;

Les procureurs-généraux près ces deux cours, après cinq ans de fonctions en cette qualité ;

Les conseillers de la cour de cassation et les conseillers maîtres de la cour des comptes, après cinq ans, les avocats-généraux près la cour de cassation, après dix ans d'exercice ;

Les premiers présidents des cours royales, après cinq ans de magistrature dans ces cours ;

Les procureurs-généraux près les mêmes cours, après dix ans de fonctions;

Les présidents des tribunaux de commerce dans les villes de trente mille âmes et au-dessus, après quatre nominations à ces fonctions;

Les membres titulaires des quatre académies de l'Institut;

Les citoyens à qui, par une loi et à raison d'éminents services, aura été nominativement décernée une récompense nationale ;

Les propriétaires, les chefs de manufactures et de maison de commerce et de banque, payant trois mille francs de contributions directes, soit à raison de leurs propriétés foncières depuis trois ans, soit à raison de leurs patentes depuis cinq ans, lorsqu'ils auront été pendant six ans membres d'un conseil général ou d'une chambre de commerce.

Les propriétaires, les manufacturiers, commerçants ou banquiers payant trois mille francs d'impositions, qui auront été nommés députés ou juges des tribunaux de commerce, pourront aussi être admis à la pairie sans autre condition.

Le titulaire qui aura successivement exercé plusieurs des fonctions ci-dessus, pourra cumuler ses services dans toutes pour compléter le temps exigé dans celles où le service devrait être le plus long.

Seront dispensés du temps d'exercice exigé par les paragraphes, 5, 7, 8, 9, 10, 14, 15, 16 et 17 ci-dessus, les citoyens qui ont été nommés, dans l'année qui a suivi le 30 juillet 1830, aux fonctions énoncées dans ces paragraphes.

Seront également dispensées, jusqu'au 1er janvier 1837, du temps d'exercice exigé par les paragraphes 3, 11, 12, 18 et 21 ci-dessus, les personnes nommées ou maintenues, depuis le 30 juillet 1830, aux fonctions énoncées dans ces cinq paragraphes.

Ces conditions d'admissibilité à la pairie pourront être modifiées par une loi.

Les ordonnances de nomination des pairs seront individuelles. Ces ordonnances mentionneront les services et indiqueront les titres sur lesquels la nomination sera fondée.

Le nombre des pairs est illimité.

Leur dignité est conférée à vie, et n'est pas transmissible par droit d'hérédité.

Ils prennent rang entre eux par ordre de nomination.

A l'avenir, aucun traitement, aucune pension, aucune dotation, ne pourront être attachés à la dignité de pair.

La présente loi, discutée, délibérée et adoptée par la chambre des pairs et par celle des députés, et sanctionnée par nous, ce jourd'hui, sera exécutée comme loi de l'Etat.

DONNONS EN MANDEMENT à nos cours et tribunaux, préfets, corps administratifs et tous autres, que les présentes ils gardent et maintiennent, fassent garder, observer et maintenir, et pour les rendre plus notoires à tous, ils les fassent publier et enregistrer partout où besoin sera; et, afin que ce soit chose ferme et stable à toujours, nous y avons fait mettre notre sceau.

Fait au palais des Tuileries, le 29ᵉ jour du mois de décembre de l'an 1831.

Signé LOUIS-PHILIPPE.

PAR LE ROI :

Vu et scellé du grand sceau : Le garde-des-sceaux de France, ministre secrétaire d'État au département de la justice.	Le président du conseil, ministre secrétaire d'État au département de l'intérieur.

Signé CASIMIR PÉRIER.

Signé BARTHE.

Certifié conforme par nous garde-des-sceaux de France, ministre secrétaire d'État au département de la justice.

A Paris le 7 janvier 1832 (1).

BARTHE.

Nous placerons ici, comme complément, l'article 62 de la Charte de 1830, sur l'état actuel de la noblesse : « La noblesse ancienne reprend ses titres ; la nouvelle conserve les siens. Le roi fait des nobles à volonté ; mais il ne leur accorde que des rangs et des honneurs, sans exemptions des charges et des devoirs de la société. » (2).

---

(1) Cette date est celle de la réception du bulletin à la chancellerie.

(2) C'est aussi le lieu de parler du *collège héraldique* fondé dans l'intérêt des anciennes et des nouvelles familles nobles ; il se divise en trois grandes sections et s'occupe d'archéologie nobiliaire, de paléographie, de travaux et de recherches historiques. généalogiques et héraldiques. Ce collège a déjà rendu de grands services à la science héraldique. Nous donnons les armoiries de son honorable fondateur, M. le marquis de Magny.

(Voir, ci-contre, le Tableau généalogique de la maison de Bourbon.)

GÉNÉALOGIE DE LA MAISON DE BOURBON,

DEPUIS SAINT-LOUIS.

[SÉRIE DES PRINCES.]	SÉRIE DE LEURS FEMMES.
Saint-Louis, IXe du nom, roi de France, mort en 1270.	Marié à *Marguerite* de Provence, morte en 1295. Onze enfants dont six fils et cinq filles.
Robert, comte de Clermont, sixième fils de Saint-Louis, mort en 1318.	*Béatrix* de Bourgogne, dame de Bourbon, morte en 1310. Si enfants, trois fils et trois filles.
Louis Ier, comte de Clermont, premier duc de Bourbon, fils aîné de Robert, mort en 1341.	*Marie*, comtesse de Hainaut, morte en 1354. Huit enfants, tro fils et cinq filles.
Jacques de Bourbon, comte de la Marche, troisième fils de Louis Ier, mort en 1361.	*Jeanne* de Châtillon-de-Saint-Pol, morte..... Quatre enfants, tro fils et une fille.
Jean Ier de Bourbon, comte de la Marche, second fils de Jacques, mort en 1393.	*Catherine*, fille du comte de Vendôme, morte en 1412. Six enfant trois fils et trois filles. (De plus, Jean a eu un fils naturel.)
Louis II de Bourbon, premier comte de Vendôme, le deuxième fils de Jean, mort en 1446.	1° *Blanche*, comtesse de Rouvi, morte sans enfants, en 1421; 2° *Jeanne* de Laval de Montfort, morte en 1468. Deux enfants un fils et une fille. (De plus, Louis a eu un fils naturel.)
Jean II de Bourbon, comte de Vendôme, fils unique de Louis II, mort en 1478.	*Isabelle* de Beauveau de la Roche-sur-Yon, morte en 1475. Hui enfants, deux fils et six filles. (De plus, Jean II a eu deux fil naturels.)
François de Bourbon, comte de Vendôme, fils aîné de Jean II, mort en 1495.	*Marie* de Luxembourg, comtesse de Saint-Pol, morte en 1546 Six enfants, quatre fils et deux filles.
Charles de Bourbon, premier duc de Vendôme, fils aîné de François, mort en 1537.	*Françoise* d'Alençon, morte en 1550. Douze enfants, six fils e six filles. (De plus, Charles a eu un fils naturel.)
Antoine de Bourbon, duc de Vendôme, roi de Navarre, second fils de Charles, mort en 1562. . . .	*Jeanne* d'Albret, reine de Navarre, morte en 1572. Cinq enfants quatre fils et une fille. (De plus, Antoine a eu un fils naturel.)
Henri de Bourbon, roi de France, IVe du nom, roi de Navarre, quatrième fils d'Antoine, mort en 1610.	1° *Marguerite* de Valois, fille de Henri II; répudiée (sans enfants), 1599, morte en 1615; 2° *Marie* de Médicis, morte (à Cologne dans l'indigence), en 1642. Six enfants, trois fils et trois filles. (De plus, Henri IV a eu huit enfants naturels, cinq fils et trois filles.)
Louis XIII, roi de France et de Navarre, mort en 1643. Deux fils : le premier, Louis XIV, qui, par son petit-fils, premier roi de la nouvelle dynastie d'Espagne, peut être considéré comme la tige de la famille de Naples, d'où sort la princesse *Marie-Amélie*, reine des Français.	*Anne* d'Autriche, morte en 1666. Et le second, *Philippe* d'Orléans, chef de la branche héréditaire des Bourbons-Orléans, dont le cinquième descendant est parvenu au trône en 1830.

Louis XIV, roi de France et de Navarre, fils aîné de Louis XIII, mort en 1715, marié à :
Marie-Thérèse d'Autriche, morte en 1683.
Louis de France, dit le Grand-Dauphin, mort en 1711 :
Marie-Anne-Christine-Victoire de Bavière, morte en 1690.
Philippe V, roi d'Espagne, fils de Louis de France, mort en 1746 :
- 1° *Louise-Marie-Gabrielle* de Savoie, morte en 1714;
- 2° *Elisabeth Farnèse*, morte.....

Charles III, roi de Naples, fils de Philippe V, mort en 1788 :
Marie-Amélie de Saxe, morte.....
Ferdinand IV, roi de Naples, fils de Charles III, mort en 1825 :
Marie-Caroline-Louise d'Autriche, morte en 1814;
Ils ont eu neuf enfants, dont quatre princes et cinq princesses, parmi lesquelles est *Marie-Amélie*, ex-reine des Français.
Philippe Ier, duc d'Orléans, second fils de Louis XIII, mort en 1701, marié à :
- 1° *Henriette-Anne* Stuart, morte en 1670;
- 2° *Elisabeth-Charlotte* de Bavière, morte en 1722.

Philippe II, duc d'Orléans, régent de France, mort en 1723 :
Françoise-Marie de Bourbon, mademoiselle de Blois, morte en 1749.

Louis, duc d'Orléans, mort en 1752 :
Auguste-Marie-Jeanne de Bade, morte en 1726.
Louis-Philippe, duc d'Orléans, mort en 1785 :
Louise-Henriette de Bourbon-Conti, morte en 1759.
Louis-Philippe-Joseph, duc d'Orléans, mort en 1793 :
Louise-Marie-Adélaïde de Bourbon-Penthièvre, morte en 1821.
Louis-Philippe d'Orléans, roi des Français, né en 1773 : mort.
Marie-Amélie de Naples, née en 1782, mariée en 1809.
Ferdinand-Philippe-Louis-Charles-Henri-Joseph, duc d'Orléans, né en 1810, mort par accident le 13 juillet 1842. Il avait épousé, le 30 mai 1837 :
Hélène-Louise-Elisabeth, née le 24 janvier 1814, fille de feu Frédéric-Louis, grand-duc héréditaire de Mecklembourg-Schwerin.

De ce mariage sont issus :
Louis-Philippe-Albert d'Orléans, comte de Paris, né le 24 août 1838;
Robert-Philippe-Louis-Eugène-Ferdinand d'Orléans, duc de Chartres, né le 9 novembre 1840.

(1) Cette Généalogie a été dressée par l'un de nos plus honorables savants, feu M. Gabriel Peignot; nous l'avons continuée jusqu'à ce jour. — *Blason*, page 228.

SEPTIÈME SECTION.

ORDRES FRANÇAIS DE CHEVALERIE
JUSQU'A LA LÉGION-D'HONNEUR, LA CROIX DE JUILLET ET LA MÉDAILLE MILITAIRE.

Ordre souverain de Saint-Jean de Jérusalem.

Les chevaliers de cet ordre, établi en 1048 dans la Terre-Sainte, portèrent aussi le titre de *frères hospitaliers*. Par une concession de Charles-Quint, du 24 mars 1530, ils obtinrent la souveraineté de l'île de Malte, dont ils ont retenu le nom.

La croix de l'ordre est d'or à huit pointes, émaillée de blanc; on la porte, attachée par un ruban moiré noir, à la boutonnière de l'habit.

Les chevaliers profès portent encore sur le côté gauche de l'habit une croix de toile blanche.

Les grands-croix portent sur la poitrine une grande croix blanche, figurée sur une étoffe de soie, qui est rouge pour le général des galères, violette pour l'évêque et le prieur, et noire pour tous les autres.

Aujourd'hui l'ordre de Malte est placé sous la protection de l'empereur de Russie.

Ordres royaux de Saint-Lazare et de Notre-Dame-du-Mont-Carmel.

La fondation de l'ordre de Saint-Lazare de Jérusalem remonte à l'époque des premières croisades, vers l'an 1060.

Louis VII, dit le Jeune, l'établit en France à son retour de

Blason.   20

la Palestine. Il fut réuni à l'ordre de Notre-Dame-du-Mont-Carmel, établi par Henri IV en 1607. Depuis ce temps, ces deux ordres ont été unis, sans cesser de subsister l'un et l'autre. Cet ordre est composé de cent chevaliers divisés en deux classes.

La croix de l'ordre est à huit pointes; elle est émaillée alternativement de pourpre et de vert, bordée d'or, anglée de quatre fleurs de lis du même; au centre est un médaillon sur lequel est représentée d'un côté l'image de la Vierge, entourée de rayons d'or, et de l'autre l'image de Saint-Lazare sortant du tombeau. Cette croix est attachée au cou par un ruban vert moiré.

Les chevaliers de la première classe, outre cette décoration, portent sur le côté gauche des habits et manteaux une croix brodée en paillons d'or vert, chargée au milieu d'une petite croix d'argent, ornée de la devise *Atavis et Armis*, et des chiffres S L et M A, le tout en lettres d'or. Ceux de la seconde portent cette plaque brodée en soie verte.

La croix de l'ordre de Notre-Dame-du-Mont-Carmel est à huit pointes, émaillée de pourpre et de vert, bordée d'or, anglée de quatre fleurs-de-lis du même. Il y a d'un côté l'image de la Vierge, et de l'autre trois fleurs-de-lis. Les chevaliers l'attachent à la boutonnière par un ruban cramoisi.

Ordre et archi-confrérie royale du Saint-Sépulcre de Jérusalem.

Cet ordre a pris naissance dans la Terre-Sainte, en 1149; Louis VII, étant à Jérusalem, donna des statuts à l'ordre du Saint-Sépulcre, qui n'a jamais été très-nombreux en France.

La décoration est une croix d'or potencée, émaillée de rouge, cantonnée de quatre croisettes du même. Elle est attachée à la boutonnière de l'habit par un ruban noir.

Ordre et confrérie de Saint-Georges en Franche-Comté.

La confrérie de Saint-Georges fut établie en 1390 par Philibert de Molans, écuyer du duc de Bourgogne ; elle prit peu à peu le caractère d'un ordre de chevalerie.

La décoration de l'ordre consiste en un Saint-Georges à cheval, perçant de sa lance un dragon, le tout d'or ; elle est attachée à la boutonnière de l'habit par un ruban moiré bleu céleste.

Ordre de Saint-Hubert.

L'ordre de Saint-Hubert a été créé en 1416, par Louis Ier, duc souverain de Bar. Il reçut d'abord le nom d'ordre de la Fidélité. En réunissant la Lorraine à la France, le roi Louis XV se déclara chef suprême et protecteur de l'ordre. En 1816, Louis XVIII, en reconnaissant cet ordre, a fait élire pour grand-maître M. le duc d'Aumont.

La croix de l'ordre est d'or à quatre branches, émaillée de blanc, bordée d'or ; au centre, il y a d'un côté un médaillon fond vert, sur lequel est l'image de Saint-Hubert prosterné devant la croix lumineuse qui lui apparaît au milieu des bois d'un cerf ; et de l'autre, un médaillon fond d'azur sur lequel sont les armes du duché de Bar, avec cette légende : *Ordo nobilis sancti Huberti, institutus anno* 1416.

Le ruban est vert moiré, liseré de rouge.

Ordre de la Toison-d'Or.

Philippe-le-Bon, duc de Bourgogne, institua l'ordre de la Toison-d'Or à Bruges, le 10 janvier 1430, à l'occasion de son mariage avec Isabelle de Portugal. Plusieurs motifs ont été assignés à l'établissement de cet ordre fameux. Olivier de la Marche écrit : « Qu'on dit à Philippe-le-Bel, roy de Castille,

père de Charles-Quint, que Philippe-le-Bon, son ayeul, avoit
institué l'ordre de la Toison-d'Or en vûe du bellier de Jason ;
mais que Jean-Germain, évesque de Chalon en Bourgogne et
chancelier de l'ordre estant survenu, changea cette idée, et
déclara au jeune prince que cet ordre n'avoit en veüe que
l'histoire canonique de Gedeon, fameux par sa toison arrosée. »
L'ordre fut mis sous la protection de saint André.

Par les statuts donnés par Philippe-le-Bon, le nombre des
chevaliers fut fixé à trente-un, et tous, excepté les rois, empereurs et ducs, devaient, en recevant la Toison-d'Or, laisser tout
autre ordre qu'ils pouvaient avoir. Le collier de l'ordre était
d'or : — C'est à sçavoir par pièces à façon de fusils, touchans à
pierres, dont partent estincelles ardantes, et au bout d'iceluy
collier pendant la semblance d'une toison d'or, lequel collier
qui appartiendra et devra toujours demeurer à l'ordre, nous et
nosdits successeurs souverains, et chacun desdits chevaliers dudit ordre seront tenus de porter chacun jour autour du col, et
à descouvert. — Les chevaliers étaient nommés pour leur vie,
à moins qu'ils ne méritassent d'être dégradés pour hérésie,
trahison ou lâcheté. Il y avait quatre officiers, savoir : un chancelier, un trésorier, un greffier, et un héraut d'armes appelé
Toison-d'Or. Les chevaliers portaient des manteaux d'écarlate
richement ornés et fourrés d'hermine, avec des chapèrons d'é-
carlate. Le chevalier admis dans l'ordre faisait serment d'obéir
aux lois et statuts, ainsi qu'au grand-maître, et d'être fidèle à
la religion catholique. Après ce serment prêté sur son honneur, en touchant la croix et les saints évangiles, il recevait le
collier de l'ordre. Les obsèques des chevaliers morts se célé-
braient avec une grande solennité, ainsi que la fête de saint
André, patron de l'ordre.

Dans la suite, différents changements furent apportés à ces
statuts. Plusieurs papes les approuvèrent et les confirmèrent,
entre autres Eugène IV en 1433, Léon X en 1556, Grégoire XIII
en 1572, et Clément VIII en 1596.

L'ordre de la Toison-d'Or a toujours joui de très-grands honneurs et privilèges. Les chevaliers ne cédaient la préséance qu'aux rois, et étaient exempts de beaucoup de charges. Charles-Quint, quittant volontairement ses Etats, s'ôta lui-même du cou la Toison-d'Or, et la mit à son fils Philippe, comme un précieux don, et lui dit, en mêlant ses paroles avec des larmes : « Mon fils, recevez cet insigne collier de la Toison-d'Or, que j'oste moy mesme de mon cou pour vous le donner. Nostre ayeul Philippe-le-Bon, duc de Bourgogne, qui est l'instituteur, a voulu que ce fut un monument éternel de la fidélité que les chevaliers doivent garder à la saincte église romaine. Et je vous prie de vous souvenir tousjours de son institution et de ses statuts. » Le nombre des chevaliers n'était d'abord que de 31 ; en 1516, Charles-Quint, avec l'approbation du pape Léon X, le porta à 51. Ce nombre s'est accru depuis.

Voici quels furent les chefs de l'ordre :

Philippe, surnommé le Bon, duc de Bourgogne, fut le fondateur de l'ordre. Il mourut en 1457.

Charles-le-Guerrier lui succéda. Ce prince étant mort à la malheureuse journée de Nancy, le 5 janvier 1477, sa fille Marie apporta le collier de l'ordre à son mari, Maximilien d'Autriche.

Philippe-le-Bel, fils de Maximilien, fut le quatrième chef de l'ordre.

Lorsqu'il mourut à Bruges, en 1506, cette dignité passa à son fils Charles-Quint.

Philippe II, fils de Charles-Quint, devint chef de l'ordre par l'abdication volontaire de son père.

A sa mort, en 1598, Philippe III devint chef de l'ordre.

Philippe IV lui succéda, et après lui, son fils Charles II.

Après la mort de Charles II, l'archiduc Charles ayant pris le titre de roi d'Espagne, quoique cette couronne eût passé à la maison de Bourbon, se déclara chef de la Toison-d'Or ; mais

il fut depuis obligé de partager avec le roi d'Espagne le droit
de nommer les chevaliers.

Beaucoup de chapitres de l'ordre ont été tenus dans différentes villes ; le premier a été tenu à Lille dans l'église de Saint-
Pierre en 1431, et le vingt-troisième et dernier à Gand, dans
l'église de Saint-Bavon en 1559.

Ces chapitres étaient en quelque sorte au-dessus des cours
des rois. Dans ces chapitres, le chef et les chevaliers changeaient
d'ornements trois jours de suite, et assistaient en pompe à l'of-
fice divin. C'était alors que le prince faisait ses largesses, et
nommait les chevaliers. On faisait aussi l'éloge des chevaliers
morts, et on réprimandait ceux des chevaliers contre lesquels
s'élevaient des charges. A ces chapitres, chaque chevalier avait
son écu attaché à son siège ; depuis que l'usage des chapitres
généraux est suspendu, le livre que garde le chef, et qui s'appelle le *Livre du Roi*, contient les noms, surnoms, titres et
armoiries de tous les chevaliers.

Les chevaliers n'avaient d'abord qu'un timbre, mais depuis
que Philippe II en porta trois, comme roi de Castille, d'Arra-
gon et de Portugal, il permit aux chevaliers d'en porter deux,
qui font face l'un à l'autre, et sont mutuellement courbés. Il
était défendu à tous les nobles de porter le heaume entièrement doré ; mais les chevaliers de la Toison-d'Or avaient cette
prééminence, en sorte qu'ils ont les heaumes d'or damasquiné,
et ouverts avec des grilles ; ceux des souverains sont tout d'or,
brodé et damasquiné, taré de front ou en pleine face, et la visière entièrement ouverte et sans grilles. On n'admet point
en cet ordre de supports ou tenants.

Philippe-le-Bon institua chaque année une solennité de trois
jours, pour la fête de saint André et les deux jours suivants.
Charles-le-Guerrier, son fils, établit que le premier jour de cette
fête, les chevaliers porteraient le manteau écarlate de l'ordre ;
le second jour, consacré à la mémoire des chevaliers morts,
ils seraient vêtus de noir ; et le troisième, d'habits de soie

blanche, en l'honneur de la Vierge. Il changea la devise de l'ordre : « *Autre n'auray,* » en celle-ci : « *Je l'ay empris.* »

Le chef-lieu de l'ordre était la sainte Chapelle de Dijon, église fondée par Hugues III, duc de Bourgogne, et qui a toujours été en singulière vénération jusqu'à sa destruction.

Un grand nombre de rois et de princes souverains se sont fait honneur de recevoir la décoration de la Toison-d'Or; tous les chevaliers devaient être nobles de nom et d'armes, et sans reproche.

Aux jours ordinaires, au lieu du collier d'or, on suspendait la toison par un ruban de soie rouge.

Ordre de Saint-Michel.

L'ordre de Saint-Michel fut fondé par Louis XI, par lettres patentes datées du château d'Amboise, le 1er août 1469. Ce prince fixe à trente-six le nombre des chevaliers. En 1565, Charles IX le limita à cinquante. Henri III ordonna qu'on y serait admis avant de recevoir le collier du Saint-Esprit; depuis, le nombre des chevaliers devint si considérable, que cet ordre cessa d'être une distinction. Aujourd'hui le nombre des chevaliers est fixé à cent.

La décoration consiste en un large ruban noir moiré, passé en écharpe de droite à gauche, au bas duquel est attachée une croix d'or à huit pointes, émaillée de blanc, cantonnée de quatre fleurs-de-lis d'or, chargée en cœur d'un Saint-Michel foulant aux pieds le dragon, le tout de couleur naturelle.

Il n'est point régulier de porter la croix attachée à la boutonnière de l'habit, comme on en a récemment introduit l'usage.

Le grand collier est en or, et se compose de coquilles d'argent entrelacées l'une dans l'autre par des aiguillettes d'or; on suspend au milieu une médaille sur laquelle est représenté saint Michel. La devise est : *Immensi tremor Oceani.*

Ordre du Saint-Esprit.

L'ordre du Saint-Esprit fut institué par un édit donné à Paris, au mois de décembre 1578, par Henri III, roi de France et de Pologne. Cet ordre n'est composé que de cent chevaliers, qui portent tous le titre de commandeur.

La marque de l'ordre est une croix d'or à huit pointes pommetées d'or, émaillée de blanc par les bords et flamboyée d'émail vert au milieu, ayant une fleur-de-lis aux quatre angles; elle est chargée en cœur d'une colombe d'argent d'un côté, et de l'autre, de l'image de saint Michel, aussi d'argent. Les chevaliers portent cette croix attachée à un large ruban bleu céleste, moiré, passé sur l'épaule de droite à gauche. Les prélats portent ce ruban en manière de collier, et les officiers qui ne sont pas commandeurs, en sautoir. Tous les chevaliers portent encore une plaque brodée en argent sur le côté gauche de leurs habits ou manteaux; elle représente exactement la croix de l'ordre du côté de la colombe. Le collier est en or et composé de fleurs-de-lis, de trophées d'armes et de la lettre H couronnée; de ces divers ornements, qui sont placés alternativement et à des distances égales, naissent des flammes.

La devise de l'ordre est: *duce et auspice*, pour exprimer la protection du Saint-Esprit.

A l'époque de la restauration, Louis XVIII, chef et souverain grand-maître, a nommé pour chancelier de l'ordre M. Dambray, chancelier de France.

Ordre royal et militaire de Saint-Louis.

Louis XIV, déterminé à instituer un ordre de chevalerie qui fut un prix uniquement destiné à la valeur, créa l'*ordre militaire de Saint-Louis*, par lettres-patentes du mois d'avril 1696. Le roi se déclara chef souverain et grand-maître de l'ordre, et statua que la grande-maîtrise serait pour toujours unie et incorporée à la couronne.

Louis XVI, par son édit de 1779, y opéra des réformes qui furent jugées si avantageuses pour l'ordre, que l'on a consacré cet évènement par des médailles. On y voit d'un côté l'effigie du roi, et de l'autre le ruban de l'ordre, entouré de ces mots : *Lud. magnus instituit* 1693 ; *Lud. XVI illustravit* 1779.

Sous la restauration, l'administration de l'ordre fut confiée au ministre-secrétaire d'État au département de la guerre ; les brevets d'admission dans l'ordre étaient contre-signés par le ministre de la guerre pour les officiers des troupes de terre, et par le ministre de la marine pour les officiers du service de mer. Tous ces brevets étaient revêtus du sceau de l'ordre, dont le garde-des-sceaux de France est le dépositaire.

Le nombre des chevaliers est illimité ; celui des commandeurs fut provisoirement porté à cent vingt, et celui des grands-croix à quarante.

Il a été pourvu à la dotation de l'ordre sur les fonds de la caisse des Invalides.

La réception des chevaliers de Saint-Louis se fait ainsi qu'il suit :

Le chevalier se présente devant la personne qui le reçoit, et s'étant mis à genoux, il prononce le serment de l'ordre ; ensuite la personne qui le reçoit le frappe d'un coup d'épée sur chaque épaule, et lui donne l'accolade et la croix en lui disant : *Par saint Louis je vous fais chevalier.*

La marque de l'ordre est une croix à huit pointes pommetées, émaillée de blanc, bordée d'or ; il y a dans chaque angle une fleur-de-lis du même, et au milieu l'image de saint Louis cuirassé d'or, couvert de son manteau royal, tenant de sa main droite une couronne de laurier, et de la gauche une couronne d'épines : le fond du médaillon est rouge et parsemé des clous

de la passion ; il est entouré d'un cercle d'azur sur lequel
est la légende : *Ludovicus magnus instituit* 1696.

Au revers est un autre médaillon de gueules à une épée
flamboyante, la pointe passée dans une couronne de laurier
liée de l'écharpe blanche ; sur une bordure d'azur est la devise écrite en lettres d'or : *Bellicæ virtutis præmium.*

Les chevaliers portent la croix attachée à la boutonnière
de l'habit par un ruban ponceau moiré.

Les commandeurs la portent attachée au bas d'un large
ruban, passé en écharpe de droite à gauche.

Il en est de même pour les grands-croix ; mais, en outre, ils
portent une plaque brodée en or sur le côté gauche des habits
et manteaux.

Lorsqu'un grand-croix ou commandeur de Saint-Louis reçoit l'ordre du Saint-Esprit, il faut qu'il renonce au grand
cordon du premier ordre pour n'en plus porter que la croix ;
il peut alors l'attacher par un petit ruban rouge au bas du
cordon du Saint-Esprit, à côté de la croix de cet ordre.

Ordre du Mérite militaire.

Louis XV a établi l'ordre du Mérite militaire, par ordonnance du 10 mars 1759, en faveur des officiers nés dans les
pays où l'on ne suit que la religion protestante, et qui, employés dans les régiments étrangers au service de la France,
ne pouvaient être admis dans l'ordre de Saint-Louis, pour
lequel il faut prouver la profession de la religion catholique
romaine. La différence de religion empêcha que le roi prît la
qualité de grand-maître de l'ordre, qui d'ailleurs fut établi
à l'instar de celui de Saint-Louis.

L'ordre est composé de trois classes : la première est celle
des chevaliers, dont le nombre est illimité ; de cette classe
on passe à celle des commandeurs, qui ne sont que huit, et
de celle-ci à celle des grands-croix, au nombre de quatre.

La décoration, qui était attachée à un ruban bleu, mais qui, depuis l'ordonnance du 28 novembre 1814, est le même que celui de Saint-Louis, consiste en une croix d'or à huit pointes pommetées, et anglée de quatre fleurs-de-lis du même, au milieu de laquelle est une épée ayant la pointe en haut, avec ces mots pour légende : *Pro virtute bellicâ*; au revers est une couronne de laurier, avec ces mots : *Ludovicus XV instituit* 1759.

Les grands-croix portent cette croix attachée à un large ruban passé en écharpe, et ils ont en outre une plaque brodée en or sur les habits et manteaux. Les commandeurs ne la portent qu'en écharpe, et n'ont point la broderie; et pour les chevaliers elle est suspendue à la boutonnière de l'habit par un petit ruban.

Récompenses militaires.

La république ne voulut pas se priver d'un si noble et si puissant moyen d'action, elle changea les noms et les choses, en restant fidèle au fond. Elle créa des récompenses militaires, et le consulat institua la Légion-d'Honneur, comme nous allons le voir :

Il a été donné des récompenses aux militaires qui se sont distingués en combattant pour la république, savoir :

1. Aux grenadiers et soldats, des *fusils d'honneur* garnis en argent;

2. Aux tambours, des *baguettes d'honneur* garnies en argent;

3. Aux cavaliers, des *carabines d'honneur* garnies en argent;

4. Et aux trompettes, des *trompettes d'honneur* en argent.

Ces récompenses portent une inscription contenant le nom de celui qui les obtient, et le nom de l'action pour laquelle il les obtient.

Les canonniers reçoivent des grenades d'or, qu'ils portent sur le parement de leur habit.

Tout militaire qui a obtenu une de ces récompenses, jouit de 5 centimes de haute-paie par jour.

Tout militaire qui prend un drapeau à l'ennemi, fait prisonnier un officier supérieur, ou arrive le premier pour s'emparer d'une pièce de canon, a droit, suivant son arme, à l'une des récompenses ci-dessus.

Il est accordé des *sabres d'honneur* aux officiers et aux soldats, qui se distinguent par des actions extraordinaires. Tout militaire qui a obtenu un sabre d'honneur, jouit d'une double paie.

Légion-d'Honneur.

Pour récompenser les services militaires, et aussi les services et les vertus civiles, il a été formé une *Légion-d'Honneur*, par une loi du 19 mai 1802 (29 floréal an x).

Cette légion est composée d'un grand conseil d'administration et de seize cohortes, dont chacune a son chef-lieu particulier. Il est affecté à chaque cohorte des biens nationaux portant 200,000 fr. de rente. Le grand conseil d'administration est composé de sept grands officiers, qui conservent pendant leur vie le titre de grand officier, lors même qu'ils seraient remplacés par l'effet de nouvelles élections. Le premier Consul est de droit chef de la Légion.

Chaque cohorte est composée :
De sept grands officiers,
De vingt commandants,
De trente officiers,
Et de trois cent cinquante légionnaires.
Les membres de la Légion sont à vie.
Il est affecté à chaque grand officier, 5,000 francs;
A chaque commandant, 2,000 francs,

A chaque officier, 1,000 francs,

Et à chaque légionnaire, 250 francs.

Ces traitements sont pris sur les biens affectés à la Légion.

Chaque membre jure, sur son honneur, de se dévouer au service de la république, à la défense de l'intégrité de son territoire, de son gouvernement et de ses lois; de combattre par tous les moyens que la justice, la raison et les lois autorisent, toute entreprise tendant à rétablir le régime féodal, à reproduire les titres qui en étaient l'attribut, et de concourir de tout son pouvoir au maintien de la liberté et de l'égalité.

Il est établi dans chaque chef-lieu de cohorte un hospice et des logements pour recueillir les légionnaires malades ou infirmes.

Composition. Sont membres de la Légion tous les militaires qui ont reçu des armes d'honneur.

Peuvent y être nommés les militaires qui ont rendu de grands services à l'Etat dans la guerre de la liberté;

Les citoyens qui ont servi et honoré l'Etat par leur savoir, leurs talents et leurs vertus.

Le grand conseil d'administration nomme les membres de la Légion.

Les grands services rendus à l'Etat dans les fonctions administratives, la diplomatie, la justice ou les sciences, sont des titres d'admission, pourvu qu'on fasse partie de la garde nationale.

Nul ne pourra parvenir à un grade supérieur sans avoir passé par le plus simple grade.

Suit un tableau désignant les chefs-lieux et l'arrondissement des cohortes. (L'espace nous manque pour le reproduire.)

Grand conseil d'administration. Le grand conseil d'administration s'assemble une fois par mois. Une séance extraordinaire, chaque année, est destinée à proclamer les nouvelles promotions, et à recevoir solennellement le serment des nou-

Blason. 21

veaux légionnaires. L'un des membres du conseil y prononce l'éloge, en forme de notice historique, des membres qui sont morts dans le courant de l'année.

Le grand conseil nomme un grand-chancelier de la Légion et un trésorier général, qui sont grands officiers. Le grand-chancelier est dépositaire du sceau.

Conseil d'administration des cohortes. Il est établi, dans chaque chef-lieu de cohorte, un conseil particulier d'administration, qui est chargé de la gestion des biens de cette cohorte, et de la direction de l'hospice qui y est établi.

Ce conseil est composé de neuf membres désignés par le chef de Légion, savoir :

Un grand officier, chef de la cohorte, président ;

Deux commandants ;

Trois officiers, y compris le chancelier et le trésorier, qui n'ont point de voix délibérative ;

Trois légionnaires.

Les conseils d'administration de cohorte s'assemblent le premier et le quinze de chaque mois, au chef-lieu de la cohorte.

Chaque année, il y a une séance extraordinaire pour distribuer les nouveaux diplômes et recevoir le serment des nouveaux membres. On y prononce l'éloge des membres morts pendant l'année.

Les chanceliers des cohortes remplissent les fonctions de secrétaires des conseils d'administration. Ils sont chargés de la correspondance avec le grand conseil.

Le trésorier de la cohorte est chargé de recevoir les revenus, de payer les traitements des officiers et légionnaires, et de la comptabilité de l'hospice.

Napoléon, devenu *Empereur des Français* en vertu du sénatus-consulte organique du 28 floréal an XII, pensa à doter la Légion-d'Honneur d'une décoration, et il ordonna une fête solennelle pour l'inauguration de cette grande institution. Voici comment s'exprime M. de Norvins à ce sujet :

« La loi du 19 mai 1802 avait créé l'ordre de la Légion-d'Honneur ; l'inauguration de cette grande institution a lieu le 14 juillet 1804. Cette fête a lieu au temple de Mars, dans l'église des Invalides. La cérémonie brille de tout l'éclat de la grandeur républicaine et de toute la pompe impériale. C'est dans l'édifice de Louis XIV, fondateur de l'ordre de Saint-Louis, que Napoléon donne solennellement la décoration à la gloire militaire de la liberté. Le même jour, pour mieux consacrer cette mémorable époque de la première confédération des Français, les croix d'honneur sont distribuées par les généraux dans toutes les garnisons de l'Empire ; Napoléon partagea avec la patrie les vœux de tous ses défenseurs. »

Ce fut le 22 messidor an XII, 11 juillet 1804, qu'un décret de l'Empereur statua sur la décoration des membres de la Légion-d'Honneur ; il est ainsi conçu :

DÉCRET IMPÉRIAL *sur la décoration des membres de la Légion-d'Honneur.*

Au palais de Saint-Cloud, le 22 messidor.

NAPOLÉON, EMPEREUR DES FRANÇAIS,

DÉCRÈTE ce qui suit :

ART. 1. La décoration des membres de la Légion-d'Honneur consistera dans une étoile à cinq rayons doubles.

ART. 2. Le centre de l'étoile, entouré d'une couronne de chêne et de laurier, présentera d'un côté la tête de l'Empereur avec cette légende : *Napoléon, Empereur des Français,* et de l'autre, l'aigle française tenant la foudre, avec cette légende : *Honneur et Patrie.*

ART. 3. La décoration sera émaillée de blanc. Elle sera en

or pour les grands officiers, les commandants et les officiers, et en argent pour les légionnaires ; on la portera à une des boutonnières de l'habit, et attachée à un ruban moiré rouge.

ART. 4. Tous les membres de la Légion-d'Honneur porteront toujours leur décoration.

L'Empereur seul portera indistinctement l'une ou l'autre décoration.

ART. 5. Les grands officiers, commandants, officiers et légionnaires, recevront leur décoration en même temps que leur diplôme, dans les séances extraordinaires déterminées par les articles 7 et 17 de l'arrêté du 13 messidor an x.

Ils porteront néanmoins sans attendre une de ces séances lorsque le grand-chancelier l'aura adressée pour eux, et d'après un ordre particulier de Sa Majesté impériale, au chef de la cohorte, ou à un grand officier, délégué à cet effet par ordre de l'empereur.

ART. 6. Toutes les fois que le grand officier, le commandant, l'officier ou le légionnaire pour lequel cette délégation aura lieu, appartiendra à un corps civil ou militaire, la décoration lui sera remise, au nom de l'Empereur, en présence du corps assemblé.

Signé NAPOLÉON.

Par l'Empereur :

Le Secrétaire d'Etat, signé HUGUES B. MARET.

Un décret du 1er mars 1808 portait que les membres de la Légion-d'Honneur prendraient le titre de *Chevalier*.

A l'époque de la restauration, Louis XVIII se plaça à la tête de la Légion-d'Honneur, dont il se déclara le grand-maître. Il y apporta quelques modifications et changea les ornements de la croix. Voici comment la Légion-d'Honneur se trouva établie depuis 1816 jusqu'en 1830.

L'administration de l'ordre royal de la Légion-d'Honneur

est confiée à un grand-chancelier qui travaille directement avec le roi.

. En temps de paix, pour être admis dans la Légion-d'Honneur, il faut avoir exercé pendant vingt-cinq ans des fonctions civiles ou militaires avec distinction. Nul ne peut y être admis qu'avec le premier grade de chevalier ; et pour obtenir un grade supérieur, il faut avoir passé dans le grade inférieur un certain nombre d'années, fixé par l'ordonnance du 26 mars 1816.

En temps de paix comme en temps de guerre, les services extraordinaires rendus au roi et à l'Etat, dans les fonctions civiles et militaires, les sciences et les arts, peuvent dispenser des conditions établies par l'admission et l'avancement dans l'ordre.

Les nominations dans l'ordre sont réparties entre les divers ministères dans une proportion fixe, et la liste des personnes désignées est soumise à l'approbation du roi par le grand-chancelier.

Le grand-chancelier de la Légion désigne, pour procéder aux réceptions, un membre de la Légion d'un grade au moins égal à celui du récipiendaire, qui prête à genoux le serment suivant :

« Je jure d'être fidèle au roi, à l'honneur et à la patrie, de révéler à l'instant tout ce qui pourrait venir à ma connaissance, et qui serait contraire au service de Sa Majesté et au bien de l'Etat; de ne prendre aucun service, et de ne recevoir aucune pension ni traitement d'un prince étranger, sans le consentement exprès de Sa Majesté; d'observer les lois, ordonnances et règlements, et généralement de faire tout ce qui est du devoir d'un brave et loyal chevalier de la Légion-d'Honneur.

L'ordre est composé de chevaliers, d'officiers, de commandeurs, de grands officiers et de grands-croix.

Le nombre des chevaliers n'est pas limité; celui des officiers est fixé à deux mille, celui des commandeurs à quatre cents; celui des grands officiers à cent soixante, et celui des grands-croix à quatre-vingts.

La croix de l'ordre est une étoile à rayons doubles, émaillée de blanc, surmontée de la couronne royale. Le centre de l'étoile, entouré d'une couronne de chêne et de laurier, présente d'un côté l'effigie de Henri IV, avec cette légende : *Henri IV, roi de France et de Navarre*; et de l'autre, trois fleurs-de-lis, avec cet exergue : *Honneur et Patrie.* Cette croix est en argent pour le grade de chevalier, et en or pour les autres.

Cette substitution malheureuse témoignait de la terreur qu'inspirait le souvenir toujours puissant du fondateur, l'Empereur Napoléon Ier! C'était comme un hommage involontaire et indirect rendu à ce régénérateur de la France !

Le ruban de l'ordre est moiré rouge. Les chevaliers portent la croix attachée à la boutonnière de l'habit, les officiers la portent de la même manière, mais ils ajoutent une rosette.

Les commandeurs portent la décoration en sautoir, avec un ruban de moyenne largeur.

Les grands officiers portent, sur le côté droit de leur habit, une plaque semblable à celle des grands-croix, mais d'un diamètre moindre; ils ont en même temps la simple croix en or à la boutonnière.

Les grands-croix portent un large ruban moiré rouge, passant de l'épaule droite au côté gauche, au bas duquel est attachée une grande croix : ils portent en même temps une plaque brodée en argent sur le côté gauche des habits et manteaux, et au milieu de laquelle est l'effigie de Henri IV, avec l'exergue : *Honneur et Patrie.*

Les membres de la Légion-d'Honneur peuvent obtenir le titre personnel de chevalier, en justifiant d'un revenu net de trois mille francs au moins, en biens immeubles situés en France.

Lorsque l'aïeul, le fils et le petit-fils auront été successi-

vement membres de la Légion-d'Honneur, et auront obtenu
des lettres patentes de chevaliers, le petit-fils sera noble de
droit, et transmettra la noblesse à tous ses descendants.

Une maison d'éducation, sous le nom de *Maison royale
de Saint-Denis*, a été fondée spécialement pour recevoir les
orphelins des membres de la Légion-d'Honneur. La faveur
d'être admises dans cette maison a été accordée aux filles
des membres des autres ordres royaux.

M. le Ministre d'Etat, maréchal Macdonald, duc de Tarente,
a été nommé grand-chancelier, dépositaire du sceau de
l'ordre.

En 1830, l'ordre de la Légion-d'Honneur reprit de nouveaux
insignes : la décoration, comme par le passé, consista dans une
étoile à cinq rayons doubles, surmontée de la couronne royale ;
le centre de l'étoile, entouré d'une couronne de chêne et
de laurier, présentait d'un côté l'effigie de Henri IV, avec
la légende : *Henri IV ;* et de l'autre côté des drapeaux tricolores, avec cet exergue : *Honneur et Patrie.*

Croix de Juillet.

Une ordonnance royale du 30 avril 1831 dispose que la
décoration, instituée par la loi du 30 octobre 1830, sur les
récompenses nationales, portera le nom de *croix de juillet,*
et détermine la forme et le ruban de cette décoration. *Forme :*
une étoile à trois pointes en émail blanc, montée sur argent
et surmontée d'une couronne murale en argent. Le centre
de l'étoile, divisé en trois auréoles émaillées aux couleurs
nationales, entourées d'une couronne de chêne, porte à la
face : 27, 28, 29 juillet 1830 ; et pour légende : *donné par le
roi des Français.* Le revers, divisé comme le centre de la
face, porte le coq gaulois en or, avec cette légende : *Patrie
et Liberté.*

Couleur du ruban : Moiré de couleur bleu d'azur, de 37

millimètres de largeur, portant un liseré rouge de 2 millimètres, placé de chaque côté du ruban à 2 millimètres de
son bord.

LÉGION-D'HONNEUR

SOUS S. M. L'EMPEREUR NAPOLÉON III.

La révolution de 1848 respecta l'ordre de la Légion-d'Honneur; le 12 septembre 1848, avant que l'Assemblée nationale ait statué sur cette illustre fondation, un arrêté intervint
d'urgence, signé par le président du conseil des ministres,
chargé du pouvoir exécutif, qui supprimait la couronne qui
surmonte l'étoile, plaçait l'effigie de *Bonaparte* 1er *Consul*,
au centre, avec la date du 19 *mai* 1802, et rétablissait la célèbre devise : HONNEUR ET PATRIE.

La Constitution promulguée le 4 novembre suivant main-
tint la Légion-d'Honneur, en ces termes : «La Légion-d'Honneur est maintenue ; ses statuts seront révisés et mis en har-
monie avec la Constitution.»

En 1849, le 4 décembre, une loi fut promulguée qui statuait
que toutes les nominations et promotions dans l'ordre de la
Légion-d'Honneur seraient publiées au *Bulletin des Lois* et au
Moniteur universel, avec l'exposé détaillé des services militaires ou civils qui les auront motivées.

Le 31 décembre 1851, un décret fut rendu par S. A. I.
Louis-Napoléon Bonaparte, alors Président de la République,
qui rétablit l'aigle française sur la croix de la Légion-d'Honneur.

Un décret de S. A. I. daté du 1er février 1851, disposa
que la forme de la décoration des membres de la Légion-
d'Honneur était rétablie telle qu'elle avait été adoptée par
l'Empereur (Napoléon 1er). Haute et éclatante justice rendue

au grand homme par son neveu, pleine satisfaction donnée aux braves légionnaires.

Un décret du 14 mars 1853, décida qu'il serait délivré des brevets à tous les légionnaires nommés ou promus dans la Légion depuis le 16 mars 1852, ainsi qu'à ceux qui, nommés antérieurement, en feraient la demande, et aux légionnaires à venir.

Pour que l'administration de la Légion-d'Honneur fasse exécuter ces dispositions, et afin surtout qu'elle puisse y apporter toute l'exactitude et la régularité nécessaires, les ayant-droit doivent produire à la grande chancellerie les pièces ci-après désignées :

1º La lettre d'avis ou le titre constatant la nomination ;
2º L'acte de naissance dûment légalisé ;
3º L'état des services.

Aux termes de l'article 4 du décret du 14 mars 1853, il doit être perçu par la grande chancellerie, pour les frais d'expédition des brevets, savoir :

Par brevet de chevalier, 12 francs ;
d'officiers, 25 francs ;
de commandeur, 40 francs ;
de grand officier, 60 francs ;
de grand-croix, 100 francs.

Les sous-officiers et soldats en activité de service, membres de la Légion-d'Honneur depuis le 16 mars 1852, sont exempts de tous frais d'expédition.

Enfin, intervint le décret organique du 16 mars 1852, qui fixe la législation sur cette matière, en voici le texte :

LOUIS-NAPOLÉON, etc.

Vu l'ordonnance du 26 mars 1816 et les décrets des 24 mars 1851, 22 janvier 1852, 25 janvier 1852, 20 février 1852;

Considérant que l'ordonnance précitée n'a pas été abrogée, bien qu'elle soit en partie tombée en désuétude;

Qu'il est nécessaire de réunir dans un seul décret organique les statuts de la Légion-d'Honneur, afin de coordonner l'ordonnance de 1816 avec les lois et décrets subséquents;

Sur la proposition du maréchal grand-chancelier de la Légion-d'Honneur,

Décrète :

TITRE PREMIER.

Organisation et composition de l'ordre.

Art. 1er. La Légion-d'Honneur est instituée pour récompenser les services civils et militaires.

Art. 2. Le Président de la République est chef souverain et grand-maître de l'ordre.

Art. 3. La Légion-d'Honneur est composée de chevaliers, d'officiers, de commandeurs, de grands officiers et de grands-croix.

Art. 4. Les membres de l'ordre sont à vie.

Art. 5. Le nombre des chevaliers n'est pas limité; néanmoins, comme ce nombre est aujourd'hui trop considérable, il ne sera fait dans le civil qu'une promotion sur deux extinctions jusqu'en 1856.

Le nombre des officiers est élevé à 4,000; celui des commandeurs, à 1,000; celui des grands officiers, à 200; celui des grands-croix, à 80.

Art 6. Le nombre des grands officiers, commandeurs et officiers dépassant les limites fixées, il ne sera fait dans ces divers grades, tant au civil qu'au militaire, qu'une nomination ou promotion sur deux vacances, jusqu'à ce que l'on soit rentré dans le cadre.

Art. 7. Les étrangers seront admis et non reçus; ils ne prêtent aucun serment et ne figurent pas dans le cadre fixé.

TITRE II.

Forme de la décoration et manière de la porter.

Art. 8. La décoration de la Légion-d'Honneur est, comme sous l'Empire, une étoile à cinq rayons doubles surmontée d'une couronne.

Le centre de l'étoile, entouré de branches de chêne et de laurier, présente d'un côté l'effigie de Napoléon avec cet exergue :

Napoléon, Empereur des Français, et de l'autre côté, l'aigle avec la devise : *Honneur et Patrie.*

Art. 9. L'étoile émaillée de blanc est en argent pour les chevaliers et en or pour les officiers, commandeurs, grands officiers et grands-croix.

Le diamètre est de 40 millimètres pour les chevaliers et officiers, et de 60 pour les commandeurs et grands-croix.

Art. 10. Les chevaliers portent la décoration attachée par un ruban moiré rouge, sans rosette, sur le côté gauche de la poitrine.

Les officiers la portent à la même place et avec le même ruban, mais avec une rosette.

Les commandeurs portent la décoration en sautoir attachée par un ruban moiré rouge plus large que celui des officiers et chevaliers.

Les grands officiers portent sur le côté droit de la poitrine une plaque ou étoile à cinq rayons doubles, diamantée tout argent, du diamètre de 90 millimètres ; le centre représente l'aigle, avec l'exergue : *Honneur et Patrie* ; ils portent, en outre, la croix d'officier.

Les grands-croix portent un large ruban, moiré rouge, en écharpe, passant sur l'épaule droite, et au bas duquel est attachée une croix semblable à celle des commandeurs, mais ayant 70 millimètres de diamètre. De plus, ils portent sur le côté gauche de la poitrine une plaque semblable à celle des grands officiers.

TITRE III.

Admission et avancement dans l'ordre.

Art. 11. En temps de paix, pour être admis dans la Légion-d'Honneur, il faut avoir exercé pendant vingt ans, avec distinction, des fonctions civiles ou militaires.

Art. 12. Nul ne peut être admis dans la Légion-d'Honneur qu'avec le premier grade de chevalier.

Art. 13. Pour être nommé à un grade supérieur, il est indispensable d'avoir passé dans le grade inférieur, savoir :

1° Pour le grade d'officier, 4 ans dans celui de chevalier ;

2° Pour le grade de commandeur, 2 ans dans celui d'officier ;

3° Pour le grade de grand-officier, 3 ans dans celui de commandeur ;

4° Pour le grade de grand-croix, 5 ans dans celui de grand officier ;

Art. 14. Chaque campagne est comptée double aux militaires dans l'évaluation des années exigées par les art. 11 et 13, mais on ne peut jamais compter qu'une campagne par année, sauf les cas d'exception qui doivent être déterminés par un décret spécial.

Art. 15. En temps de guerre, les actions d'éclat et les blessures graves peuvent dispenser des conditions exigées par les art. 11 et 13 pour l'admission ou l'avancement dans la Légion-d'Honneur.

Art. 16. En temps de paix comme en temps de guerre, les services extraordinaires, dans les fonctions civiles ou militaires, les sciences et les arts, peuvent également dispenser de ces conditions, mais sous la réserve expresse de ne franchir aucun grade.

Art. 17. Pour donner lieu aux dispenses mentionnées dans les articles précédents, les actions d'éclat, blessures ou services extraordinaires doivent être dûment constatés.

Les propositions devront expliquer avec détail le fait pour lequel on demande la décoration ; elles seront transmises, par la voie hiérarchique, au ministre compétent, qui les présentera au chef de l'Etat.

Art. 18. Sauf les cas extraordinaires mentionnés aux précédents articles, il n'y aura de nominations et promotions dans l'ordre qu'au 1er janvier et au 15 août.

Art. 19. Dans le mois qui précède chacune de ces époques, le grand-chancelier arrêtera, en conseil de l'ordre, le tableau des vacances, conformément à l'art. 6, et prendra les ordres du chef de l'Etat pour la répartition à faire entre les différents ministères.

Art. 20. Sur l'avis que le grand-chancelier leur donnera, les ministres lui adresseront les listes des personnes qu'ils jugeront avoir mérité cette distinction.

Art. 21. De la réunion de ces listes, le grand-chancelier formera un corps de décrets qu'il soumettra à l'approbation du chef de l'Etat.

Art. 22. Les ministres, après chaque nomination ou promotion, expédient des lettres d'avis à toutes les personnes nommées dans leurs ministères.

Ces lettres d'avis leur prescrivent de se pourvoir auprès du grand chancelier pour obtenir l'autorisation nécessaire de se faire recevoir, d'être décoré et l'expédition du brevet.

Art. 23. Toutes demandes de nomination ou de promotion qui seront adressées ou soumises au Président de la République, par quelque personne que ce soit, autre que les ministres, seront renvoyées au grand-chancelier qui en fera le rapport et présentera des projets de décrets s'il y a lieu.

Art. 24. A l'avenir, nul ne pourra porter la décoration du grade auquel il aura été nommé ou promu qu'après sa réception, à moins que cette décoration ne lui soit remise directement par le chef de l'Etat.

TITRE IV.

Mode de réception des membres de l'ordre, et du serment.

Art. 25. Les grands-croix et les grands officiers prêtent serment entre les mains du chef de l'Etat et reçoivent de lui leur décoration.

Art. 26. En cas d'empêchement, le grand-chancelier ou un grand fonctionnaire du même rang dans l'ordre sera délégué pour recevoir le serment et procéder aux réceptions. Dans l'un et l'autre cas, le grand-chancelier prendra les ordres du chef de l'Etat.

Art. 27. Le grand-chancelier désigne, pour procéder aux réceptions des chevaliers, officiers et commandeurs, un membre de l'ordre, d'un grade au moins égal à celui du récipiendaire.

Art. 28. Les militaires de tout grade et de toutes armes de terre et de mer, les membres des administrations qui en dépendent, seront reçus à la parade.

Art. 29. Le récipiendaire prête le serment ci-après :

« Je jure fidélité au Président de la République, à l'honneur et à la patrie ; je jure de me consacrer tout entier au bien de l'Etat, et de remplir les devoirs d'un brave et loyal chevalier de la Légion-d'Honneur. »

Art. 30. L'officier chargé de la réception d'un militaire, après avoir reçu son serment, le frappe du plat de l'épée sur chaque épaule, et en lui remettant son brevet ainsi que sa décoration, au nom du Président de la République, lui donne l'accolade.

Art. 31. Il ne pourra être porté cumulativement avec l'ordre de la Légion-d'Honneur aucun ordre étranger, sans l'autorisation du chef de l'État, transmise par le grand-chancelier.

Art. 32. Il est adressé au grand-chancelier un procès-verbal de chaque réception ; des règlements particuliers déterminent les modèles des procès-verbaux de réception.

TITRE V.

Pensions, brevets et prérogatives.

Art. 33. Tous les officiers, sous-officiers et soldats de terre et de mer en activité de service, nommés ou promus dans l'ordre de la Légion-d'Honneur postérieurement au décret du 22 janvier 1852, recevront, selon leur grade dans la Légion, l'allocation annuelle suivante :

Les légionnaires.	250 fr.
Les officiers.	500
Les commandeurs.	1,000
Les grands officiers.	2,000
Les grands-croix	3,000

La valeur des décorations sera imputée sur la première annuité.

Art. 34. Les mêmes pensions sont accordées à tous les officiers de terre et de mer, membres de la Légion-d'Honneur, mis en retraite après le 22 janvier 1852.

Art. 35. Des brevets, revêtus de la signature du Président de la République et contre-signés du grand-chancelier, seront délivrés à tous les membres de la Légion-d'Honneur nommés ou promus à l'avenir.

Art. 36. On porte les armes aux officiers et chevaliers, on les présente aux grands-croix et grands officiers et aux commandeurs.

Art. 37. Les grands-croix et les grands officiers recevront les mêmes honneurs funèbres et militaires que les généraux de division et les généraux de brigade non employés, et s'ils sont officiers généraux, ils seront considérés comme morts dans l'exercice de leur commandement.

Les commandeurs sont assimilés aux colonels ;

Les officiers aux chefs de bataillon ;

Les chevaliers aux lieutenants.

Dans l'ordre civil, les honneurs funèbres et militaires seront rendus par la garde nationale aux commandeurs, officiers et chevaliers.

TITRE VI.

Discipline des membres de l'ordre.

Art. 38. La qualité de membres de la Légion-d'Honneur se perd par les mêmes causes que celles qui font perdre la qualité de citoyen français.

Art. 39. L'exercice des droits et des prérogatives des membres de la Légion-d'Honneur est suspendu par les mêmes causes que celles qui suspendent les droits de citoyen français.

Art. 40. Les ministres de la justice, de la guerre et de la marine transmettent au grand-chancelier des copies de tous les jugements en matière criminelle, correctionnelle et de police, relatifs à des membres de l'ordre.

Art. 41. Toutes les fois qu'il y aura eu recours en cassation contre un jugement rendu en matière criminelle, correctionnelle ou de police, relatif à un légionnaire, le procureur général auprès de la cour de cassation en rend compte sans délai au ministre de la justice, qui en donne avis au grand-chancelier de la Légion-d'Honneur.

Art. 42. Les procureurs généraux auprès des cours d'appel et les rapporteurs auprès des conseils de guerre ne peuvent faire exécuter aucune peine infamante contre un membre de la Légion qu'il n'ait été dégradé.

Art. 43. Pour cette dégradation, le président de la cour d'appel, sur le réquisitoire de l'avocat général, ou le président du conseil de guerre, sur le réquisitoire du rapporteur, prononce, immédiatement après la lecture du jugement, la formule suivante :

« Vous avez manqué à l'honneur, je déclare, au nom de la Légion, que vous avez cessé d'en être membre. »

Art. 44. Les chefs militaires de terre et de mer rendent aux ministres de la guerre et de la marine un compte particulier de toutes les peines graves de discipline qui ont été infligées à des légionnaires sous leurs ordres.

Ces ministres transmettent des copies de ce compte au grand-chancelier.

Art. 45. La cassation d'un chevalier de la Légion, sous-officier en activité, et le renvoi d'un soldat ou d'un marin chevalier de la Légion, ne peuvent avoir lieu que d'après l'autorisation des ministres de la guerre et de la marine. Ces ministres ne peuvent donner cette autorisation qu'après en avoir informé le grand-chancelier, qui prendra les ordres du Président de la République.

Art. 46. Le chef de l'Etat peut suspendre en tout ou en partie l'exercice des droits et prérogatives, ainsi que le traitement attaché à la qualité de membre de la Légion-d'Honneur, et même exclure de la Légion, lorsque la nature du délit et la gravité de la peine prononcée correctionnellement paraissent rendre cette mesure nécessaire.

TITRE VII.

Administration de l'ordre.

Art. 47. L'administration de l'ordre est confiée à un grand-chancelier qui travaille directement avec le chef de l'Etat; il entre au Conseil des ministres toutes les fois que le Président juge convenable de l'y appeler pour discuter les intérêts de l'ordre.

Art. 48. Un secrétaire général nommé par le Président de la République est attaché à la grande chancellerie; il a la signature en cas d'absence ou de maladie du grand-chancelier et le représente.

Art. 49. Le grand-chancelier est dépositaire du sceau de l'ordre.

Art. 50. Tous les ordres étrangers sont dans les attributions du grand-chancelier de la Légion-d'Honneur.

Art. 51. Les décrets relatifs à la Légion-d'Honneur sont contre-signés par le ministre de l'Etat, et visés par le grand-chancelier pour leur exécution.

Art. 52. Le grand-chancelier présente au chef de l'Etat :

1º Les rapports, projets de décrets, règlements et décisions concernant la Légion-d'Honneur et les ordres étrangers;

2º Les candidats présentés par les ministres, par d'autres personnes ou par lui, pour les nominations ou promotions;

3º Il prend ses ordres à l'égard des ordres étrangers conférés à des Français;

4º Il transmet l'autorisation de les porter;

5º Il soumet à l'approbation du chef de l'Etat le travail relatif aux gratifications extraordinaires des membres de l'ordre, ainsi qu'à l'admission et à la révocation des élèves pensionnaires et gratuites dans les maisons d'éducation de l'ordre;

6° Il dirige et surveille toutes les parties de l'administration de l'ordre, ses établissements, la perception des revenus, les paiements et dépenses ;

7° Il présente annuellement les projets de budget, préside les assemblées, etc.

Art. 53. La cour des comptes est chargée de l'apurement et règlement des comptes et dépenses annuels de la Légion-d'Honneur.

Art. 54. Un conseil de l'ordre est établi près du grand chancelier, qui le réunit tous les mois.

Le Conseil de l'ordre se compose comme suit :

Le grand-chancelier, président ;

Le secrétaire général, vice-président ;

Dix membres de l'ordre ;

Plus un secrétaire à la nomination du grand-chancelier et aux appointements de 6,000 fr.

Art. 55. Les membres du conseil sont nommés par le Président de la République.

Le Conseil sera renouvelé par moitié tous les deux ans.

Les membres sortants pourront être renommés.

Lors du premier renouvellement, les membres sortants seront désignés par le sort.

Art. 56. Le grand-chancelier et le Conseil veilleront à l'observation des statuts et règlements de l'ordre et des établissements qui en dépendent.

Le Conseil donnera son avis :

1° Sur la répartition des nominations et promotions dans la Légion-d'Honneur entre les divers ministères et la grande chancellerie ;

2° Sur l'établissement du budget de la Légion-d'Honneur et sa répartition entre les diverses branches du service de la grande chancellerie ;

3° Sur le règlement des comptes de recettes et dépenses de ces services ;

4º Sur les mesures de discipline à prendre envers les membres de l'ordre ;

5º Sur toutes questions pour lesquelles le grand chancelier jugera utile de provoquer son avis.

Art. 57. Il sera publié tous les ans, par les soins et sous la direction de la grande chancellerie, un annuaire de l'ordre de la Légion-d'Honneur.

Art. 58. Toutes les dispositions antérieures, contraires à celles du présent décret, sont abrogées.

Art. 59. Les ministres et le grand-chancelier de la Légion-d'Honneur sont chargés, chacun en ce qui le concerne, de l'exécution du présent décret.

Fait aux Tuileries, le 16 mars 1852.

Par le Président, LOUIS-NAPOLÉON.

Le ministre d'Etat, X. DE CASABIANCA.

Restait à organiser l'administration de la grande chancellerie de la Légion-d'Honneur. Un décret du 30 mars 1852 combla la lacune en créant deux divisions : LA PREMIÈRE comprenant le *secrétariat général*; le personnel des membres de l'ordre et les maisons d'éducation de l'ordre ; LA DEUXIÈME division comprenant la *comptabilité générale*.

Il fallait réparer une grande et criante injustice, 1494 officiers nommés ou promus par l'Empereur Napoléon Iᵉʳ dans l'ordre de la Légion-d'Honneur, pendant l'ardente et héroïque époque des cent jours, ne jouissaient d'aucun traitement. S. M. l'Empereur Napoléon III, par un décret daté de Saint-Cloud, 12 août 1853, décida que ces braves débris de nos vaillantes armées recevraient le traitement affecté à leur grade à partir du 1ᵉʳ janvier 1854.

Voici quelques indications émanant de la grande chancellerie : si, par tolérance, il est permis, dans les relations privées, et sur l'habit de ville, de porter un simple ruban ou des croix d'un diamètre différent de celui prescrit par les statuts de l'ordre, les légionnaires ne peuvent porter, dans l'exercice de leurs fonctions, sur le costume officiel ou sur l'uniforme, que les insignes déterminés pour chaque grade, par les articles 9 et 10 du décret organique du 16 mars 1852, et selon la forme prescrite par le décret du 31 janvier précédent.

MAISONS D'ÉDUCATION

DE L'ORDRE DE LA LÉGION-D'HONNEUR.

S. M. L'IMPÉRATRICE EUGÉNIE, PROTECTRICE.

Ces maisons sont sous la surveillance et la direction du grand-chancelier de l'ordre de la Légion-d'Honneur, qui présente les élèves à la nomination de l'Empereur. Les chapelles de ces maisons sont sous la juridiction spirituelle de l'évêque diocésain.

Le grand-chancelier présente à la nomination de l'Empereur la surintendante de la maison de Saint-Denis ; le grand-chancelier nomme les dames de la 1re et de la 2e classe, les novices et les postulantes au noviciat.

MAISON DE SAINT-DENIS.

La distinction honorifique des dames de cette maison consiste en une croix patée émaillée de blanc, anglée de rayons d'or pour les dames, et d'argent pour les novices ; le centre de la croix présente, d'un côté, la Vierge dans son assomption, et, de l'autre, sur fond d'azur : *Honneur et patrie*, avec cet exergue : *Maison d'éducation de Saint-Denis*. La décoration est en or, du diamètre de 4 centimètres 2 millimètres, pour la surintendante et les dignitaires ; elle est également en or pour les dames de 1re et de 2e classe,

mais du diamètre de 3 centimètres 6 millimètres. Elle est
en argent pour les novices, et de même diamètre que celle
des dames de 1re et de 2e classe. La décoration est suspendue
à un ruban moiré rouge. La grande décoration en or que
porte la surintendante est attachée au bas d'un large ruban
de même couleur, semblable à celui des grands-croix de l'ordre, et passant de l'épaule droite au côté gauche. Les dignitaires portent la même décoration en or, en sautoir, attachée à un ruban de même couleur, un peu plus large que
celui des commandeurs de l'ordre. Les dames de 1re classe
portent la décoration en or, du diamètre de 3 centimètres
6 millimètres, à l'épaule gauche, attachée à un ruban de
même couleur, avec une rosette, comme les officiers de l'ordre.
Les dames de 2e classe portent la même décoration en or,
attachée à un ruban de même couleur et de même largeur,
mais sans rosette. Les novices portent la décoration en argent, au côté gauche, attachée à un ruban moiré rouge, sans
rosette, de la même largeur que celui des dames de 1re et
de 2e classe. La distinction des postulantes au noviciat consiste en un ruban rouge moiré, attaché à l'épaule gauche.
Aucune dame ne peut porter la décoration à l'extérieur de
la maison, avant d'avoir rempli ses fonctions avec zèle et
assiduité pendant vingt années, à dater du statut de réorga-
ganisation ; et, dans ce cas, elle doit y être autorisée, cette
faculté devant être considérée comme un témoignage de
satisfaction. Le statut du 23 avril 1821 fixe la quotité des
pensions de retraite que l'on accorde aux dignitaires et dames
après un nombre déterminé d'années de services dans la
maison.

Cette maison est établie pour cinq cents élèves ; quatre
cents places sont gratuites, et les cent autres sont aux frais
des familles.

Elle est dirigée par une surintendante, qui a sous ses ordres six dignitaires, douze dames de 1re classe, quarante

dames de 2ᵉ classe, vingt novices et des postulantes au noviciat, dont le grand-chancelier détermine le nombre, suivant les besoins de la maison.

MÉDAILLE MILITAIRE.

S. M. l'Empereur a créé, par le décret du 22 janvier 1852,
une médaille militaire, donnant droit à 100 francs de rente
viagère, en faveur des soldats et sous-officiers des armées de
terre et de mer qui auraient mérité cette distinction par leurs
services.

Le décret que l'on va lire détermine les conditions de mérite exigées pour obtenir cette marque d'honneur, et en or-
ganise l'institution d'une manière définitive.

LOUIS-NAPOLÉON, PRÉSIDENT DE LA RÉPUBLIQUE FRAN-
ÇAISE,

Vu le décret du 22 janvier 1852, article 11, portant création « d'une *médaille militaire* donnant droit à 100 francs
» de rente viagère en faveur des soldats et sous-officiers des
» armées de terre et de mer placés dans les conditions qui
» seront déterminées par un règlement ultérieur; »

Sur le rapport du ministre de la guerre et l'avis conforme
du ministre de la marine;

Décrète :

ART. 1ᵉʳ. La *médaille militaire*, instituée par l'article 11
du décret du 22 janvier 1852, sera en argent et d'un diamètre de 28 millimètres.

Elle portera d'un côté l'effigie de Louis-Napoléon, avec

son nom pour exergue, et de l'autre côté, dans l'intérieur
du médaillon, la devise *Valeur et discipline.* Elle sera surmontée d'une aigle.

2. Les militaires et marins qui auront obtenu la médaille
la porteront attachée par un ruban jaune avec un liseré
vert, sur le côté gauche de la poitrine.

3. La médaille pourra se porter simultanément avec la
croix de la Légion-d'Honneur.

La rente viagère de 100 francs, attachée à chaque médaille accordée, est, comme le traitement de la Légion-d'Honneur, incessible et insaisissable.

Elle peut se cumuler avec toute allocation ou pension sur
les fonds de l'Etat ou des communes, mais non avec le traitement alloué aux membres de la Légion-d'Honneur.

4. La médaille militaire est accordée par le Président de
la République, sur la proposition du ministre de la guerre
ou de la marine, aux militaires ou marins qui réuniront les
conditions déterminées ci-après.

5. La médaille pourra être donnée :

1º Aux sous-officiers, caporaux ou brigadiers, soldats ou
marins qui se seront réengagés après avoir fait un congé, ou
à ceux qui auront fait quatre campagnes effectives;

2º A ceux dont les noms auront été cités à l'ordre de
l'armée, quelle que soit leur ancienneté de service;

3º A ceux qui auront reçu une ou plusieurs blessures en
combattant devant l'ennemi ou dans un service commandé;

4º A ceux qui se seront signalés par un acte de courage
ou de dévouement méritant récompense.

6. Les dispositions qui précèdent sont applicables à tous
les employés, gardes et agents militaires qui, dans les armées de terre ou de mer, ne sont pas traités ou considérés
comme officiers.

7. Les ministres de la guerre et de la marine, ainsi que
le grand-chancelier de la Légion-d'Honneur, sont chargés,

chacun en ce qui le concerne, de l'exécution du présent décret.

Fait au palais des Tuileries, le 29 février 1852.

LOUIS-NAPOLÉON.

Par le prince Président :

Le Ministre de la guerre, A. DE SAINT-ARNAUD.

Le Ministre de la marine et des colonies, THÉODORE DUCOS.

L'admirable discours prononcé par l'Empereur Napoléon III, lors de la première distribution de la médaille militaire, le 21 mars 1852, fera mieux comprendre l'importance de cette fondation que tout ce que nous pourrions dire :

« Soldats !

» En vous donnant pour la première fois la médaille, je tiens à vous faire connaître le but pour lequel je l'ai instituée. Quand on est témoin comme moi de tout ce qu'il y a de dévouement, d'abnégation et de patriotisme dans les rangs de l'armée, on déplore souvent que le Gouvernement ait si peu de moyens de reconnaître de si grandes épreuves et de si grands services.

» L'admirable institution de la Légion-d'Honneur perdrait de son prestige, si elle n'était renfermée dans de certaines limites. Cependant combien de fois ai-je regretté de voir des soldats et des officiers rentrer dans leurs foyers sans récompense, quoique, par la durée de leur service, par des blessures, par des actions dignes d'éloges, ils eussent mérité un témoignage de satisfaction de la patrie! C'est pour le leur accorder que j'ai institué cette médaille.

» Elle pourra être donnée à ceux qui se sont réengagés, après s'être bien conduits pendant le premier congé, à ceux qui auront fait quatre campagnes, ou bien à ceux qui auront été blessés ou cités à l'ordre de l'armée.

» Elle leur assurera 100 francs de rente viagère. C'est peu, certainement ; mais, ce qui est beaucoup, c'est le ruban que vous porterez sur la poitrine, et qui dira à vos camarades, à vos familles, à vos concitoyens, que celui qui le porte est un brave.

» Cette médaille ne vous empêchera pas de prétendre à la croix de la Légion-d'Honneur, si vous en êtes jugés dignes ; au contraire, elle sera comme un premier degré pour l'obtenir, puisqu'elle vous signalera d'avance à l'attention de vos chefs. Vous ne cumulerez pas les deux traitements, mais vous pourrez porter les deux décorations ; de même, si un sous-officier, caporal ou soldat, auquel aurait été décernée la Légion-d'Honneur, vient à se signaler encore, il pourra également être décoré de la médaille.

» Soldats, cette distinction est bien peu de chose, je le répète, au prix des services immenses qu'ici et en Afrique vous rendez à la France, mais recevez-la comme une preuve de ma reconnaissance pour les grands services que vous venez de rendre au pays ; recevez-la comme un encouragement à maintenir intact cet esprit militaire qui vous honore ; portez-la comme une preuve de ma sollicitude pour vos intérêts, de mon amour pour cette grande famille militaire dont je m'enorgueillis d'être le chef, parce que vous en êtes les glorieux enfants. »

Cette distinction glorieuse fut bientôt briguée par les officiers généraux de terre et de mer et leur fut accordée par décrets du 13 juin 1852 et du 7 juillet même année.

DÉCORATIONS ÉTRANGÈRES.

RÈGLEMENT POUR LE PORT DES DÉCORATIONS ÉTRANGÈRES.

RAPPORT A L'EMPEREUR.

Sire,

Le décret de Votre Majesté en date de ce jour, sur les ordres ou les décorations étrangères, n'ayant pu poser que des principes généraux, il est nécessaire que des dispositions secondaires viennent me guider dans les mesures que je dois prendre pour en assurer la complète exécution.

J'ai donc l'honneur de proposer à Votre Majesté d'arrêter les dispositions suivantes, qui auront alors toute la force de son autorité souveraine et deviendront l'expression de sa volonté impériale :

1º Sont considérées comme illégalement ou abusivement obtenues, toutes décorations qualifiées françaises ou étrangères, et conférées, sous quelque titre que ce soit, par des chapitres, corporations, confréries, prétendus grands-maîtres ou leurs délégués, etc., etc.

2º L'ordre de Malte, étant un ordre étranger, ne peut être accepté ou porté par un Français qu'autant que, conféré par un souverain, l'autorisation en a été accordée par nous ou nos prédécesseurs.

3º Toute décoration étrangère ne pourra être portée en sautoir (commandeur ou classe correspondante) que par les officiers supérieurs ou les fonctionnaires d'un rang analogue.

Les grands cordons ou plaques seront seulement portés par

les officiers généraux ou les fonctionnaires civils d'un rang correspondant.

Toute autorisation antérieure contraire à la présente disposition est révoquée.

4º Il est interdit à tout Français, sous les peines édictées par l'article 259 du Code pénal, de porter aucun costume ou uniforme soi-disant spécial, ou afférent à un ordre ou à une décoration étrangère.

5º Les demandes en autorisation d'accepter ou de porter des ordres ou des décorations étrangères seront examinées et vérifiées, en conseil de l'ordre, par notre grand-chancelier de l'ordre impérial de la Légion-d'honneur.

Je suis avec le plus profond respect,

Sire,

De Votre Majesté

Le très-humble et très-obéissant, et très-fidèle serviteur et sujet

Le Grand-Chancelier, DUC DE PLAISANCE.

Approuvé :

NAPOLÉON.

Par l'Empereur :

Le Ministre d'Etat, ACHILLE FOULD.

Vu pour l'exécution :

Le Grand-Chancelier de l'ordre impérial de la Légion-d'Honneur,

DUC DE PLAISANCE.

Ce rapport est suivi d'un décret qui renferme les dispositions suivantes:

ART. 1er. Toutes les décorations ou tous ordres étrangers, quelle qu'en soit la dénomination ou la forme, qui n'auraient pas été conférés par une puissance souveraine, sont déclarés illégalement et abusivement obtenus : et il est enjoint à tout Français qui les porte de les déposer à l'instant.

2. Tout Français qui, ayant obtenu des ordres étrangers, n'aura pas reçu du chef de l'Etat l'autorisation de les accepter et de les porter, sera pareillement tenu de les déposer immédiatement, sauf à lui à se pourvoir, s'il y a lieu, auprès de notre grand-chancelier de l'ordre impérial de la Légion-d'Honneur, pour solliciter cette autorisation.

3. Il est formellement interdit de porter d'autres insignes que ceux de l'ordre et du grade pour lesquels l'autorisation a été accordée, sous les peines édictées en l'article 259 du Code pénal.

4. A l'avenir, toute demande d'autorisation d'accepter et de porter les insignes d'un ordre ou d'une décoration étrangère, devra être adressée hiérarchiquement au grand-chancelier, par l'intermédiaire du ministre dont relève le demandeur à raison de ses fonctions ou de son emploi.

Si le demandeur en autorisation n'exerce aucune fonction publique, ou n'a que des fonctions gratuites, il adressera sa demande par l'intermédiaire du préfet de sa résidence actuelle.

Les ministres, les hauts dignitaires de l'Etat, les membres du Sénat, du Corps législatif, du Conseil d'Etat et du Conseil de l'ordre impérial de la Légion-d'Honneur, sont autorisés à adresser leur demande directement à notre grand-chancelier.

5. Les ministres et les préfets devront transmettre immédiatement à notre grand-chancelier les demandes d'autorisation qui leur sont remises, avec leur avis sur la suite à y donner.

6. Toute demande d'autorisation, formée par un Français ne faisant pas partie de la Légion-d'Honneur, devra être accompagnée d'un extrait régulier de son acte de naissance.

7. Les autorisations par nous délivrées seront insérées au *Moniteur.*

8. Une ampliation du décret d'autorisation sur parchemin, conforme au modèle ci-annexé, sera délivrée à l'impétrant.

9. Pareille ampliation sera délivrée aux Français déjà autorisés, qui en feront la demande à notre grand-chancelier de l'ordre impérial de la Légion-d'Honneur.

10. Il sera perçu par la grande chancellerie de la Légion-d'Honneur, à titre de droit de chancellerie, savoir:

Pour les décorations portées à la boutonnière.   60 fr.

     id.   id.   en sautoir.   100

     id.   avec plaque sur la poitrine. 150

     id.   avec grand cordon en écharpe. 200

11. Les soldats, sous-officiers et officiers en activité de service jusques et y compris le grade de capitaine dans l'armée de terre, et de lieutenant de vaisseau dans l'armée de mer, qui, à l'avenir, seront autorisés à accepter et porter des ordres ou des décorations étrangères, seront exempts de tout droit de chancellerie.

12. Les produits des droits de chancellerie sont employés 1° à couvrir les frais d'expédition des ampliations de décrets d'autorisation; 2° à augmenter le fonds de secours affecté aux membres et aux orphelines de la Légion-d'Honneur.

13. Les dispositions disciplinaires des lois, décrets et ordonnances sur la Légion-d'Honneur sont applicables aux Français décorés d'ordres étrangers; en conséquence, le droit de porter les insignes de ces ordres peut être suspendu ou retiré dans les cas et selon les formes déterminées pour les membres de la Légion-d'Honneur.

L'ordonnance du 16 avril 1824 est abrogée.

15. Nos ministres etc., 10 juin 1853.

M. le grand-chancelier de l'ordre impérial de la Légion-d'Honneur a fait connaître aux Français qui sollicitent l'autorisation d'accepter et de porter des ordres ou des décorations étrangères, que leur demande, adressée conformément à l'article 4 du décret du 10 juin courant, doit être accompagnée :

1º Du titre ou brevet de l'ordre ou de la décoration pour laquelle l'autorisation est sollicitée;

2º De l'acte de naissance pour ceux qui ne sont pas membres de la Légion-d'Honneur (article 6 du décret).

DISCIPLINE.

Comme complément de toutes les dispositions précédemment citées, concernant la *Légion-d'Honneur*, la *médaille militaire* et les *décorations étrangères*, nous rappellerons le décret du 24 novembre 1852, qui détermine le mode d'exécution de l'action disciplinaire établie par les dispositions du titre VI du décret du 16 mars 1852; l'article 62 de l'ordonnance du 26 mars 1816; les décrets des 22 janvier et 27 février 1852, et qui en étend l'application à l'institution de la médaille militaire, et aux décorations étrangères en vertu de l'article 13 du décret du 10 juin 1853.

ORDRES.

DE CHEVALERIE EN EUROPE.

ORDRES ANGLAIS DE CHEVALERIE.

« L'aristocratie anglaise, si elle est la plus forte et la plus vivace de toutes, est aussi de toutes la plus nouvelle. Ses plus hautes prétentions ne remontent guère qu'aux Plantagenet, et l'on considère comme très-anciennes les races dont l'illus-

tration date des guerres des deux Roses. Comparez à ces généalogies celle des familles patriciennes de Venise, des grandesses
espagnoles, des ritters allemands, celle de la noblesse celtique
d'Irlande, des O'Neils, des O'Brien, des O'Conner, voire celles
des grands barons français, contemporains de Charlemagne,
et vous n'aurez qu'une médiocre estime pour les origines de la
noblesse britannique. Le sang des Howards lui-même ne vous
semblera pas aussi précieux. »

« Néanmoins, et sans donner à cette critique plus d'importance qu'elle n'en peut avoir aujourd'hui, reconnaissons que
les traditions héraldiques sont conservées chez nous avec autant de soin et à plus grands frais que partout ailleurs. Nous
avons nos collèges de blason ; des livres de *peerages* annuellement renouvelés, et jusqu'à des controverses savantes sur
les points les plus obscurs de la science généalogique. »

Parmi les écrivains qui se sont fait un nom en traitant de
ces matières ardues, sir Harvis Nicolas, chancelier de l'ordre
de Saint-Michel et de Saint-Georges, ainsi que M. Georges-
Frédérick Beltz, le héraut d'armes, ont récemment attiré l'attention par la publication de quelques ouvrages recommandables.

Ordre de la Jarretière.

Cet ordre, le plus recherché de tous ceux qui s'accordent en
Europe, n'a ni une date ni une origine certaine. Son institution remonte, selon les uns, à l'année 1344, et selon d'autres,
à l'année 1347. On n'est pas moins divisé sur les circonstances
qui engagèrent Edouard III à fonder cet établissement.

Voici, à ce sujet, les assertions de M. Beltz :

« La célèbre chronique de la jarretière de la reine, ou d'une
autre dame, tombant au milieu d'un bal, et ramassée par le
galant monarque ; les paroles par lui prononcées et devenues
la devise de l'ordre : « *Honni soit qui mal y pense,* » ne se ré-

trouvent dans aucun écrivain antérieurement à Polydore Virgile : c'est d'après lui que Speed, Baker et Camden ont affirmé
ce fait en y mêlant le nom d'une comtesse de Salisbury, objet
présumé de la passion royale, qui métamorphosa ce futile accessoire de toilette en un insigne d'honneur. L'érudit Selden,
s'égarant sur leurs traces, chercha quelle pouvait être la comtesse en question; et par simple conjecture, attribua le fait à
Jeanne Plantagenet, la célèbre *beauté de Kent*, qu'il baptisa
comtesse de Kent et de Salisbury. Par malheur, la sagacité de
Selden est cette fois en défaut, puisque Jeanne n'était devenue
comtesse de Kent qu'après la mort de son frère John en 1351,
et que jamais elle n'a eu aucun droit à la comté de Salisbury.

» D'ailleurs, la seule raison qu'eut Polydore Virgile de nommer en cette occasion la comtesse de Salisbury plutôt que
toute autre dame de la cour, était l'épisode romanesque dans
lequel Froissart avait mis en scène le roi d'Angleterre et la
femme de William Montacute, comte de Salisbury. C'était un
bruit du temps trop aisément accueilli peut-être par le spirituel chroniqueur, dans les préjugés duquel un chevalier sans
dame était en quelque sorte incomplet. On a essayé de le dé-
mentir par un calcul de dates, qui fait peser sur la comtesse
un nombre de printemps incompatible avec les exigences de
l'amour même le plus aveugle. Mais, en définitive et tous
comptes faits, Froissard, longtemps secrétaire de la femme
d'Edouard III, n'a rien avancé de si improbable qu'on veut
bien le dire. »

Originairement, le manteau était de drap rouge sanguin,
parsemé de jarretières d'or toujours en grand nombre, mais
plus brillantes et plus nombreuses sur le manteau du roi.
Dans la suite on le porta bleu. Maintenant, c'est un manteau
de velours pourpre, non parsemé de jarretières, et l'usage est
aboli de le porter noir pendant les deuils de cour.

Le chevalier ne doit jamais quitter sa jarretière, qui peut
être enrichie *ad libitum* de perles, de rubis, etc. Celle que le

roi Charles Ier portait le jour de son exécution et que le cardinal d'Yorck a léguée à Georges IV, est composée de quatre cents diamants. Le *collier* et *l'insigne* furent ajoutés par Henri VII, sans doute en imitation de la Toison-d'Or. Le roi Georges, pendu au cou par un ruban, vint après. Charles Ier ajouta l'étoile, par imitation de la décoration du Saint-Esprit. Le ruban, d'abord *bleu de ciel,* puis bleu plus foncé, appelé *bleu jarretière,* se porte sur l'épaule gauche.

Le roi Georges III trouva l'ordre sur son ancien pied, c'est-à-dire composé seulement de vingt-six membres. Il donna des places dans l'ordre, en sus du nombre limité. Guillaume IV augmenta encore le nombre. La reine Victoria n'a pas non plus attendu une vacance pour en décorer S. A. R. le prince Albert. L'ordre de la Jarretière a été porté par les empereurs de Russie et d'Autriche, et par Louis XVIII, en 1815. Aujourd'hui, pour la première fois, le nombre des chevaliers se trouve porté à quarante.

En principe, tout *Gentleman* peut être chevalier de la Jarretière, mais en pratique, cet ordre, sauf quelques rares exceptions, est réservé à la pairie. Il fut donné à Robert Walpole, membre de la chambre des communes.

L'*ordre du Chardon* est très-ancien ; en 1687, Jacques VII d'Ecosse et II d'Angleterre le fit revivre et le constitua. La légende qui en reportait l'origine aux temps de *Charlemagne* et d'*Achaïus* est trop absurde pour être soumise à la moindre discussion. Des documents peu certains veulent qu'il ait existé sous les premiers rois de la race des Stuarts ; il est à croire qu'il existait déjà sous Jacques V. Après que Jacques II l'eut constitué ou plutôt fondé, ce prince ayant été forcé de quitter l'Angleterre, la décoration du Chardon ne fut plus vue qu'à la petite cour de Saint-Germain.

La reine Anne rétablit cet ordre en 1703. Le nombre des chevaliers n'est que de douze, non compris le souverain. Jamais d'autres que des pairs ne furent promus à cet ordre, qu'on résigne de droit en acceptant celui de la Jarretière. Le ruban du Chardon était d'abord bleu ; il est vert depuis la reine Anne. Le costume et les décorations se rapprochent de ceux de la Jarretière. L'étoile et l'insigne portent, avec le chardon emblématique, cette fameuse devise : *Nemo me impunè lacessit.*

L'ordre *irlandais de Saint-Patrick* fut fondé en 1783 par Georges III, et composé du souverain, du grand-maître et de vingt-deux chevaliers pris parmi les pairs d'Irlande. Les insignes sont : le ruban d'un bleu très-vif et l'étoile portant un trèfle en émail vert et une couronne à chaque pointe. La devise est cette question : — *Quis separabit?*

L'ordre *du Bain,* quoique établi depuis un temps plus ou moins reculé, n'a été régulièrement institué que sous le règne de Georges Ier. Son nom vient du *bain* que les chevaliers prenaient avant d'être reçus, cérémonie accompagnée de bizarres circonstances. Le nombre des chevaliers fut d'abord de trente-six ; ils portaient des vêtements et un manteau de soie rouge, avec doublure blanche ; sur l'épaule gauche du manteau sont les insignes de l'ordre, qui sont trois couronnes impériales, or, entourées de la devise de l'ordre sur un cercle de gueules, avec une gloire de rayons partant du centre. Les statuts en ont été rédigés par Robert Walpole.

Un chevalier du Bain doit en résigner le ruban rouge en recevant le ruban bleu de la Jarretière. Quand le duc de Wellington fut décoré de ce dernier ordre, il écrivit au ministre pour demander la permission de conserver la décoration du Bain, et cette faveur lui fut refusée. Le prince Albert fait depuis peu partie de cet ordre. Le nombre des chevaliers en a été augmenté et porté à plusieurs centaines.

L'ordre *de Saint-Michel et de Saint-Georges* fut institué dans les îles Ioniennes, depuis qu'elles sont sous la domination anglaise, et réservé à leurs habitants et à leurs administrateurs.

Depuis la séparation des deux couronnes, l'ordre des *Guelfes du Hanovre* a cessé d'être un ordre anglais.

(Citations et analyse d'un article du Quaterly-Review.)

AUTRICHE. Ordre de *Marie-Thérèse*, pour récompenser le mérite militaire. *Hiérarchie :* l'empereur en est le grand-maître; trois classes : les grands-croix, les commandeurs et les chevaliers. *Décoration :* la croix à quatre branches patées, d'or, émaillée de blanc; au centre, un cercle blanc avec ce mot : *Fortitudini,* et une barre transversale blanche sur un fond de gueules. Au revers le chiffre impérial. *Couleur* du ruban : rouge et blanc. L'Autriche a aussi les ordres de *Saint-Etienne,* de *Léopold d'Autriche* et d'*Elisabeth-Thérèse.*

BADE. Ordre de la *Fidélité. Fondation :* 17 juin 1715, par le margrave Charles-Guillaume, en mémoire de la fondation de Carlsruhe. Ordre du *mérite militaire* de *Charles-Frédéric.* Ordre du *Lion de Zaahringen. Fondation :* 26 décembre 1812. *Décoration :* la croix a quatre branches émaillées de sinople, et entre elles des branches à feuilles d'or. Le médaillon représente les ruines du château de Zaahringen, et au revers un lion d'or sur un fond de gueules. *Couleur* du ruban : moiré vert, liseré d'orange.

BAVIÈRE. Ordre de *Saint-Antoine. Fondation :* 1381, par Albert de Bavière, comte de Hainaut, de Hollande et de Zélande. Cet ordre était militaire et ecclésiastique; il est aujourd'hui éteint. Ordre de *Saint-Hubert. Fondation :* 1444, par Gérhard V. *Décoration :* la croix a quatre branches émaillées de blanc et mouchetées d'or, trois rayons d'or entre chaque branche, avec l'exergue : *In trau vast.* Au revers, l'image de Saint-Hubert. *Couleur* du ruban : rouge liseré de vert. Ordre de *Saint-Georges. Fondation :* XIIᵉ siècle. *Décoration :* entre les branches de la croix à huit rayons blancs, émaillés d'azur, les lettres V. I. B. I. (Virgini immaculatæ Bavaria immaculata); sur le médaillon, la Vierge dans les nuages et placée sur le croissant. *Couleur* du ruban : bleu liseré de blanc. La Bavière a encore les ordres de *Saint-Michel*, militaire de *Maximilien-Joseph*, civil de la *Couronne de Bavière*, de *Louis*, de *Thérèse*, *d'Elisabeth*, *du Sauveur*.

BRUNSWICK. Ordre d'*Henri-le-Lion*.

BELGIQUE. Ordre civil et militaire de *Léopold*. *Fondation* : 11 juillet 1832. *Hiérarchie*. Cinq classes : celles de grand cordon, commandeur, grand-officier, officier et chevalier. *Décoration* : une croix blanche émaillée, avec une couronne de laurier et de chêne ; l'écusson noir émaillé, entouré de rouge, avec le chiffre du roi, et au revers les armes du royaume. *Couleur* du ruban : ponceau moiré. Ordre de la *Croix-de-fer*. *Fondation* : 8 octobre 1833. *Décoration* : la croix de fer a quatre branches, l'écusson porte le lion belge en or, et au revers 1830. *Couleur* du ruban : rouge bordé d'un liseré jaune et noir.

DANEMARCK. Ordre de l'*Eléphant*. Fondation : Christiern 1er, à l'occasion des Croisades. *Décoration* : un éléphant d'or, émaillé de blanc, chargé d'une tour d'argent maçonnée de sable, sur une terrasse de sinople émaillée de fleurs de diamants. *Couleur* du ruban : bleu ondé. Ordre de la *fidélité*. Fondation, 1672 ; il est éteint. Ordre de *Dannebrog*.

ETATS-ROMAINS. Ordre du *Lys*. *Fondation* : 1546, par le pape Paul III. *Décoration* : une médaille d'or à l'image de Notre-Dame-du-Chêne, et au revers un lys bleu d'azur sur un fond d'or. Ordre de *Notre-Dame-de-Lorette*. Fondation : 1586, par Sixte V. Ordre de l'*Eperon-d'or-St-Sylvestre* : 1559 par Pie IV. *Décoration* : une croix blanche à quatre branches, et portant un éperon d'or. *Couleur* du ruban : rouge vif. Ordre de Grégoire XVI. *Fondation* : 1er septembre 1831. *Décoration* : la croix d'or émaillée de pourpre à quatre branches profondément bifurquées ; au centre un cercle d'or à fond d'azur, avec le buste de saint Grégoire, en or, une auréole et un saint-esprit en or ; au revers, un cercle d'azur avec la dé-

vise de l'ordre : *Pro Deo et Principe. Couleur* du ruban :
rouge liseré d'orange. Les Etats du pape ont encore les ordres du *Christ*, de *Saint-Jean-de-Latran*, de *Saint-Jean-
de-Jérusalem.*

ESPAGNE. Ordre de *la Bande*, fondé en 1332, est éteint.
Ordre de *Saint-Jacques-de-l'épée. Fondation :* 1170, par Ferdinand II. *Décoration* · une croix en forme d'épée fleurdelisée. Ordre d'*Isabelle-la-catholique. Fondation :* 1814, par
Ferdinand VII. *Décoration :* une croix patée à quatre branches émaillées de pourpre et d'or, et entre les branches des
rayons d'or; au centre les colonnes d'Hercule. *Couleur* du
ruban : blanc liseré d'orange. L'Espagne a encore les ordres
de *Malte*, de *Calatrava*, d'*Alcantara*, de *Saint-Pierre*, de
Notre-Dame-de-Montésat, de *Charles* III, de *Marie-Louise*,
de *Saint-Fernand*, de saint *Herménégilde*, de *Marie-Louise-
Isabelle.*

GRÈCE. Ordres de *Saint-Michel*, de *Saint-Georges*, du *Sauveur.*

HANOVRE. Ordre des *Guelfes.*

HOLLANDE. Ordre militaire de *Guillaume. Fondation* · 30
avril 1815. *Hiérarchie.* Le roi est le grand-maître; il y a
quatre classes : les grands-croix, les commandeurs, les chevaliers de troisième et quatrième classe. *Décoration :* une
croix blanche émaillée, à huit coins, avec ces mots : *Voor
moed, beleid, troaw. Couleur* du ruban : orange, avec deux
raies bleues. Ordre du *Lion néerlandais. Fondation :* 29 sep-
embre 1815, pour le mérite civil. *Hiérarchie :* Le roi est le
grand-maître. Il y a trois classes : les grands-croix, commandeurs, chevaliers. La *Décoration* s'attache à un ruban bleu
à deux raies oranges. Ordre *Teutonique*, est fort ancien : supprimé en 1811, il fut rétabli en 1815.

LUCQUES. Ordre du *Lion*; ordre *Teutonique.*

POLOGNE. Ordre de *l'Aigle blanc. Fondation :* 1625, par
Wadislas V. *Décoration :* un aigle d'argent couronné. *Cou-*

leur dù ruban : bleu. Ordre du *Courage militaire. Fondation* : 1796, par Stanislas-Auguste. *Décoration* : une croix à quatre branches, avec la devise : *Virtuti militari. Couleur* du ruban : bleu, liseré de noir.

PORTUGAL. Ordre de l'*Aile-de-Saint-Michel. Fondation* : 1171, par Alphonse-Henri. *Décoration* : une aile de pourpre, sur un cercle à huit pointes d'or en forme d'étoile. Ordre militaire du *Christ. Décoration* : une croix à quatre branches patées, l'inférieure très-longue, en or émaillé de gueules et au milieu de blanc ; elle est suspendue à une étoile à huit rayons blancs, avec un cœur de gueules, flamboyant, entouré d'une couronne d'épines et surmonté d'une croix d'or. *Couleur* du ruban : rouge. Ordre de la *Tour et de l'Epée. Fondation* : 1459, par Alphonse V. *Décoration* : une croix à sept rayons d'azur ; le huitième rayon caché par une tour d'or, et au centre une épée courbée avec une couronne de laurier. Le Portugal a encore les ordres de la *Conception*, de sainte *Isabelle* et de *Don Pedro.*

PRUSSE. Ordre de l'*Aigle noir. Fondation* : 1701, par Frédéric Ier. *Décoration* : une croix d'or à huit pointes, émaillée d'azur, à quatre aigles de sable dans les angles ; au centre, le chiffre du roi. *Couleur* du ruban : orange. Ordre de la *Fidélité. Fondation* : 1701, par Frédéric Ier. *Décoration* : une croix d'azur, portant au centre le chiffre du roi, et aux angles l'aigle de sable. *Couleur* du ruban : orange. Ordre de l'*Aigle de Brandebourg. Fondation* : 1705. *Décoration* : une croix à quatre branches, émaillées de blanc : au centre un aigle rouge, entouré d'une couronne de chêne. *Couleur* du ruban : blanc à bandes oranges. La Prusse a encore les ordres du *Mérite militaire,* celui de *Saint-Jean,* et de celui de *Louise.*

RUSSIE. Ordre de *Saint-André. Fondation* : Pierre-le-Grand. *Décoration* : une croix surmontée d'une couronne impériale : aux angles de la croix, trois aigles : celui en

pointe porte en abîme un écusson de gueules à un cavalier
d'argent tenant une lance dont il tue un dragon au naturel.
Au centre de la croix est le chiffre du fondateur. La Russie
a encore les ordres de *Sainte-Catherine*, *Saint-Alexandre-
Newski*, *Saint-Georges*, *Saint-Wolodimir*, *Sainte-Anne*,
Saint-Jean, etc.

SAXE. Ordre militaire de *Saint-Henri*. *Fondation* : 1736,
par l'électeur de Saxe. *Décoration* une croix à huit pointes,
portant au centre le buste de saint-Henri ; et au revers la
devise de l'ordre. *Ruban* de velours cramoisi. Ordre de la
Maison ducale Ernestinienne de Saxe. *Fondation* : 1833,
par les princes de Saxe. *Décoration* : une croix d'or octogone,
émaillée de blanc, entre les huit branches des lions d'or émaillés de sable et de gueules ; au centre un écusson d'or avec l'i-
mage du duc Ernest-le-Pieux, avec une couronne de chêne :
au revers les armes de la maison de Saxe. *Couleur* du ruban : rouge, avec un liseré vert.

SARDAIGNE. Ordre militaire de l'*Annonciade*. Fondation :
1355, par Amédée VIII. *Décoration* : l'image de la Vierge.
La Sardaigne a encore les ordres de *Savoie* et de *Saint-
Maurice*.

DEUX-SICILES. Naples a l'ordre de l'*Hermine*. *Fondation* :
1464, par Ferdinand. *Décoration* : une hermine avec cette
devise : Malo mori quam fœdari. Les Deux-Siciles ont encore
les ordres de *Saint-Janvier*, de *Saint-Ferdinand*, de *Saint-
Constantin*, de *Saint-Georges*, de *François Ier*.

SUÈDE. L'Ordre de l'*Amaranthe*, fondé en 1653 par la
reine Christine, est éteint. La Suède a les ordres des *Séra-
phins*, de l'*Epée*, de *Wasa*, de *Charles* XII, de l'*Etoile polaire*. Celui-ci, fort ancien, fut relevé en 1748. *Décoration* : une croix blanche à quatre branches bifurquées ; entre
elles quatre couronnes d'or, et au centre un cercle d'azur
avec une étoile polaire blanche, et cette devise : Occasum
nescit. *Couleur* du ruban : noir.

Suisse. Ordre de l'*Ours*. *Fondation :* 1220, par Frédéric II. *Décoration :* une médaille d'argént portant un ours de sable passant sur une terrasse de sinople suspendue à une chaîne d'or.

Toscane. Ordres de *Saint-Etienne* et de *Saint-Joseph*.

Wurtemberg. Ordres de l'*Aigle-d'or*, du *Mérite militaire*, du *Mérite civil*, de la *Couronne-de-Frédéric*.

HUITIÈME SECTION.

EXERCICES HÉRALDIQUES POUR FACILITER L'ÉTUDE DU BLASON.

PREMIER EXERCICE.

Croix cantonnée.—Alérions. — Couronne princière.—Tenants, anges. — Cri, devise. — Manteau de Pair. — Couronne de Duc. — Semé de fleurs-de-lis.—Couronne de Comte et de Vicomte.—Ecartelure. — Bande. — Demi-fleur-de-lis florencée. — Roses. — Contre-écartelure.—Vergettes. — Coquilles. — Bâton péri. — Chevron. — Aiglettes. — Croix ancrée. — Tenants sauvages. — Lion. — Supports lions. — Echiqueté. — Croix vidée, cléchée, pommetée. — Léopard lionné. — Gerfaut. — Croix de l'ordre de Saint-Jean-de-Jérusalem. — Couronne de Marquis. — Supports, griffons. — Croisette. — Bannière. ♣ Dextrochère. — Dauphin vif. — Couronne antique. — Losanges.

De Montmorency : d'or à la croix de gueules, cantonnée de seize alérions d'azur ; l'écu timbré d'une couronne princière fermée. Tenants : deux anges portant chacun une palme. Devise : *Dieu ayde au premier baron chrestien.* Cri : Le mot grec Ἄπλανος surmonté d'une étoile. L'écu environné du manteau de pair, sommé de la couronne de duc. (fig. 378.)

De Chateaubriand : de gueules, semé de fleurs-de-lis d'or ; l'écu timbré d'une couronne de comte, et environné du manteau de pair, sommé de la couronne de vicomte. (fig. 379.)

De Riqueti Mirabeau et de Riquet de Caraman : écartelé, aux premier et quatrième d'azur, à la bande d'or, accompagnée en chef d'une demi-fleur-de-lis du même, défaillante à dextre, et florencée d'argent, et en pointe de trois roses du même, qui est de *Riquet de Caraman* ; aux deuxième et troisième de gueules, à la bande d'or, qui est d'*Alsace.* L'écu timbré d'une couronne princière et environné du manteau de pair, sommé de la couronne de marquis. Tenants : deux anges. Devise : *Juvat pietas.* (fig. 380.)

DE LA TRÉMOÏLLE : écartelé, au premier d'azur, à trois fleurs-de-lis d'or qui est de *France*; au deuxième contre-écartelé en sautoir, en chef et en pointe d'or, à quatre ver-gettes de gueules, et en flancs d'argent, à l'aigle de sable, qui est d'*Aragon, Naples*; au troisième d'or, à la croix de gueules, chargée de cinq coquilles d'argent, et cantonnée de seize alérions d'azur, qui est de *Laval*; au quatrième d'azur, à trois fleurs-de-lis d'or, au bâton de gueules péri en bande, qui est de *Bourbon*. Sur le tout d'or, au chevron de gueules, accompagnés de trois aiglettes d'azur, becquées et membrées de gueules, qui est de la *Trémoïlle*. Tenants : deux anges. L'écu timbré d'une couronne royale fermée et croisetée, et environné du manteau de pair, sommé de la couronne de duc. (fig. 381.)

DE DAMAS : d'or, à la croix ancrée de gueules. Couronne ducale. Tenants : deux sauvages. Devise : *Et fortis et fidelis.* L'écu enveloppé du manteau de pair de France, sommé de la toque et de la couronne de duc. (fig. 382.)

DE SÉGUR : écartelé, aux premier et quatrième de gueu-les, au lion d'or; aux deuxième et troisième d'argent plein. Couronne de comte. Support : deux lions. L'écu environné du manteau de pair. (fig. 383.)

DE LA VALETTE : écartelé, au premier échiqueté d'or et de gueules, chaque carreau du second émail chargé d'une tour d'or, qui est de Poitiers ancien : au deuxième de gueules, à la croix vidée, cléché et pommetée d'or, qui est de Toulouse; au troisième de gueules, au léopard lionné d'or, qui est de Rodez; au qua-trième de gueules, à la croix ancrée d'or, qui est de Saint-Anto-nin; sur le tout parti, au premier de gueules, au gerfaut d'ar-gent, ayant la patte dextre levée, qui est de la Valette; au deuxième de gueules, au lion d'or, lampassé et armé d'ar-gent, qui est de Morlhon. L'écu posé sur la grande croix de l'ordre de Saint-Jean-de-Jérusalem, environné d'un manteau de gueules, fourré d'hermine, et sommé d'une couronne de marquis. Supports : deux griffons au naturel, couronnés d'or, ayant chacun un collier de perles au cou, suspendant une croisette d'or, et soutenant deux bannières, celle de dextre au sur le tout de l'écu; celle de sénestre de gueules, à une croix de Malte d'argent. Cimier : un dextrochère tenant un poignard, et portant un bouclier écartelé de Castille et de Léon. Devise : *Plus quàm valor Valetta valet.* Cri de guerre : *Non aes, sed fides.* (fig. 384.)

COLBERT : d'or à la bisse ou couleuvre d'azur. Couronne de marquis. Supports : deux licornes. Cimier : une main tenant une branche d'olivier. Devise : *Perite et rectè.* (fig. 385.)

D'ALBON : écartelé, au premier et quatrième de sable, à la croix d'or, qui est d'Albon ; aux deuxième et troisième d'or, au dauphin vif d'azur, langué, barbé, crêté et oreillé de gueules, qui est Dauphiné. Supports : deux lions couronnés à l'antique. Devise : *A Cruce victoria.* L'écu timbré d'une couronne souveraine antique, et environné d'un manteau de gueules, fourré d'hermine, et frangé d'or, et sommé de la même couronne. (fig. 336.)

DE CROY : écartelé, au premier contre-écartelé, au premier et quatrième de gueules, à dix losanges d'argent, 3, 3, 3, et 1, qui est de Lalain; aux deuxième et troisième d'argent, à trois fasces de gueules, qui est de Croy ; au deuxième contre-écartelé de France et d'Albret, et sur le tout de Bretagne; au troisième contre-écartelé, aux premier et quatrième losangés d'or et de gueules, qui est de Craon, et au deuxième et troisième d'or, au lion de sable, lampassé et armé de gueules, qui est de Flandre; au quatrième contre-écartelé, au premier et quatrième de Croy, et aux deuxième et troisième d'argent, à trois doloires de gueules, les deux en chef adossées qui est de Renty ; sur le tout des grandes écartelures, fascé d'argent et de gueules de huit pièces qui est de Hongrie. Couronne de prince fermée sur l'écu, et couronne de duc sur le manteau. Devise : *Je maintiendray.* (fig. 387.)

DEUXIÈME EXERCICE.

Burelé. — Chevron écimé. — Cimier, Mellusine. Ecu en bannière. — Pals. — Chef. — Croix patée. — Vol banneret. — Vairé. — Clef. — Étendards. — Fasce. — Fleurs de néflier. — Comète. — Soleils. — Parti.

DE LA ROCHEFOUCAULD: burelé d'argent et d'azur, à trois chevrons de gueules, le premier écimé, brochant sur le tout. Couronne ducale sur l'écu et sur le manteau. Tenants: deux sauvages. Cimier: une Mellusine. Devise: *C'est mon plaisir.* (*fig.* 388.)

DE GONTAUT: L'écu en bannière, écartelé d'or et de gueules, sommé d'une couronne ducale, et environné du manteau de pair-marquis. Supports: deux griffons. Devise: *Perit sed in armis.* (*fig.* 389.)

DE CHASTILLON: de gueules, à trois pals de vair; au chef d'or. Supports: deux lions. L'écu environné du manteau de pair, timbré de la couronne de duc. (*fig.* 390.)

DE ROUGÉ: de gueules, à la croix patée d'argent. Supports: deux lions. L'écu timbré d'un casque taré de front, orné de ses lambrequins et sommé d'une couronne de marquis. Cimier: un griffon issant d'un vol banneret; le tout environné du manteau de pair. (fig. 391.)

DE BEAUFREMONT: vairé d'or et de gueules, couronne de prince. Tenants: deux anges. Devise, en lettres d'argent, sur une banderole noire: *Dieu ayde au premier chrestien.* Légende: *Plus de deuil que de joye.* L'écu environné du manteau de pair sommé de la couronne de duc. (fig. 392.)

DE CLERMONT-TONNERRE: de gueules, à deux clefs d'argent passées en sautoir. Couronne de duc sur l'écu. Supports: deux lions. Cimier: un Saint-Pierre tenant deux clefs en sautoir dans la main. Devise: *Si omnes, ego non.* Cri de guerre: *Clermont!* L'écu environné d'un manteau de prince, de gueules, fourré d'hermine, chargé à dextre et à sénestre de deux clefs d'argent passées en sautoir, et derrière lequel sont également passés en sautoir deux étendards aux armes de Dauphiné, avant et depuis la réunion de ce pays à la France. Le manteau est sommé d'une couronne ducale, surmontée d'une tiare. (fig. 393.)

D'AREMBERG : de gueules, à trois fleurs de néflier de cinq feuilles d'or. L'écu environné d'un manteau de gueules, fourré d'hermine, et timbré d'une couronne de prince souverain, posée sur une tête de léopard. Supports : à dextre un griffon couronné tenant un étendard chargé d'une fleur-de-lis ; à sénestre, un lion couronné, tenant un étendard chargé d'une fasce. Tenants : deux sauvages armés de massues ; celui de dextre portant un étendard chargé de trois fleurs-de-lis ; celui de sénestre portant un étendard chargé d'un sautoir. (fig. 394.)

DE BLACAS : d'argent, à la comète à seize rais de gueules. Tenants : deux sauvages appuyés sur leurs massues. Cimier : un chêne, Devise : *Pro Deo, pro Rege.* Cri : *Vaillance.* Deux étendards ou panons de gueules, chargés d'une comète à seize rais d'argent, sont passés en sautoir derrière l'écu, lequel est environné du manteau de pair et sommé de la couronne de duc. (fig. 395.)

D'ALIGRE : burelé d'or et d'azur, au chef d'azur, chargé de trois soleils d'or. L'écu environné du manteau de pair et timbré de la couronne de marquis. (fig. 396.)

D'ADHÉMAR : mi-parti de France ancien et de Toulouse ; et sur le tout d'or, à trois bandes d'azur. Couronne de comte. Cimier : un lion d'or issant du timbre, et portant une lance, au fer de laquelle est attachée une banderole portant cette légende : *Lancea sacra.* Devise : *Plus d'honneur que d'honneurs.* (fig. 397.)

TROISIÈME EXERCICE.

Château sommé de tours donjonnées et crénelées. — Casque d'argent, orlé d'or. — Nymphe Syrène. — Croisettes. — Besants. — Tenants, chevaliers. — Casque de front et ses lambrequins. — Cimier, tau-reau issant. — Phéons ou fers de dard antiques. — Étoiles. — Crois-sants. — Mollettes d'éperon, cors de chasse. — Tenants, chevalier, ange. — Merlette. — Lion en barroque. — Tenants, génies. — Hie ou poteau de mer. — Roses en orle.

DE CASTILLON: de gueules au château d'argent, sommé de trois tours donjonnées et crénelées du même. L'écu timbré d'une couronne de comte, sommé d'un casque d'argent, orlé d'or, taré au tiers. Cimier: un lion d'or, issant d'un vol ban-neret. Tenants: une nymphe et une syrène. Cri: *Dieu lo volt.* Devise: *Deo regibusque semper ut olim:* (fig. 398.)

DE LA ROCHE: écartelé, aux premier et quatrième d'argent, à trois fasces de gueules; aux deuxième et troisième d'or, au chevron d'azur, accompagné de trois croisettes du même. Cou-ronne de comte. Supports: deux lions, tenant chacun une épée d'argent. Cimier: un soleil. Devise: *Sublimi feriam si-dera vertice.* (fig. 399.)

DE MELUN: d'azur, à sept besants d'or, posés 3, 3 et 1, au chef d'or. Tenants: deux chevaliers armés de toutes pièces, l'épée nue à la main, portant sur leurs cottes-d'armes, de même que sur leurs bannières, passées en sautoir, derrière l'écu, les armes de Melun à dextre, et de Sancerre à sénestre. Couronne de vicomte, surmontée d'un casque de front, orné de ses lambrequins d'or et d'azur. Cimier: un taureau d'or, issant d'un donjon de tour d'or, maçonné de sable, et colleté d'un collier d'azur, chargé de sept besants d'or, 3, 3 et 1. De-vise: *Virtus et honor.* Cri de guerre: *A moy Melun!* (fig. 400.)

WALSH: d'argent, au chevron de gueules, accompagné de trois phéons ou fers de dards antiques de sable, Couronne de comte, sommée d'un casque orné de ses lambrequins, et ce casque surmonté d'une couronne de marquis. Supports : deux cygnes. Cimier : un cygne percé d'une flèche. Cri de guerre : *Transfixus, sed non mortuus.* Devise : *Pro Deo, honore et patria.* (fig. 401.)

BOUCHER : d'azur, à trois étoiles d'or ; au croissant d'argent en cœur, l'écu timbré d'un casque taré de front, orné de ses lambrequins. Cimier : un croissant. Tenants : deux Turcs. (fig. 402.)

DE TAILLEFER : losangé d'or et de gueules, qui est d'Angoulême ancien ; au centre, un écu de gueules, au dextrochère de carnation, paré d'argent, mouvant de l'angle dextre supérieur, tenant une épée du même en bande, garnie d'or, taillant une barre de fer de sable, accompagnée de deux molettes d'éperon d'or à huit rais, une en chef et l'autre en pointe, qui est de Taillefer. Couronne comtale antique et fermée sur l'écu. Cimier : un dextrochère de carnation, mouvant d'un nuage d'argent, paré du même, et tenant un badelaire d'or. Devise : *Non quot, sed ubi.* (fig. 403.)

DE CORN : d'azur, à deux cors de chasse d'or, liés, enguichés et virolés de gueules, et contreposés, au chef bandé d'argent et de gueules ; couronne de marquis. Tenants : à dextre un chevalier soutenant de son épée une couronne royale ; à sénestre un ange portant une croix. Cimier : un château flanqué de deux tours carrées, celle à dextre sommée d'une tourelle du même, d'où sort un étendard aux armes de l'écu, derrière lequel deux autres étendards sont passés en sautoir ; l'un à dextre, d'azur, à deux cors de chasse d'or ; l'autre à sénestre, bandé d'argent et de gueules. Devise : *Dieu est tout.* (fig. 404.)

DE BIANDOS : écartelé aux premier et quatrième d'or, au lion de gueules ; aux deuxième et troisième d'argent, à trois merlettes de sable. Couronné de marquis. Supports : deux lions, celui de sénestre en barroque. Cimier : un lion issant. (fig. 405.)

DE TOULOUSE-LAUTREC, vicomtes de Lautrec de la seconde race : écartelé aux premier et quatrième de gueules, à la croix vidée, cléchée et pommetée d'or, qui est de Toulouse; aux deuxième et troisième de gueules, au lion d'or qui est de Lautrec. Couronne comtale. Tenants : deux génies, ayant chacun sur la poitrine la croix de Toulouse d'or. (fig. 406.)

DE DAMAS-CORMAILLON : écartelé aux premier et quatrième d'argent, à la hie ou poteau de mer de sable en bande, accompagnée de six roses de gueules, en orle, qui est de Damas de Cormaillon; aux deuxième et troisième d'or; à la croix ancrée de gueules, qui est de Damas d'Anlezi. Couronne de comte. Tenants : deux génies. Devise : *Et fortis et fidelis.* (fig. 407.)

QUATRIÈME EXERCICE.

Trois chevrons. — Bonnet d'Albanais. — Casque de chevalier. — Comète à seize rais. — Couronne de Baron. — Tours de maison. — Fasce vivrée. — Couronne murale. — Supports, lion et léopard. — Fleurs-de-lis nourries. — Aigles. — Cygnes. — Chevrons brisés.

DE MONTHIERS : d'or, à trois chevrons de gueules. Couronne de marquis. Tenants : deux anges. Devise : *Angelis suis mandavit de te.* (fig. 408.)

DE BERCHEM : d'argent à trois pals de gueules. L'écu timbré d'un casque de chevalier, orné de ses lambrequins. Tenants: deux sauvages armés de massues. Cimier : un buste d'homme, issant d'un vol banneret, son vêtement d'argent, à trois pals de gueules, et coiffé d'un bonnet d'Albanais. (fig. 409.)

DE BLACAS, MARQUIS DE CARROS : d'argent à la comète à seize rais de gueules. Couronne de marquis. Tenants: deux sauvages armés de massues. Cri : *Vaillance.* (fig. 410.)

JULLIEN, BARON DE FROLOIS : d'azur, au lion d'or, lampassé et armé de gueules. L'écu timbré d'une couronne de baron. Supports : deux lions. (fig. 411.)

DE SESMAISONS : de gueules, à trois tours de maisons d'or, posées deux et une. D'autres blasonnaient : de gueules à trois maisons d'or, c'est une erreur, la première version s'appuie sur les d'Hozier. (fig. 412.)

DU VAL : de gueules à la fasce vivrée d'or. Supports: un lion et un léopard colletés et couronnés d'or, ayant leurs colliers vivrés. Couronne de marquis, sommée d'une couronne murale, dont est issant un guerrier, armé de toutes pièces, ayant le casque ouvert et couronné d'or à l'antique et adextré d'une bannière. Devise: *Dei gratiâ et avito juro.* (fig. 413.)

DE MONTALEMBERT : d'argent, à la croix ancrée de sable. Supports : une autruche et un singe. L'écu timbré d'un casque de chevalier, taré au tiers, et orné de ses lambrequins d'argent et de sable. Il est surmonté d'une couronne de marquis et a pour cimier une tête de lévrier avec collier. Devise : *Ferrum fero, ferro feror.* (fig. 414.)

DE QUINÉMONT : d'azur, au chevron d'argent, accompagné de trois fleurs-de-lis nourries d'or. Couronne de marquis, supports et cimier : trois aigles. (fig. 415.)

DE SINETY : d'azur, au cygne d'argent, ayant le cou passé dans une couronne à l'antique de gueules. L'écu timbré d'une couronne de marquis. Supports : deux cygnes essorants semblables à celui de l'écu. Devise : *Virtute nitet.* (fig. 416.)

CHOART : d'or, au chevron brisé d'azur, accompagné de trois merlettes de sable ; l'écu timbré d'un casque de chevalier orné de ses lambrequins. (fig. 417.)

CINQUIÈME EXERCICE.

Cygne au naturel. — Casque de profil. — Couronne antique à fleurons
et à pointes alternés. — Fretté. — Chef cousu. — Noyer. — Croix
alésée. — Aigle au vol abaissé. — Coqs. — Supports, lévriers. —
Écu sur cartel. — Supports, oies. — Coupé. — Épée. — Supports,
épées. — Aigle essorante.

OLISLAGERS, DE MEERSSENHOVEN, *seigneurs de Neer, etc., etc.,
aux Pays-Bas :* d'azur, à la fasce d'argent, accompagnée en
chef de deux étoiles du même, et en pointe d'un cygne au
naturel, c'est-à-dire d'un cygne blanc, becqué et membré de
gueules. L'écu timbré d'un casque orné de ses lambrequins
et sommé d'une couronne de chevalier. Cimier : le cygne de
l'écu. (fig. 418.)

DE LUZECH : écartelé aux premier et quatrième d'argent,
au griffon d'azur, langué et armé de gueules, qui est de Luzech ; aux deuxième et troisième d'azur au croissant d'argent,
qui est de Creissac. L'écu timbré d'un casque de profil, orné
de ses lambrequins et sommé d'une couronne antique à fleurons et à pointes alternés. Cimier : une tour surmontée d'un
croissant. (fig. 419.)

D'ESTRÉES : d'argent, fretté de sable ; au chef cousu d'or,
chargé de trois merlettes de sable. Couronne de duc. (fig. 420.)

DE NOGARET DE LA VALETTE, *ducs d'Epernon :* d'argent, au
noyer de sinople, au chef de gueules, chargé d'une croix
alésée d'argent. Couronne de duc. (fig. 421.)

DE JOIGNY : d'azur, à l'aigle d'or, au vol abaissé. Couronne
de comte. (fig. 422.)

DE HAUTPOUL : d'or, à deux fasces de gueules, accompagnées de six coqs de sable, crêtés, becqués et barbés de
gueules, et posés trois, deux et un. L'écu timbré d'une couronne de marquis. Supports : deux lévriers. (fig. 423.)

D'ARMAGNAC DE CASTANET : écartelé, aux premier et quatrième d'argent, au lion de gueules, qui est d'Armagnac ; aux deuxième et troisième de gueules, au léopard lionné d'or, qui est de Rodez. Couronne de marquis. L'écu posé sur un cartel. (fig. 424.)

DE PIÉDOUE : d'azur à trois pieds d'oie d'or. Couronne de marquis. Supports : deux oies. (fig. 425.)

DE MERLE DE LA GORCE : coupé au premier de gueules, à l'épée d'argent garnie d'or ; au deuxième échiqueté d'argent et de sable. Couronne de marquis. Supports : quatre épées passées en sautoir. Sous l'écu, cri : *Or sus fiert.* (fig. 426.)

DE BLONDEL : de sable, à la bande d'or. L'écu timbré d'un casque taré au tiers, orné de ses lambrequins d'or et de sable, et sommé d'une couronne de marquis. Supports : deux griffons d'or, armés et langués de gueules. Cimier : une aigle essorante de profil de sable. Cri de guerre : *Gonnelieu.* (fig. 427.)

SIXIÈME EXERCICE.

Flammes. — Écu posé sur cartouche. — Lions. — Molettes d'éperon.
— Pals flamboyants. — Têtes de sauvages. — Manteau de gueules
doublé d'hermine, frangé d'or. — Gueules plein. — Gueules au lion
d'or.

BATAILLE DE MANDELOT : d'argent à trois flammes de gueules, mouvantes du bas de l'écu ; ou pour se mieux conformer
aux règles de l'art : d'argent à trois pals flamboyants de
gueules. Couronne de marquis. Cri de guerre : *Bataille pour
Dieu.* L'écu posé sur un cartouche. (fig. 428.)

DE VILLARS : d'azur, à trois molettes d'éperon d'o ; au
chef d'argent, chargé d'un lion léopardé de gueules. Couronne de duc. (fig. 429.)

DE NARBONNE, *éteints :* de gueules plein ; couronne de vicomte. (fig. 430.)

DE GRAMMONT : d'or, au lion d'azur, lampassé et armé de
gueules ; l'écu environné d'un manteau de gueules, doublé
d'hermine et frangé d'or, sommé de la couronne de duc.
(fig. 431.)

DE BONNECHOSE : d'argent, à trois têtes de sauvage de
sable, posées de front. Couronne de marquis. Devise : *Fide
ac virtute.* (fig. 432.)

VICOMTES DE LAUTREC : de gueules, au lion d'or. (fig. 433.)

SEPTIÈME EXERCICE.

Mer d'azur. — Ancres. — Iles. — Terre ferme. — Grains d'or. — Chef chargé d'un mot.— Bâtons de Maréchal posés sur l'écu, marque de mort. — Tête de Maure tortillée d'argent. — Tête de lion au naturel. — Chef de Malte. — Grande croix de Malte. — Maure issant de la couronne. — Vols au cimier. — Badelaire. — Cimier, Maure. — Bordures. — Bordure componée. — Bande d'or et d'azur. — Croix patriarcale. — Bande componée. — Chef cousu de France. — Tête de buffle. — Clef en pal, enlacée.

Dom Christophe Colomb, *amiral, vice-roi et gouverneur des isles* (1) : écartelé, au premier de Castille, au second de Léon, au troisième une mer d'azur semée d'îles d'argent, la moitié de la circonférence environnée de la terre ferme, des grains d'or répandus partout, les terres et les îles couvertes d'arbres toujours verts ; au quatrième d'azur à quatre ancres d'or, et en dessous les armes des anciens Colombs de Plaisance, et pour cimier un globe surmonté d'une croix, avec cette devise :

> Por Castilla, y por Leon,
> Nvevo mvndo hallo Colon. (fig. 434.)

Magalotti : fascé d'or et de sable, au chef de gueules, chargé du mot *libertas* en lettres d'or. Les bastons de maréchal de France posez sous cet escu marquent que la seule mort l'a reculé de cette dignité que sa valeur avait méritée (2). (fig. 435.)

Du Rozier, de Magnieu, de Vertpré, en Forez : d'azur aux trois chevrons d'or, au chef d'or aux trois étoiles d'azur. Supports : lions; couronne de comte. (fig. 436.)

(1) Nous ne voulons rien changer à la manière dont Pierre-François-Xavier de Charlevoix blasonne les armes de Colomb.

(2) *La Toscane Françoise*, par Messire Jean-Baptiste l'Hermite de Soliers, dit Tristan.

Du Parois : de gueules à la muraille crénelée d'argent. (fig. 446.)

De Magny (comtes), *barons d'Aiguebelle* : d'or à la bande d'azur chargée de trois étoiles d'argent, accompagnée en chef, à sénestre, d'une tête de Maure tortillée d'argent, et en pointe, à dextre, d'une tête de lion au naturel lampassée et arrachée de gueules. Couronne de comte. Supports : deux lions au chef et à la grande croix de Malte. Cimier : maure issant de la couronne de comte entre deux vols de sable, tortillé et habillé d'argent, armé d'un badelaire d'argent, à poignée d'or. (fig. 437.)

Ducs de Bourgogne : écartelé aux premier et quatrième semé de France, à la bordure componée d'argent et de gueules, aux deuxième et troisième bandé d'or et d'azur de six pièces; à la bordure de gueules. D'autres héraldistes veulent que l'écu soit écartelé de France moderne, d'azur à trois fleurs-de-lis d'or; c'est une erreur propagée depuis Louis XIV; mais c'est une erreur. (fig. 438.)

Ville de Marseille : d'argent à la croix d'azur. (fig. 440.)

Ville d'Angoulême : semé de France à la bande componée d'argent et de gueules. (fig. 441.)

Ville d'Aurillac : de gueules, à trois coquilles d'argent, deux et une, au chef cousu de France. (fig. 442.)

Confédération helvétique : de gueules à la croix d'argent. (fig. 443.)

Canton de Schwitz : de gueules à la croisette d'argent, au point sénestre du chef. (fig. 444.)

Canton d'Uri : d'or, à la tête de buffle de sable bouclée de gueules. Armes parlantes, Uri veut dire buffle. (fig. 445.)

Canton d'Underwald : de gueules, coupé d'argent, à deux clefs adossées, posées en pal de l'un à l'autre, les anneaux enlacés. (fig. 439.)

HUITIÈME ET DERNIER EXERCICE.

ARMES A BLASONNER SANS INDICATIONS.

Nous ouvrons cet exercice par les armes de JEANNE-D'ARC, l'une de nos plus belles, de nos plus pures figures historiques, en faveur de laquelle s'opère de nos jours une immense réaction qui a pour but de réhabiliter sa glorieuse mémoire insultée avec autant d'inconvenance que de folie par l'un des plus beaux génies du dix-huitième siècle. (fig. 447.)

On peut dire que sous le poétique ciseau de MADAME LA PRINCESSE MARIE D'ORLÉANS, morte si jeune, aux regrets de toute la France, sans acception d'opinions, Jeanne-d'Arc renaît et sort de son tombeau. Tout le monde connaît l'admirable statue de cette fille héroïque, les armes de celle qui l'a rendue à la vie devaient suivre celles de la vierge de Vaucouleurs. (fig. 448.)

Si la princesse Marie a fait sortir du tombeau la victime des Anglais, il est une dame poète, madame J. de S. qui l'a fait parler dans un poème remarquable, basé sur les traditions sûres et authentiques de l'époque ; qui a su peindre dans une poésie animée, guerrière et mystique, l'admirable époque où brilla l'héroïne. Nous avons avec empressement réuni ses armes à celles de Jeanne et de Marie. (fig. 449.)

Puis, avant d'emprunter à une charmante composition d'Emile Deschamps, insérée dans la Presse, sur *Le manoir de Bauchesne* (pavillon Saint-James), les armoiries de nos écrivains modernes, nous offrons celles de feu M. Nau de Champ-Louis, qui fut pair de France et préfet de la Côte-d'Or, et qui avait bien voulu que la première édition de ce livre parût sous son savant patronage. (fig. 450.)

Voici de quelle manière M. Emile Deschamps parle de *la Salle du Conseil* du manoir où M. de Bauchesne, poète plein de grâce, de goût et d'esprit, a fait peindre les armes de ses frères en poésie : « M. de Bauchesne voulait s'entourer de cette nouvelle noblesse de l'imagination et de l'intelligence, chevalerie contemporaine qui a, comme l'ancienne, ses tournois et ses combats, et aussi ses amours, nous l'espérons bien pour elle. Quelques-uns de ces blasons *dérouteraient sans doute Chérin et d'Hosier*; mais tous les noms qu'ils rappellent ont leurs titres irrécusables de noblesse écrits dans l'Album déposé sur la table du *Conseil*, et dont chaque page est un autographe. »

M. Emile Deschamps cite la lettre dans laquelle M. de Châteaubriand a répondu à la demande que M. de Bauchesne lui avait faite de son blason :

« . . . .
» Vous voulez bien m'inviter à vous envoyer mes *armes*. Hélas ! ce sont les anciennes armes de France, les *fleurs-de-lis sans nombre*, mais sur un fond de gueules. Elles furent données par Saint-Louis à Geoffroy IV de Châteaubriand, en récompense de sa valeur au combat de la Massoure. Nous portions auparavant des pommes de pin, et notre devise était : *Je sème l'or*. Notre devise est maintenant ; *Mon sang teint les bannières de France*. Un de vos vers vaut mieux que tout cela. Toutefois, à présent, je n'effacerai pas les lis de mes armes. . . . . »

Paris, 24 juillet 1836.

Voici la liste des écrivains dont nous reproduisons, d'après M. Emile Deschamps, les armoiries, qui toutes ne sont pas passées par la filière de la chancellerie, sans doute, mais qui

toutes paraîtront d'intéressants symboles de poètes et d'é-
crivains aimés :

DE CHATEAUBRIAND (fig. 451) ;

DE LAMARTINE (fig. 452) ;

VICTOR HUGO (fig. 453) ;

ALFRED DE VIGNY (fig. 454) ;

SAINTE-BEUVE (fig. 455) ;

ALEXANDRE SOUMET (fig. 456) ;

ALEXANDRE GUIRAUD (fig. 457) ;

CHARLES NODIER (fig. 458) ;

ALEXANDRE DUMAS (fig. 459) ;

ALFRED DE MUSSET (fig. 460) ;

BRIZEUX (fig. 461) ;

ANCELOT (fig. 462) ;

JULES LEFÈVRE (fig. 463) ;

DE BALZAC (fig. 464) ;

JULES DE RESSÉGUIER (fig. 465) ;

EMILE ET ANTONI DESCHAMPS (fig. 466) ;

DE WALSH (fig. 467) ;

ROGER DE BEAUVOIR (fig. 468).

L'auteur de ce livre, qui a publié plus de vingt volumes
de politique, d'économie politique, d'histoire et de poésie
favorablement accueillis, ose mettre son nom, bien qu'à une
immense distance, à la suite de ces noms aimés ; on lit,
page 268 des *Archives du Collège héraldique* : PAUTET (DU
PAROIS), *Bourgogne* : écartelé aux premier et quatrième de
gueules, à une muraille d'argent, crénelée de quatre pièces ;
au deuxième d'azur à un livre ouvert d'or ; au troisième d'a-
zur à trois étoiles d'or posées en bandes ; ajoutez : Devise :
Justitia potest. Légende : *Plus sois que ne parois*. Sur le
tout de gueules à la muraille non crénelée d'argent, surmontée d'une branche d'olivier du même. (fig. 469.)

NEUVIÉME ET DERNIÈRE SECTION.

ARMOIRIES DE LA SALLE DES CROISÉS
A VERSAILLES.

Nous terminerons ce volume, où nous avons cherché à réunir tout ce qui peut éclairer sur les origines, et compléter l'étude du blason, cette science symbolique et archéologique d'un haut intérêt, par la description des armoiries de *la salle des Croisades*, au *Musée* si éminemment national *de Versailles*, cet établissement qui sera l'une des gloires de notre époque et du roi qui en conçut la haute et belle pensée.

1. Godefroy de Bouillon, roi de Jérusalem. Armes du royaume de Jérusalem données en 1100, par le pape Pascàl II : *d'argent à la croix potencée et contre-potencée d'or, cantonnée de quatre croisettes du même.*

2. Hugues de France, surnommé le Grand, comte de Vermandois, 1102 : *échiqueté d'or et d'azur, au chef d'azur chargé de trois fleurs-de-lis d'or.*

3. Eudes I, duc de Bourgogne, 1103 : *bandé d'or et d'azur de six pièces à la bordure de gueules.*

4. Robert III, duc de Normandie, 1100 : *de gueules à deux léopards d'or.*

5. Raymond V, comte de Toulouse, 1095 : *de gueules à la croix cléchée, vidée et pommetée d'or.*

6. Robert II, comte de Flandre, 1095 : *d'or au lion de sable, armé et lampassé de gueules.*

7. Gérard de Martigues (le bienheureux Gérard), maître ou recteur de l'hôpital de Saint-Jean-de-Jérusalem, 1113 : *de gueules à la croix d'argent.*

8. Guillaume IX, duc de Guyenne et comte de Poitiers, 1101 : *de gueules au léopard d'or armé et lampassé de gueules.*

9. Alain IV, dit Forgent, duc de Bretagne, 1096 : *d'hermines.*

10. Bohémond, prince d'Antioche, 1098 : *d'argent à la branche de fougère de sinople, nouée d'or, pérîe en pal et versée contre-bas.*

11. Étienne, surnommé Henri, comte de Blois, 1102 : *d'azur à une bande d'argent accompagnée de deux doubles cotices potencées et contre-potencées d'or de treize pièces.*

12. Renaudet Étienne, dit Tête-Hardie, comte de Haute-Bourgogne, 1096 : *d'azur au lion d'or, l'écu semé de billettes du même.*

13. Louis, fils de Thierry I, comte de Bar, 1096 : *d'azur semé de croix d'or recroisettées, au pied fiché, l'écu chargé de deux bars d'or adossés.*

14. Baudoin I, roi de Jérusalem, 1118. Les armes du royaume de Jérusalem : *d'argent à la croix potencée d'or, cantonnée de quatre croisettes du même.*

15. Baudoin II, comte de Hainaut, 1098 : *chevronné d'or et de sable de six pièces.*

16. Henri I, comte d'Eu, 1096 : *d'azur au lion d'or, l'écu semé de billettes du même.*

17. Étienne, comte d'Aumale, 1120 : *d'azur à une bande d'argent accompagnée de deux doubles cotices potencées et contre-potencées d'or et de treize pièces.*

18. Eustache, comte de Boulogne, 1096 : *d'or à trois tourteaux de gueules.*

19. Roger Ier, comte de Foix, 1191 : *d'or à trois pauls de gueules.*

20. Gaston IV, vicomte de Béarn, 1099 : *d'or à deux vaches de gueules accolées, accornées et clarinées d'azur.*

21. Huges VI, sire de Lusignan, 1102 : *burelé d'argent et d'azur.*

Blason. 26

22. Josselin de Courtenay, 1131 : *d'or à trois tourteaux de gueules posés 2 et 1.*

23. Adhémar de Monteil, 1098 : *d'or à trois bandes d'azur.*

24. Raymond Pelet, 1096 : *de gueules.*

25. Raymond Ier, vicomte de Turenne, 1096 : *cotice d'or et de gueules.*

26. Raymond du Puy, fondateur et premier grand-maître de l'ordre de Saint-Jean-de-Jérusalem : 1113 : *écartelé aux premier et quatrième de gueules, à la croix d'argent,* qui est de Saint-Jean-de-Jérusalem, *aux deuxième et troisième d'or, au lion de gueules,* qui est du Puy.

27. Hugues de Payens, fondateur et premier grand-maître de l'ordre du Temple, 1128 : *d'argent, à la croix patée et alaisée de gueules,* qui est du Temple.

28. Louis VII, dit le Jeune, roi de France, revint en France de la Terre-Sainte, en 1149; ce fut le premier roi qui porta : *d'azur, semé de fleurs-de-lis d'or.* Il transmit ses armoiries à ses successeurs, sans altération, jusqu'à Charles V, qui réduisit à trois le nombre des fleurs-de-lis.

29. Amédée II, comte de Maurienne et de Savoie, 1148 : *écartelé aux premier et quatrième d'or, à l'aigle de sable,* qui est de Maurienne, *et aux deuxième et troisième de gueules, à la croix d'argent,* qui est de Savoie.

30. Conrard III, empereur d'Allemagne, 1148 : *d'or, à l'aigle éployée de sable, cerclée, becquée, languée et membrée de gueules,* qui est de l'Empire, *chargée en cœur d'un écusson d'or à trois lions léopardés de sable, couronnés de gueules,* qui est de Souabe.

31. Robert de France, comte de Dreux, 1147 : *échiqueté d'or et d'azur, à la bordure de gueules.*

32. Henri Ier, comte de Champagne et de Brie, 1147 : *d'azur, à une bande d'argent accompagnée de deux doubles cotices potencées et contre-potencées d'or de treize pièces.* Ces

armes sont communes à tous les princes de la maison de Champagne.

33. Archambaud VI, seigneur de Bourbon, 1147 : *d'or au lion de gueules, à l'orle de huit coquilles d'azur;* armes de l'ancienne maison de Bourbon.

34. Thibaut de Montmorency, armes primitives : *d'or, à la croix de gueules, cantonnée de quatre alérions d'azur.*

35. Philippe-Auguste, 1191 : *d'azur, semé de fleurs-de-lis d'or.*

36. Frédéric Barberousse, empereur d'Allemagne, 1190 : *d'or, à l'aigle éployée de sable, cerclée, becquée, languée et membrée de gueules,* qui est de l'Empire, *chargée en cœur d'un écusson d'or à trois lions léopardés de sable, couronnés de gueules,* qui est de Souabe.

37. Richard Cœur-de-Lion, roi d'Angleterre, 1192 : *de gueules, à trois léopards d'or.*

38. Hugues III, duc de Bourgogne, 1192 : *bandé d'or et d'azur de six pièces à la bordure de gueules.*

39. Henri Ier, comte de Brabant, 1197 : *de sable au lion d'or.*

40. Raoul, comte de Clermont en Beauvoisis, connétable de France, 1191 : *de gueules, semé de trèfles d'or, à deux bars adossés du même.*

41. Albéric Clément, seigneur du Mez, maréchal de France, 1191 : *d'or, à la bande de gueules.*

42. Jacques d'Avesnes, 1191 : *bandé d'or et de gueules de six pièces.*

43. Dreux de Mello, quatrième du nom, plus tard connétable de France, 1191 : *d'or, à deux fasces de gueules, à un orle de merlettes du même.*

44. Marguerite de France, reine de Hongrie, 1196 : *écartelé aux premier et quatrième de Hongrie, qui est fascé d'argent et de gueules de huit pièces; aux deuxième et troisième de France ancien, qui est d'azur semé de fleurs-de-lis d'or.*

45. Henri de Walpot de Passenheim, premier grand-maître de l'ordre Teutonique, 1200 : *d'argent, à la croix pâtée et alésée de sable ;* Philippe-Auguste y ajouta, en signe d'honneur, *une fleur-de-lis d'or à chaque extrémité de la croix.*

46. Guy de Lusignan, roi de Chypre, 1192 : *écartelé aux premier et quatrième d'azur, à la croix d'argent, et aux deuxième et troisième burelé d'argent et d'azur, à un lion de gueules, armé, couronné et lampassé d'or, brochant sur le tout.*

47. La République de Venise prit une part glorieuse aux Croisades : *d'azur, au lion léopardé d'or, ailé et cerclé du même, passant sur une terrasse de gueules, tenant de la patte droite une épée d'argent garnie d'or, et entre les deux pattes un livre ouvert d'argent, avec ces mots :* Pax tibi, Marce, evangelista meus.

48. Geoffroy de Villehardouin, 1204 : *de gueules, à la croix ancrée d'or.*

49. Simon III, comte de Montfort, 1202 : *de gueules, au lion d'argent, la queue nouée, fourchée et passée en sautoir.*

50. André II, roi de Hongrie, 1217 : *fascé d'or et de gueules de huit pièces.*

51. Jean de Brienne, roi de Jérusalem, empereur de Constantinople en 1231, pendant la minorité de Baudouin de Courtenay : *écartelé aux premier et quatrième d'azur au lion d'or, l'écu semé de billettes du même,* qui est Brienne ; *aux deuxième et troisième de Champagne, et sur le tout de Jérusalem.*

52. Pierre II, seigneur de Courtenay, empereur de Constantinople, couronné à Rome en 1217. Les armes de l'empire de Constantinople étaient : *de gueules, à la croix d'or, cantonnée de quatre besants-tourteaux du même, chargés d'une croix d'or potencée et contre-potencée, accompagnés chacun de quatre croisettes potencées et contre-potencées du même.*

53. Frédéric II, empereur d'Allemagne, 1229 : *d'or, à l'aigle éployée de sable, cerclée, becquée, languée et membrée de*

gueules, qui est de l'Empire, *chargée en cœur d'un écusson écartelé, au premier écartelé en sautoir d'argent à l'aigle éployée de sable et pallé d'or et de gueules*, qui est de Naples ; *au deuxième, d'argent à la croix de gueules cantonnée de quatre têtes de Maures de sable, tortillées d'argent*, qui est de Sardaigne ; *au troisième de Jérusalem, et au quatrième de Souabe.*

54. Louis IX (Saint-Louis), roi de France, 1270 : *d'azur semé de fleurs-de-lis d'or.*

55. Robert d'Artois, frère de St.-Louis, 1250 : *semé de France au lambel de quatre pendants de gueules, chaque pendant chargé de trois châteaux d'or.*

56. Alphonse, comte de Poitiers, 1251 : *semé de France, parti de gueules à six châteaux d'or, posés 3, 2 et 1.*

57. Charles de France, comte d'Anjou, 1284 : *semé de France, au lambel de trois pendants de gueules, parti de Jérusalem.*

58. Hugues IV, duc de Bourgogne, 1248 : *bandé d'or et d'azur de six pièces, à la bordure de gueules.*

59. Pierre de Courtenay, 1250 : *d'or à trois tourteaux de gueules, au lambel de cinq pendants d'azur.*

60. Thibaut VI, comte de Champagne, roi de Navarre, 1249 : *écartelé aux premier et quatrième de gueules aux chaines d'or, passées en orle, en croix et en sautoir*; qui est Navarre ; *et aux deuxième et troisième de Champagne.*

61. Pierre de Dreux, dit Mauclerc, duc de Bretagne, 1250 : *échiqueté d'or et d'azur au franc-quartier d'hermine, à la bordure de gueules*, qui sont les armes de Dreux, brisées d'un franc-quartier aux armes de Bretagne.

62. Jean, sire de Joinville, 1248 : *d'azur, à trois broyes d'or, au chef d'argent chargé d'un lion issant de gueules.*

63. Philippe-le-Hardy, roi de France, 1270 : *semé de France*, comme ses prédécesseurs.

64. Jean Tristan, comte de Nevers, 1270 : *semé de France, à la bordure de gueules.*

65. Pierre, comte d'Alençon, 1270 : *semé de France, à la bordure de gueules.*

66. Foulques de Villaret, grand-maître de l'ordre de Saint-Jean-de-Jérusalem, 1310 : *écartelé au premier et quatrième de la religion, et aux deuxième et troisième d'or, à trois monts de gueules surmontés chacun d'une corneille de sable, qui est Villaret.*

67. Philibert de Naillac, grand-maître de l'ordre de Saint-Jean, 1396 : *écartelé aux premier et quatrième de la religion, et aux deuxième et troisième d'azur, à deux léopards d'argent, qui est Naillac.*

68. Jean de Bourgogne, surnommé Sans-Peur, comte de Nevers, duc de Bourgogne, 1396 : *écartelé aux premier et quatrième d'azur, semé de fleurs-de-lis d'or, à la bordure componée d'argent et de gueules de seize pièces, qui est Bourgogne moderne ; aux deuxième et troisième bandé d'or et d'azur de six pièces, à la bordure de gueules, qui est Bourgogne ancien ; et sur le tout en cœur l'écu d'or, au lion de sable armé et lampassé de gueules, qui est de Flandre.*

69. Jean de Vienne, amiral de France, 1396 : *de gueules à l'aigle d'or.*

70. Jean-le-Meingre, dit Boucicault, maréchal de France, 1402 : *d'argent, à l'aigle éployée de gueules, becquée, languée et membrée d'azur.*

71. Pierre d'Aubusson, grand-maître de l'ordre de Saint-Jean, 1476 : *écartelé aux premier et quatrième de la religion, et aux deuxième et troisième d'or, à la croix ancrée de gueules, qui est d'Aubusson.*

72. Fabrice Carette, grand-maître de l'ordre de Saint-Jean, 1513 : *écartelé aux premier et quatrième de la religion, et aux deuxième et troisième de gueules, à cinq cotices d'or.*

73. Philippe-de-Villiers, de l'Isle-Adam, grand-maître de

Saint-Jean-de-Jérusalem, 1530 : *écartelé aux premier et quatrième de la religion, et aux deuxième et troisième d'or, au chef d'azur, à un dextrochère d'hermines brochant sur le tout,* qui est de Villiers de l'Isle-Adam.

74. Jean Parisot de La Valette, grand-maître de l'ordre de Saint-Jean, 1565 : *écartelé aux premier et quatrième de la religion, et aux deuxième et troisième de gueules, au coq d'argent, la patte droite levée, parti de gueules au lion d'or,* qui est de La Valette.

Première Croisade, 1096.

1. Tancrède, 1112 : ses armoiries n'ayant pu être retrouvées, on les a remplacées, selon l'usage du blason, par *un écusson d'argent.*

2. Eustache d'Agrain, prince de Sidon et de Césarée, vice-roi et connétable du royaume de Césarée, 1123 : *d'azur, au chef d'or.*

3. Beaudoin de Rethel, dit du Bourg, depuis roi de Jérusalem, 1131 : *de gueules, à trois râteaux d'or,* qui sont les armes de Rethel.

4. Philippe-le-Grammairien, comte d'Alençon (Maison de Belesme), 1096 : *d'argent, à trois chevrons de gueules.*

5. Geoffroy de Preuilly, comte de Vendôme, 1102 : *d'argent, au chef de gueules, un lion d'azur brochant sur le tout.*

6. Rotrou II, comte du Perche, 1100 : *d'argent à deux chevrons de gueules.*

7. Guillaume Taillefer III, comte d'Angoulême, 1096 : *losangé d'or et de gueules.*

8. Drogon, seigneur de Nesle et de Falvy, 1096 : *burelé d'argent et d'azur de dix pièces.*

9. Raimbaud III, comte d'Orange, 1098 : *d'or, au cor d'azur lié, enguiché et virolé de gueules.*

10. Garnier, comte de Gray, 1100 : *de sable, au chef d'argent.*

11. Astanove VII, comte de Fezensac, 1097 : *d'argent, au lion de gueules.*

12. Etienne et Pierre de Salviac, 1099 : *de gueules, au château d'or, sommé de trois tours du même*, et pour devise : *Diex li volt.*

13. Thomas de Coucy, 1096 : *fascé de vair et de gueules de six pièces.*

14. Gilbert, dit Payen, de Garlande, 1096 : *d'or, à deux fasces de gueules.*

15. Amanjeu II, sire d'Albret, 1099 : *de gueules plein,* comme les vicomtes de Narbonne.

16. Ithier II, seigneur de Torcy et de Puisaye, 1097 : *de gueules, à trois pals de vair, au chef d'or, chargé de quatre merlettes.*

17. Raymond Bertrand, seigneur de l'Ile-Jourdain, 1096 : *de gueules, à la croix cléchée, vidée et pommetée d'or.*

18. Guillaume de Sabran, 1099 : *de gueules, au lion d'or.*

19. Foulques de Maillé, 1096 : *d'or, à trois fasces ondées de gueules.*

20. Calo II, seigneur de Caumont, 1096 : *d'azur, à trois léopards d'or.*

21. Roger de Choiseul, 1096 : *d'azur, à la croix d'or cantonnée de dix-huit billettes du même.*

22. Guillaume Ier, dit le Charpentier, vicomte de Melun, 1096 : *d'azur, à sept besants d'or, posés trois, trois et un, au chef d'or.*

23. Guy de Thiern, comte de Châlon-sur-Saône, 1096 : *de gueules, à la bande d'or*, comme comte de Châlon.

24. Gérard, sire de Créquy, 1096 : *d'or, au créquier de gueules*, ce que, dans le langage du blason, on appelle armes parlantes. Ils avaient pour devise : *Nul ne s'y frotte;* et leur cri de guerre était : *A Créquy le grand baron!*

25. Host du Roure, 1102 : *d'azur, au chêne d'or à trois racines et quatre branches posées en sautoir et églantées de même ; et pour devise : An vetustate robur.*

26. Jean et Colard de Houdetot, 1096 : *d'or, à six porcs de sable posés 3, 2 et 1.*

27. Robert de Nevers, dit le Bourguignon, 1098 : *losangé d'or et de gueules.*

28. Raimbaud Creton, seigneur d'Estourmel, 1096 : *de gueules, à la croix engrêlée d'argent ; et pour devise : Vaillant sur la crête.*

29. Pons et-Bernard de Montlaur, 1096 : *d'or, au lion de vair.*

30. Arnoul, baron d'Ardres, 1096 : *d'argent, à l'aigle éployée de sable.*

31. Guillaume III, comte de Lyonnais et de Forez, 1097 : *d'or au lion de sable armé et lampassé de gueules.*

32. Hugues de Saint-Omer, 1102 : *d'azur, à la fasce d'or.*

33. Renaud de Pons, 1096 : *d'argent, à la fasce bandée d'or et de gueules de six pièces.*

34. Hugues du Puy, seigneur de Pereins, d'Apifer et de Rochefort, 1096 : *d'or, au lion de gueules, armé et lampassé d'azur.*

35. Gérard de Bournonville, 1101 : *de sable, à trois cuillers ou louches d'argent.* Plus tard, ces anciennes et simples armoiries furent changées contre *un lion d'argent, la queue nouée, fourchée et passée en sautoir, sur un champ de sable.*

36. Héracle, comte de Polignac, 1098 : *fascé d'argent et de gueules de six pièces.*

37. Aimery IV, vicomte de Rochechouard, 1096 : *fascé, ondé d'argent et de gueules de six pièces.*

38. Adam de Béthune, 1096 : *d'azur, à trois bandes d'or.*

39. Guy, sire de Laval, 1101 : *de gueules, au léopard d'or.*

40. Pierre Raymond de Hautpoul, 1098 : *d'or, à deux*

fasces de gueules, accompagnées de six coqs de sable, la patte droite levée, crétés et barbés de gueules, et posés 3, 2 et 1.

41. Gaucher Ier de Châtillon, 1096 : *de gueules à trois pals de vair, au chef d'or.*

42. Raoul, seigneur d'Escorailles, 1096 : *d'azur, à trois bandes d'or.*

43. Gérard, comte de Roussillon, 1100 : *de...... à deux fermaux de...... posés en pal.* (Sans indication de couleur.)

44. Guillaume V, seigneur de Montpellier, 1105 : *d'argent au tourteau de gueules.*

45. Gérard de Chérizy, 1096 : *d'or, à la fasce d'azur.*

46. Pierre Ier, vicomte de Castillon, 1099 : *de gueules, au château d'argent, sommé de trois tours donjonnées et crénelées du même,* et pour devise : *Dieu lo volt.*

47. Guérin de Rochemore, 1096 : *d'azur, à trois rocs d'échiquier d'argent.*

48. Eléazar de Montredon, 1096 : *d'azur, au lion d'or, à la bordure componée d'argent et de gueules.*

49. Pierre et Pons de Capdeuil (Fay), 1096 : *de gueules, à la bande d'or, chargée d'une fouine d'azur passante dans le sens de la bande.*

50. Gauthier et Bernard, comtes de Saint-Valery, 1096 : *d'azur, fretté d'or, semé de fleurs-de-lis du même.*

51. Raoul, seigneur de Beaugency : *échiqueté d'or et d'azur, à la fasce de gueules.*

52. Guillaume de Briqueville, 1096 : *pallé d'or et de gueules de six pièces.*

53. Philippe de Montgommery, 1098 : *d'azur au lion d'or armé et lampassé d'argent.*

54. Robert de Vieux-Pont, 1109 : *d'argent, semé d'annelets de gueules.*

55. Hugues, comte de Saint-Pol, 1099 : *d'azur, à la gerbe d'avoine d'or.*

56. Anselme de Ribaumont, 1096 : *de gueules fretté d'or, au canton d'or chargé d'un léopard de sable.*

57. Golfier de Lastours, dit le grand, seigneur de Hautefort, 1096 : *d'or, à trois forces de sable.*

58. Manassès, comte de Guines, 1117 : *vairé d'or et d'azur.*

59. Geoffroy II, baron de Donzi, 1096 : *d'azur, à trois pommes de pin d'or.*

60. Guy, sire de la Trémoille, 1096 : *d'or, au chevron de gueules, accompagné de trois aiglettes d'azur, becquées et membrées de gueules.*

61. Robert de Courcy, 1096 : *d'azur, fretté d'or.*

62. Renaud de Beauvais, 1096 : *d'argent, à la croix de sable chargée de cinq coquilles d'or.*

63. Jean de Mathan, 1096 : *de gueules, à deux jumelles d'or et un lion du même passant en chef,* et pour devise : *Au fidel rien ne fault.*

64. Guillaume Raymond, 1096 : *d'argent, à la croix de gueules chargée de cinq coquilles d'argent.*

65. Guillaume de Pierre, seigneur de Ganges, 1096 : *écartelé d'argent et de sable.*

66. Clairambault de Vandeuil, 1096 : *d'azur, au lion naissant d'or.*

67. Guillaume Carbonnel de Canizy, 1096 : *coupé de gueules et d'azur, à trois besants d'hermines, deux en chef et un en pointe.*

68. Bertrand Porcelet, 1105 : *d'or, au porcelet de sable,* armes parlantes.

69. Claude de Montchenu, 1122 : *de gueules, à la bande engrelée d'argent.*

70. Jourdain IV, sire de Chabannais et de Confolent, 1099 : *d'or, à deux lions léopardés de gueules.*

71. Robert de Sourdeval, 1096 : *de.... fretté de.... au canton de....* (Sans indication de couleur.)

72. Philippe, seigneur de Montbel, 1098 : *d'or, au lion*

de sable armé et lampassé de gueules, à la bande componée d'hermines et de gueules de six pièces, brochant sur le tout.

73. Folker ou Foulcher d'Orléans, 1096 : d'argent, à trois fasces de sinople accompagnées de sept tourteaux de gueules posés trois et trois entre les fasces, et un en pointe.

74. Gauthier, seigneur de Breteuil, 1096 : d'or, à la croix d'azur.

75. Drogon ou Dreux de Monchy, 1096 : de gueules, à trois maillets d'or.

76. Guillaume de Bures, seigneur de Tibériade, 1129 : d'or, à six annelets de gueules, posés trois, deux et un.

77. Baudouin de Gand, seigneur d'Alost, 1096 : de sable, au chef d'argent.

78. Gérard, seigneur de Gournay, 1096 : d'argent à la bande de sable, accompagnée de six merlettes du même.

79. Le seigneur de Cardaillac, 1096 : de gueules, au lion d'argent, armé, lampassé et couronné d'or, entouré de treize besants d'argent en orle.

80. Le seigneur de Barasc, 1096 : coupé, au premier d'azur à un lion léopardé d'argent, et au deuxième d'or, à la vache passante de gueules.

81. Géraud, seigneur de Gourdon, 1096 : parti, au premier d'azur à trois étoiles d'or en pal, et au deuxième de gueules, à trois bandes d'or.

82. Guillaume II, comte de Nevers, 1100 ; d'azur, au lion d'or, l'écu semé de billettes du même.

83. Eudes Herpin, vicomte de Bourges, 1102 ; de gueules, au mouton d'argent.

84. Herbert II, vicomte de Thouars, 1096 : d'or, semé de fleurs-de-lis d'azur, au franc-quartier de gueules.

85. Bernard Atton, vicomte de Béziers, 1105 : fascé d'or et d'hermines de six pièces.

86 Baudoin de Grandpré, 1101 : burelé d'or et de gueules de dix pièces.

87. Hugues, dit Bardoul II, seigneur de Broyes, 1101 : d'azur, à trois broyes d'or.

88. Guillaume VII, comte d'Auvergne, 1114 : d'or, au gonfanon de gueules frangé de sinople.

89. Le baron de La Tour d'Auvergne, 1096 : de gueules, à la tour d'argent maçonnée de sable.

90. Jean, vicomte de Murat, 1102 : d'azur, à trois fasces d'argent maçonnées et crénelées de sable, la première de cinq créneaux, la seconde de quatre et la troisième de trois, ouverte au milieu en porte.

91. Arnaud d'Apchon, 1102 : d'or, semé de fleurs-de-lis d'azur.

92. Guillaume de Castelnau, 1103 : de gueules, au château d'argent.

93. Robert Damas, 1106 : d'or, à la croix ancrée de gueules.

94. Robert, comte de Montfort-sur-Rille, 1107 : de gueules, au sautoir d'or.

95. Raymond II, comte de Substantion et de Melgueil, 1109 : d'argent, au chef de sable.

96. Pierre, seigneur de Noailles, 1111 : de gueules, à la bande d'or.

97. Gérard de Briorde, 1112 : d'or, à la bande de sable.

98. Gauthier de Beyziers, 1120 : écartelé d'or et d'azur.

99. Archeric, seigneur de Corsant, 1120 : d'argent, à la fasce de gueules chargée de trois croisettes d'argent.

100. Ulric de Beaugé, seigneur de Bresse, 1120 : d'azur au lion d'hermines.

101. Pernold de Saint-Sulpis, 1120 : de gueules, à la bande d'hermines.

102. Humbert III, dit le Renforcé, sire de Salins, 1133 : d'or, à la bande de gueules.

Deuxième croisade, 1147.

103. Guy II, comte de Ponthieu, 1147 : *d'or, à trois bandes d'azur.*

104. Renaud, comte de Joigny, 1147 : *d'azur, à l'aigle d'or au vol abaissé.*

105. Sebran Chabot, 1147 : *d'or, à trois chabots de gueules.*

106. Raynaud V, vicomte d'Aubusson, 1147 : *d'or à la croix ancrée de gueules.*

107. Guerric I, seigneur de Coligny, 1147 : *de gueules, à l'aigle d'argent, becquée, membrée et couronnée d'azur.*

108. Guillaume VIII, comte et premier dauphin d'Auvergne, 1147 : *un dauphin pâmé d'azur en champ d'or.*

109. Richard de Harcourt, 1150 : *de gueules, à deux fasces d'or.*

110. Guillaume de Trie, 1147 : *d'or à la bande d'azur.*

111. Hugues II, seigneur de Montmorin, 1147 : *de gueules, semé de molettes d'argent, au lion du même.*

112. Hugues I, comte de Vaudémont, 1147 : *burelé d'argent et de sable de dix pièces.*

113. Galeran III, comte de Meulent, 1147 : *de sable, au lion d'argent, la queue fourchée.*

114. Maurice de Montréal, 1152 : *d'argent, à la croix de gueules chargée en fasce et en cœur d'un léopard lionné d'argent, accosté et assailli de deux griffons rampants, aussi d'argent.*

115. Soffrey de Beaumont (en Dauphiné), 1147 : *de gueules à la fasce d'argent, chargée de trois fleurs-de-lis d'azur.*

116. Gilles, dit Gillion, seigneur de Trasignies, 1147 : *bandé d'or et d'azur de six pièces, une ombre de lion sur le tout, et une bordure engrêlée de gueules.*

117. Geoffroy Waglip ou Gayclip, aïeul de Duguesclin, 1180 ; *d'argent, à l'aigle éployée de sable, couronnée d'or.*

118. Hugues V, seigneur de Beaumont-sur-Vingeanne, 1147 : *d'argent, à trois tours de sinople maçonnées et crénelées de gueules.*

119. Ebles III, vicomte de Vantadour, mort en 1155 : *échiqueté d'or et de gueules.*

120. Ithier de Magnac, 1147 : *de gueules, à deux pals de vair, au chef d'or.*

121. Manassès de Bulles, 1147 : *gironné d'argent et de sable.*

122. Hugues VII, dit le Brun, sire de Lezignem, 1147 : *burelé d'argent et d'azur de dix pièces.*

123. Geoffroy de Rancon, 1147 : *semé de losanges et un pal brochant sur le tout.* On n'a pu retrouver les émaux.

124. Guy IV, de Comborn, vicomte de Limoges, 1147 : *de gueules, à deux lions léopardés d'or.*

125. Hugues Tirrel, sire de Poix, 1147 : *de gueules, à la bande d'argent, accompagnée de six croisettes recroisettées, au pied fiché d'or.*

126. Renaud, comte de Tonnerre, 1147 : *de gueules, à la bande d'or.*

127. Bernard de Tramelay, grand-maître de l'ordre du Temple, mort en 1154 : *écartelé aux premier et quatrième d'argent, à la croix patée et alésée de gueules,* qui est du Temple, *et aux deuxième et troisième d'or, au chef de gueules,* qui est de Tramelay.

128. Roger Desmoulins, grand-maître de l'ordre de Saint-Jean-de-Jérusalem, 1187 : *écartelé aux premier et quatrième de la religion, aux deuxième et troisième d'argent à la croix ancrée de sable, chargée en cœur d'une coquille d'or.*

Troisième Croisade, 1190.

129. Etienne de Champagne, premier du nom, comte de Sancerre, mort en 1191. Les armes de Champagne, *brisées d'un lambel de trois pendants de gueules.*

130. Guy de Senlis, quatrième du nom, seigneur de Chantilly, 1220 : *écartelé d'or et de gueules.*

131. Guillaume des Barres, comte de Rochefort, 1190 : *d'azur, au chevron d'or, accompagné de trois coquilles du même, deux en chef et une en pointe.*

132. Adam III, seigneur de l'Ile, 1190 : *de gueules à la fasce d'argent, accompagnée de sept merlettes du même, quatre en chef et trois en pointe.*

133. Raymond Aimery II, baron de Montesquiou, 1190 : *d'or à deux tourteaux de gueules, l'un sur l'autre.*

134. Clérembault, seigneur de Noyers, 1190 : *d'azur, à l'aigle d'or.*

135. Jean Ier de Saint-Simon, 1191 : *d'argent, au chef emmanché de sable.*

136. Guillaume de la Rochefoucault, seigneur de Châtellerault, 1190 : *d'or, au lion de gueules, à la bordure de sable chargée de huit besants d'or.*

137. Laurent du Plessis, 1192 : *d'argent, à trois chevrons de gueules.*

138. Florent de Hangest, 1191 : *d'argent, à la croix de gueules, chargée de cinq coquilles d'or.*

139. Hugues, seigneur de Vergy, 1191 : *de gueules, à trois quinte-feuilles d'or, posées 2 et 1.*

140. Dreux II, seigneur de Cressonsart, 1190 : *de vair, au lion de gueules, couronné, armé et lampassé d'or, brochant sur le tout.*

141. André de Brienne, seigneur de Rameru, 1191 : *d'azur, au lion d'or, semé de billettes du même.*

142. Aleaume de Fontaine, mort en 1203 : *d'or, à trois écussons de vair, posés 2 et 1.*

143. Osmond d'Estouteville, 1191 : *burelé d'argent et de gueules, au lion de sable, armé, lampassé et couronné d'or, brochant sur le tout.*

144. Raoul de Tilly, 1191 : *d'or, à la fleur-de-lis de gueules,* et pour devise : *Nostro sanguine tinctum.*

145. Mathieu III, comte de Beaumont-sur-Oise, 1190 : *d'azur, au lion d'or.*

146. Léon, seigneur de Dienne, 1190 : *d'azur, au chevron d'argent, accompagné de trois croissants d'or, deux en chef et un en pointe.*

147. Juel, seigneur de Mayenne, 1190 : *de gueules à six écussons d'or.*

148. Hellin de Waurin, 1191 : *d'azur, à un écusson d'argent en cœur.*

149. Robert de Sablé, grand-maître du Temple, mort en 1196 : *écartelé aux premier et quatrième d'argent, à la croix patée et alésée de gueules,* qui est du Temple, *et aux troisième et quatrième losangé d'or et de gueules,* qui est de Sablé.

150. Enguerrand, seigneur de Crèvecœur, 1202 : *de gueules, à trois chevrons d'or.*

Quatrième Croisade, 1202.

151. Renaud, seigneur de Montmirail, 1205 : *burelé d'argent et de sable de dix pièces, au lion de gueules, brochant sur le tout.*

152. Richard, comte de Montbéliard, 1202 : *de gueules, à deux bars d'or adossés, l'écu semé de croix recroisettées, au pied fiché d'or.*

153. Eustache de Saarbruck, 1204 : *d'azur, semé de croix*

recroisettées, au pied fiché d'or, au lion d'argent couronné d'or sur le tout.

154. Eudes et Guillaume, seigneurs de Champlitte, 1204 : *de gueules, au lion d'or couronné du même.*

155. Eustache, seigneur de Conflans, 1206 : *d'azur, au lion d'or, l'écu semé de billettes du même, brisé d'un bâton de gueules.*

156. Pierre de Bermond, baron d'Anduze, 1202 : *de gueules, à trois étoiles d'or, posées 2 et 1.*

157. Guillaume d'Aunoy, 1204 : *d'or, au chef de gueules.*

158. Guigues III, comte de Forez, 1203 : *un dauphin pâmé d'or en champ de gueules.*

159. Eudes, seigneur de Hum (ancien Vermandois), 1205 : *d'or, à trois croissants de gueules.*

160. Nicolas, seigneur de Mailly, 1219 : *d'or, à trois maillets de sinople.*

161. Baudoin d'Aubigny, 1205 : *d'argent, à la fasce de gueules.*

162. Henri, seigneur de Montreuil-Bellay, 1202 : *d'argent, à la bande fuselée de gueules, accompagnée de six fleurs-de-lis, d'azur, mises en orle, trois en chef et trois en pointe.*

163. Bernard III, de Moreuil, 1204 : *semé de France, au lion naissant d'argent.*

164. Gauthier, seigneur de Bousies, 1202 : *d'azur, à la croix d'argent.*

165. Othon de la Roche, sire de Ray, 1202 : *cinq points de gueules équippolés à quatre points d'hermines.*

166. Anselme et Eustache de Cayeux, 1221 : *d'or, à la croix ancrée de gueules.*

167. Enguerrand, seigneur de Fiennes, 1207 : *d'argent, au lion de sable.*

168. Eustache de Canteleu, 1204 : *losangé d'or et de sable.*

169. Robert Malvoisin, 1203 : *d'or, à deux fasces de gueules.*

170. Guérin de Montagu, grand-maître de Saint-Jean-de-

Jérusalem, mort en 1230 : écartelé aux premier et quatrième de la religion, et aux deuxième et troisième de gueules à la tour d'or, qui est de Montagu.

Cinquième Croisade, 1218.

171. Henri, comte de Rhodez et de Carlat, 1218 : de gueules, au léopard lionné d'or.

172. Milon III, comte de Bar-sur-Seine, 1219 : d'azur, à trois bars d'or posés l'un sur l'autre en demi-cercle, à la bordure componée de huit pièces d'or et de sable.

173. Grimaldus, seigneur de Monaco, 1218 : fuselé d'argent et de gueules.

174. Savary de Mauléon, 1224 : d'or, au lion de gueules.

175. Pierre de Lyobard, 1218 : d'or, au léopard lionné de gueules, armes parlantes.

176. Jean, seigneur d'Arcis-sur-Aube, 1218 : d'azur, à six besants d'argent posés 3, 2 et 1, au chef d'or et à la bordure de gueules.

177. Hermann ou Armand de Périgord, grand-maître du Temple, mort en 1244, écartelé aux premier et quatrième du Temple, et aux deuxième et troisième de gueules, à trois lions d'or, armés et couronnés d'azur, posés 2 et 1, qui est de Périgord.

Sixième Croisade, 1248.

178. Archambaud IX de Dampierre, sire de Bourbon, 1248 : d'or, au lion de gueules, à l'orle de huit coquilles d'azur, qui sont les armes des anciens sires de Bourbon.

179. Humbert de Beaujeu, seigneur de Montpensier, connétable de France, 1250 : d'or, au lion de sable, chargé d'un lambel de cinq pendants de gueules, et pour devise : A tout venant beau jeu!

180. Jean, comte de Monfort l'Amaury, 1249 : *de gueules, au lion d'argent, la queue nouée, fourchée et passée en sautoir.*

181. Hugues XI, dit le Brun, sire de Lezighem, comte de la Marche, 1248 : *burelé d'argent et d'azur, à six lions de gueules posés 3, 2 et 1, brochant sur le tout.*

182. Henri Clément, maréchal de France, 1248 : *d'or, à la bande de gueules.*

183. Guillaume de Beaumont, maréchal de France, 1240 : ses armes n'étant pas retrouvées, sont représentées par un *écusson d'argent.*

184. Mathieu, premier du nom, seigneur de Roye, 1248 : *de gueules à la bande d'argent.*

185. Gilles, sire de Rieux, 1248 : *d'azur, à dix besants d'or posés 3, 3, 3 et 1.*

186. Boson de Talleyrand, seigneur de Grignols, 1251 : *de gueules, à trois lions d'or, armés et couronnés d'azur.*

187. Gaston II de Gontaut, seigneur de Biron, 1248 : *l'écu en bannière, écartelé d'or et de gueules.*

188. Roland de Cossé, 1248 : *de sable, à trois fasces d'or dentelées par le bas.*

189. Henri, seigneur de Boufflers, 1248 : *d'argent, à trois molettes à six raies de gueules posées 2 et 1, et accompagnées de neuf croisettes recroisettées du même, trois en chef, trois en fasce et trois en pointe; ces trois dernières posées 2 et 1.*

190. Jean Ier, sire d'Aumont, 1248 : *d'argent, au chevron de gueules, accompagné de sept merlettes du même, quatre en chef et trois en pointe, ces trois dernières mal ordonnées.*

191. Geoffroy V, baron de Châteaubriant, 1248 : *de gueules, semé de fleurs-de-lis d'or.*

192. Olivier de Termes, 1248 : *d'azur, à trois flammes d'argent mouvantes de la pointe.*

193. Gauthier, vicomte de Meaux, 1248 : *de sable, à la jumelle d'argent.*

194. Pons de Villeneuve, 1252 : *de gueules, à l'épée antique d'argent, garnie d'or, posée en bande, la pointe en bas.*

195. Hélie de Bourdeilles, 1249 : *d'or, à deux pattes de griffon de gueules, onglées d'azur, posées l'une sur l'autre en contrebande.*

196. Jean de Beauffort en Artois, 1248 : *d'azur, à trois jumelles d'or.*

197. Guérin de Châteauneuf de Randon, seigneur d'Apchier, 1248 : *d'or, au château de gueules, maçonné de sable, à trois donjons du même, et sommé de deux haches d'armes de sable.*

198. Gaubert d'Aspremont, 1248 : *de gueules, à la croix d'argent.*

199. Philippe II, seigneur de Nanteuil, du Plassier, de Pomponne et de Levignen, 1258 : *de gueules, à six fleurs-de-lis d'or; posées 3, 2 et 1.*

200. Geoffroy de Sargines, 1248 : *de gueules, à la fasce d'or, surmontée d'une vivre du même.*

201. Hugues de Trichâtel, seigneur d'Escouflans, 1248 : *d'or, à une clef de gueules posée en pal.*

202. Josseran de Brancion, 1248 : *d'azur, à trois fasces ondées d'or.*

203. Roger de Brosse, seigneur de Boussac, 1248 : *d'azur, à trois gerbes ou brosses d'or liées de gueules,* armes parlantes.

204. Foulques du Merle, 1248 : *de gueules, à trois quinte-feuilles d'argent.*

205. Pierre de Villebéon, grand-chambellan de France, 1248 : *de sinople, à trois jumelles d'argent.*

206. Gauthier de Brienne, comte de Jaffa, 1248 : *d'or, à une croix de gueule patée.*

207. Hugues Bonafós de Téyssieu, 1253 : *écartelé aux pre-*

mier et quatrième d'azur, à la bande d'argent, et aux deuxième et troisième de gueules, au besant d'argent.

208. Jacques de Saulx, 1249 : d'azur, au lion d'or, armé et lampassé de gueules.

209. Henri de Roucy, seigneur de Thosny et Dubois, 1248 : d'or, au lion d'azur.

Septième Croisade, 1270.

210. Guy de Lévis, troisième du nom, maréchal de Mirepoix, 1270 : d'or, à trois chevrons de sable.

211. Astorg d'Aurillac, baron d'Aurillac et vicomte de Conros, 1270 : d'azur, à la bande d'or, à l'orle de six coquilles d'argent.

212. Anselme de Torote, seigneur d'Offemont, 1270 : de gueules, au lion d'argent.

213. Guillaume III, vicomte de Melun, 1270 : d'azur, à sept besants d'or, posés 3, 3 et 1, au chef d'or.

214. Mathieu III, seigneur de Montmorency, 1270 : d'or, à la croix de gueules, cantonnée de quatre alérions d'azur.

215. Florent de Varennes, amiral de France, 1270 : de gueules, à la croix d'or.

216. Guy VII, sire de Montmorency Laval, 1270 : les armes de Montmorency, et pour brisure cinq coquilles d'argent sur la croix.

217. Raoul de Sores, sire d'Estrées, maréchal de France, 1270 : d'azur, à la quinte-feuille d'argent, accompagnée de huit merlettes du même, posées en orle.

218. Thibaut de Marly, seigneur de Mondreville, 1270 : d'or, à la croix de gueules frettée d'argent, cantonnée de quatre alérions d'azur.

219. Lancelot de Saint-Maard, maréchal de France, 1270 : de sable, à la bande fuselée d'argent.

220. Guillaume V, seigneur du Bec-Crespin, maréchal de France, 1270 : *losangé d'argent et de gueules.*

221. Héric de Beaujeu, maréchal de France, 1270 : *d'or, au lion de sable, chargé d'un lambel de cinq pendants de gueules,* et pour devise : *A tout venant beau jeu!*

222. Renaud de Pressigny, maréchal de France, 1270 : *coupé, la partie du chef encore coupée en deux, la première pallée contre-pallée d'or et d'azur, aux deux cantons gironnés du même ; la seconde fascée contre-fascée du même, la partie de la pointe aussi du même et un écusson d'argent en cœur.*

223. Guy de Châtillon, comte de Blois, 1270 : *de gueules, à trois pals de vair, au chef d'or, avec un lambel de trois pendants d'azur sur le chef, pour brisure.*

224. Jean de Rochefort, 1270 : *vairé d'or et d'azur.*

225. Prégent II, sire de Coétivy, 1270 : *fascé d'or et de sable de six pièces.*

226. Bernard II, seigneur de La Tour d'Auvergne, 1270 : *d'azur, semé de fleurs-de-lis d'or, à la tour d'argent maçonnée de sable.*

227. Jean Ier, sire de Grailly, 1270 : *d'argent, à la croix de sable, chargée de cinq coquilles d'argent.*

228. Philippe, sire d'Auxy, 1270 : *échiqueté d'or et de gueules.*

229. Bernard, seigneur de Pardaillan, 1270 : *d'argent, à trois fasces ondées d'azur.*

230. Jean de Sully, 1270 : *d'azur, semé de molettes d'éperon d'or, au lion du même.*

231. Guy, baron de Tournebu, 1270 : *d'argent à la bande d'azur.*

232. Aubert et Beaudoin de Longueval, 1270 : *bandé, de vair et de gueules de six pièces.*

233. Raoul et Gauthier de Jupilles, 1270 : *de gueules au chef emmanché d'hermines.*

234. Macé de Lyons, 1270 : d'argent, à quatre lions can-
tonnés de sable, armés et lampassés de gueules.

235. Jean III, chevalier, seigneur de Saint-Mauris en Montagne, 1302 : de sable, à deux fasces d'argent.

236. Guillaume, baron de Monjoye, 1304 : de gueules à
la clef d'argent posée en pal.

237. Jacques de Molay, dernier grand-maître du Temple,
brûlé en 1314 : écartelé aux premier et quatrième du Temple, et aux deuxième et troisième d'azur à la bande d'or,
qui sont les armes de Longwy et de Raon.

238. Hélion de Villeneuve, grand-maître de l'ordre de
Saint-Jean, mort en 1346 : écartelé aux premier et quatrième de la religion, et aux deuxième et troisième de gueules,
fretté de douze hampes de lances d'or.

239. Dieudonné de Gozon, grand-maître de l'ordre de Saint-
Jean, mort en 1353 : écartelé aux premier et quatrième de
la religion, et aux deuxième et troisième de gueules, à la
bande d'argent, chargée d'une cotice d'azur.

240. Raymond Bérenger, grand-maître de l'ordre de Saint-
Jean, mort en 1374 : écartelé aux premier et quatrième de la
religion, et aux deuxième et troisième gironné d'or et de
gueules de huit pièces.

241. Jean de Lastic, grand-maître de l'ordre de Saint-Jean,
mort en 1454 : écartelé aux premier et quatrième de la religion et aux deuxième et troisième de sable, à la fasce
d'argent, à la bordure de gueules.

242. Emeric d'Amboise, grand-maître de l'ordre de Saint-
Jean, mort en 1512 : écartelé aux premier et quatrième de
la religion, et aux deuxième et troisième palé d'or et de
gueules de six pièces, qui est d'Amboise.

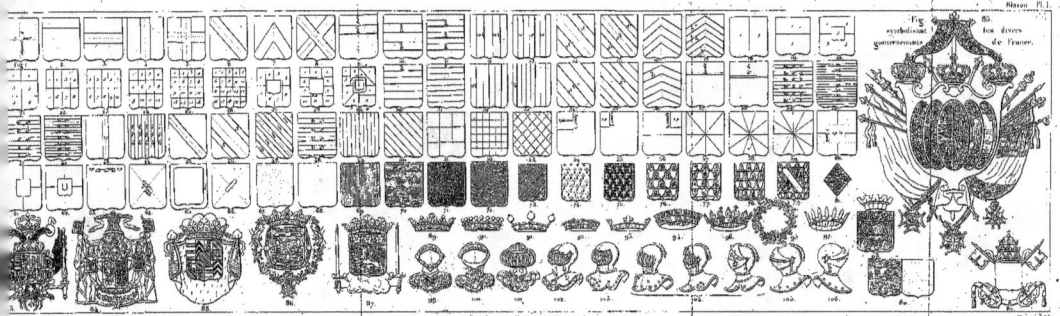

Fig. symbolisant les divers gouvernements de France.

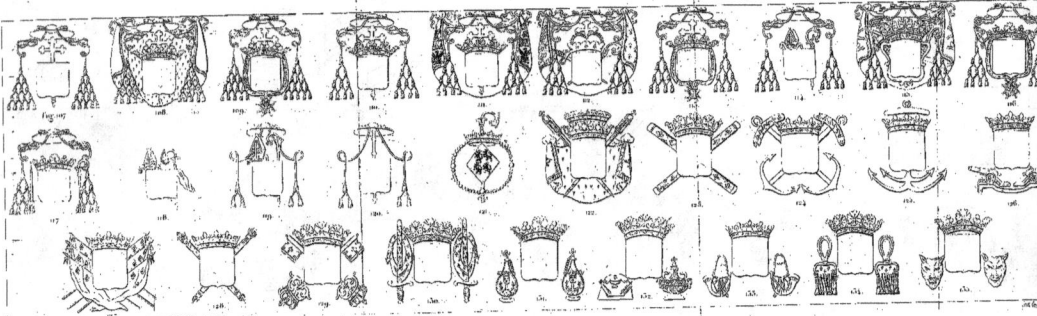

Fig. 136.   137.   138.   139.   140.   141.

150.   151.   152.   153.   154.   155.   156.   157.   158.   159.   160.

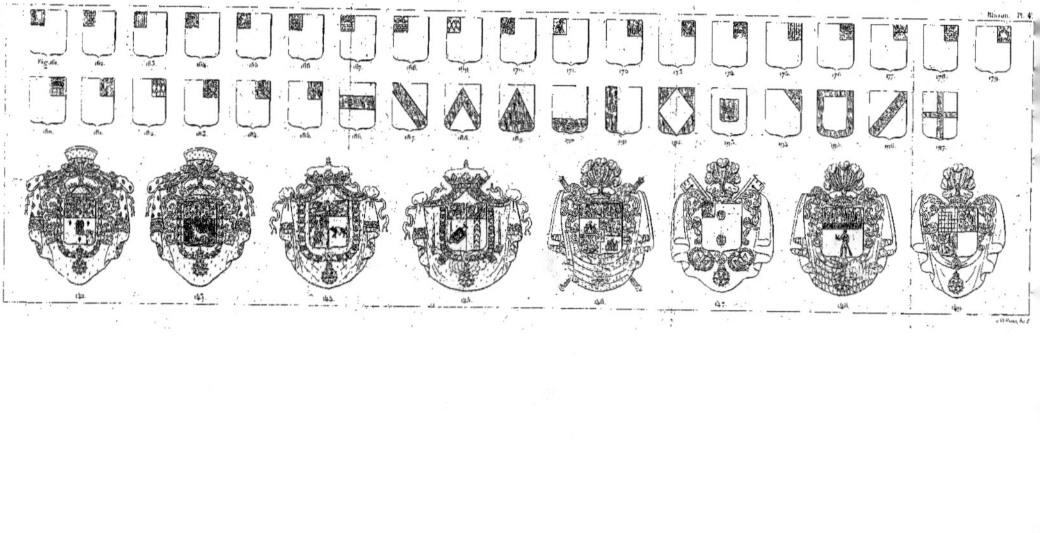

Pl. 1

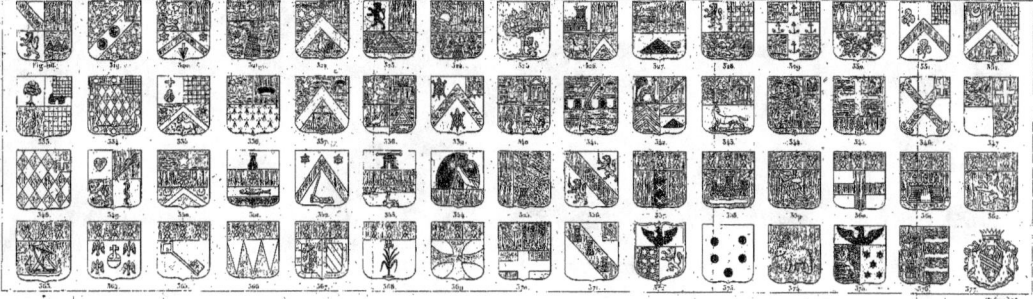

Fig. 457.

MODIFICATIONS AU PERSONNEL

DE LA MAISON IMPÉRIALE DE SAINT-DENIS, SURVENUES PENDANT L'IMPRESSION DE CE LIVRE.

N° 1016. — *Décret Impérial sur l'organisation du personnel de la maison Impériale de Saint-Denis.*

Du 22 Décembre 1853.

NAPOLÉON, par la grâce de Dieu et la volonté Nationale, Empereur des Français, à tous présents et à venir, Salut :

Vu le décret du 29 mars 1809 et les ordonnances des 9 mars 1816 et 23 avril 1821, portant organisation des maisons Impériales d'éducation des orphelines de la Légion-d'Honneur ;

Considérant qu'il est nécessaire de mettre l'organisation du personnel de la maison Impériale de Saint-Denis, plus en rapport avec les dispositions réglementaires et le but de l'institution ;

Voulant aussi, par une élévation du traitement des dames de cette maison, rétribuer leurs services d'une manière mieux proportionnée avec leurs fonctions, sans augmenter les dépenses budgétaires ;

B. N° 120.

Sur la proposition de notre Grand-Chancelier de l'ordre Impérial de la Légion-d'Honneur, après avoir pris l'avis du conseil de l'ordre ;

Avons décrété et décrétons ce qui suit :

ART. 1er. Le nombre des dames dignitaires est réduit à cinq.

2. Les dames dignitaires sont :

1° Une inspectrice, qui aura autorité dans la maison après la surintendante, et qui la remplacera en cas d'absence ou de maladie ;

2° Une directrice des études ;

3° Une économe trésorière ;

4° Une dépositaire de la lingerie et de la roberie ;

5° Une directrice de l'infirmerie et de la pharmacie ;

3. Le nombre des dames de première classe est fixé à douze, et celui des dames de deuxième classe à trente-trois ;

4. Le traitement de l'inspectrice est fixé à deux mille quatre cents

Blason. 28

francs; le traitement des quatre autres dignitaires est fixé à deux mille francs.

Le traitement des dames de première classe est fixé à douze cents francs, et celui des dames de deuxième classe à huit cents francs.

5. Il sera pourvu à l'excédant des dépenses, résultant de cette nouvelle fixation des traitements, par le fonds devenu libre des emplois supprimés et en proportion du chiffre provenant des extinctions de ces emplois.

6. Jusqu'à ce que le nombre des dignitaires soit réduit à cinq, les fonctions des emplois maintenus, et qui deviendront vacants, pourront être remplies par des dames de première classe, qui porteront les insignes de l'emploi auquel elles seront appelées, et en auront les attributions.

7. Des arrêtés de notre Grand-Chancelier, pris en conseil de l'ordre, détermineront les mesures d'exécution du présent décret, et les modifications à apporter aux règlements actuels, le mode de passage des dames de la deuxième classe à la première classe, et la répartition entre les divers services de la maison.

8. Sont supprimées les dispositions des décrets, ordonnances et règlements contraires au présent.

9. Notre Grand-Chancelier de la Légion-d'Honneur est chargé de l'exécution du présent décret.

Fait au palais des Tuileries, le 22 décembre 1853.

Vu pour l'exécution :   *Signé* : NAPOLÉON.

Le Grand-Chancelier,   Par l'Empereur :
Signé : Duc de Plaisance.   Le Ministre d'État.

Signé : Achille FOULD.

Certifié conforme :
Paris, le 5 janvier 1854.

Le garde des Sceaux, ministre secrétaire
d'État au département de la Justice,

ABBATUCCI.

NOTES.

NOTE PREMIÈRE.

FÉODALITÉ.

Les comtes, les seigneurs, voilà les véritables héritiers de Charles-le-Chauve.

Rien de plus populaire que la féodalité à sa naissance (XIe siècle). Les peuples n'ont que haine et mépris pour un roi (Charles-le-Chauve) qui ne sait point les défendre. Ils se serrent autour des seigneurs et des comtes.

Le premier et le plus puissant de ces fondateurs de la féodalité, est le beau-frère même de Charles-le-Chauve, Bozon, qui prend le titre de roi de Provence, en Bourgogne cisjurane.

MICHELET.

NOTE DEUXIÈME.

BARONS.

Bar, en langue franke, n'a d'autre signification que celle de *vir* en latin. Le sens politique de ce mot est venu de ce qu'il voulait dire *homme* dans l'idiome des conquérants. En langue romane, on disait *bers* pour le nominatif singulier, et *baron* pour les autres cas. THIERRY.

Nous lisons dans les établissements de Saint-Louis, chapitre XXIV :

Quiex parties enfans de baron doivent avoir, et de mettre ban en terre de vavassor.

BARONIE *ne départ mie entre frères, se leur père ne leur a faete partie, més li ainsnez doit faere avenant bien fet au puis-*

nez, et si doit *les filles marier*. *Bers* si *à toutes justices* en sa terre. Ne li *Rois* ne püet mettre *ban en la terre au Baron* sans son assentement, ne li *Bers* ne püet mettre *ban en la terre au vavassor*.   (*Establissements de S. Loys.*)

NOTE TROISIÈME.

DES GRANDES DIGNITÉS ANCIENNES DE LA COURONNE.

Première race royale : Six classes de grands officiers de la couronne : 1° le maire du palais; 2° les ducs ou gouverneurs des provinces; 3° les comtes ou gouverneurs des villes; 4° les comtes du palais; 5° le connétable; 6° le chambrier.

Deuxième race royale : Dix grands officiers : 1° l'apocrisarius, depuis grand-aumonier; 2° le cannallarius summus, grand chancelier; 3° le grand chambellan; 4° le comte du palais depuis grand-maître; 5° le sénéchal; 6° le grand échanson, 7° le connétable; 8° le grand maréchal; 9° les quatre principaux veneurs; 10° le fauconnier.

Troisième race royale : Cinq grands officiers signataires des chartes : 1° le sénéchal; 2° le bouteillier; 3° le chambrier; 4° le connétable; 5° le chancelier..

Le *sénéchal*, subordonné d'abord aux maires du palais et aux ducs de France, prit la première place après le roi depuis l'avènement de Hugues-Capet.   DE COURCELLES.

NOTE QUATRIÈME.

DISTINCTIONS ACCORDÉES AUX NOBLES ET LETTRÉS.

L'un des conciles de Latran permet aux nobles de distinction et aux gens de lettres, *sublimibus et litteratis*, de posséder plusieurs dignités ou personnats dans une même église, avec dispense du pape.

Ils sont aussi seuls capables de prendre le titre des fiefs, des dignités, tels que ceux de baron, vicomte, comte, etc.

NOTE CINQUIÈME.

FAMILLE BONAPARTE.

I. N...... Bonaparte, vivant en 1120, fut exilé de Florence, comme servant le parti des Gibelins.

II. Curado Bonaparte, chevalier de l'ordre du pape en 1170.

III. Jacques Bonaparte, chevalier de l'ordre du pape en 1210.

IV. N...... Bonaparte, syndic d'Ascoli, fut nommé commissaire pour recevoir la soumission de Monte-Gallo. Il vivait en 1250.

V. Bonsemblant Bonaparte fut nommé plénipotentiaire pour faire la paix entre Trévise et Padoue. Il vivait en 1279.

VI. Nordius Bonaparte, podestat de Parme, vivait en 1272.

VII. Pierre Bonaparte, podestat de Padoue, détruisit la tyrannie des princes Caminesi, qui pesait sur cette ville; il fut chevalier de l'ordre de la Vierge-Glorieuse, et vivait en 1585!

VIII. Jean Bonaparte, premier du nom, fut nommé commissaire pour négocier la paix avec Carera; il vivait en 1296. Il fut ambassadeur auprès du gouvernement de la Marche, et vivait encore en 1314.

IX. Jean Bonaparte, deuxième du nom, podestat de Florence, 1333.

X. Jean Bonaparte, troisième du nom, vivant en 1404, fut nommé plénipotentiaire pour négocier la paix avec Gabriel Visconti, duc de Milan. Il épousa la nièce du pape Nicolas V (Thomas de Sarzanne).

XI. César Bonaparte, élu chef des anciens de la ville de Sarzanne, épousa Apollonie, fille du marquis Malaspina della Verruccola, en 1440.

XII. Nicolas Bonaparte, ambassadeur du pape Nicolas V près diverses cours, fut vice-gérant pour le Saint-Siège à Ascoli. Il vivait en 1454.

XIII. Jacques Bonaparte, qui a écrit l'histoire du sac de Rome, vivant en 1527. (Voir le texte.)   DE ST.-ALAIS.

Nous avons reçu de M. Alfred Marey-Monge, petit-fils du grand géomètre, la lettre suivante sur l'origine de la famille Bonaparte :

Dijon, le 2 février 1842.

Monsieur,

« Je m'empresse de vous envoyer la note que vous m'avez
fait l'honneur de me demander relativement à ce que j'ai pu
apprendre de l'origine grecque de Napoléon.

» Pendant les guerres qui ensanglantèrent si souvent la Mo-
rée au XIVe et au XVe siècle, plusieurs familles maïnotes s'éloi-
gnèrent de leur patrie, pour aller se fixer en Corse. Le fait de
cette émigration est également connu dans l'histoire de cette
île ; mais les Grecs prétendent, en outre, que parmi les émi-
grés, il y eut des χάλομερο, *calomero*, dont le nom, qui, en
langue romaïque, signifie *bonlieu*, en s'italianisant alors, serait devenu *Buonaparte* ; de même que, plus tard, en France,
on a fait de ce dernier nom *bon part* et *bompart* ; et ils assurent
que c'est de la famille des Calomerides, bien connue dans le
Magne, que descend Napoléon Bonaparte, dont le noble profil
semblerait confirmer cette origine. Cette tradition probléma-
tique, il est vrai, mais qui n'offre cependant rien d'incroyable,
rappelle les luttes des villes grecques se disputant l'honneur
d'avoir donné le jour à Homère. Elle est très-répandue en Grèce,
et plusieurs fois j'ai senti un vif plaisir, en entendant quelque
vieux Moréote la raconter à la veillée, en face de l'image du
grand Empereur, que souvent dans les cabanes on trouve à
côté de celles de Canaris ou de Coletti. Ne devons-nous pas
éprouver quelque orgueil, nous, peuple d'Occident, qui, pendant si longtemps, nous sommes efforcés de faire remonter
notre origine jusqu'aux Grecs et aux Troyens, de ce que nous
voyons aujourd'hui la Grèce à son tour, cette petite péninsule
qui a plus fait parler d'elle que tout le reste de l'univers, nous
envier nos gloires et se montrer jalouse de s'y rattacher au
moins par quelques fils généalogiques ?

» Je termine cette note un peu longue, monsieur, en vous
offrant les assurances réitérées des sentiments de considération
distinguée avec lesquels j'ai l'honneur de me dire votre dévoué serviteur,

» Alfred MAREY-MONGE. »

M. Alfred Marey-Monge, jeune homme plein de savoir,
qui semblait devoir marcher sur les nobles traces de son
illustre aïeul, est mort en se rendant à son poste de Mogador,
où il avait été nommé consul. Il a été submergé pendant
une tempête qui vint assaillir le bâtiment qui le portait.

NOTE SIXIÈME.

COLLÈGE ARCHÉOLOGIQUE ET HÉRALDIQUE DE FRANCE.

Fondé dans l'intérêt particulier des nobles familles, ce Collège, composé en nombre illimité de Membres Fondateurs, Titulaires, Correspondants et Agrégés, s'occupe d'Archéologie nobiliaire, de Paléographie, de travaux et de recherches historiques, généalogiques et héraldiques ; ses opérations se divisent en trois grandes sections.

La première a pour objet de créer un vaste *Dépôt* de titres et de pièces généalogiques (le Collège possède déjà plus de 200,000 titres originaux) ; de former la collection la plus complète d'ouvrages héraldiques et de manuscrits sur la noblesse de toutes les nations ; de reproduire, par la presse et par la gravure, les livres classiques de la science héraldique, les blasons, les monuments et les faits honorables qui tendent à illustrer ou à conserver l'illustration des familles.

La seconde, de constituer, en l'absence d'une autorité qui ait, comme autrefois le *Juge d'Armes*, qualité officielle pour constater l'état nobiliaire des familles, une *Chambre héraldique* dont les décisions, rendues sur le rapport du Référendaire généalogiste, par des hommes haut placés dans le corps de la noblesse et en dehors de toute influence personnelle, puissent faire foi et constater d'une manière péremptoire et la noblesse et les armoiries.

Enfin, la troisième section a pour résultat d'ouvrir à la noblesse de France et de l'Etranger, agrégée ou non à l'Association, une *Chancellerie* où elle puisse déposer toutes pièces généalogiques, contrats, brevets, diplômes et titres honorifiques dont les intéressés auront toujours le droit de lever des copies ou des extraits, authentiqués par la signature des officiers et les sceaux du Collège, sans autres frais que ceux d'expédition.

Pour faire partie du Collège, il faut appartenir à la noblesse ancienne ou nouvelle, ou être décoré d'un Ordre de Chevalerie régulièrement constitué. Les Membres associés, à tel titre que ce soit, reçoivent un diplôme sur parchemin, qui est lui-même une première constatation de la noblesse, dans lequel sont relatés les noms, titres et qualités du titulaire, ainsi que ses armoiries.

Le Collège publie un recueil périodique sous le titre de

Bulletin du Collège archéologique et héraldique de France, qui est envoyé gratuitement à tous ses Membres.

La bibliothèque du Collège et les bureaux du Secrétariat sont ouverts tous les jours de midi à quatre heures. Il y a réunion dans les salons le mercredi soir de chaque semaine.

Les personnes qui veulent faire partie du Collège, recevoir les statuts, obtenir des renseignements et des documents généalogiques sur leur famille ou simplement un dessin colorié et certifié de leurs armoiries, doivent en adresser la demande affranchie, au SECRÉTAIRE GÉNÉRAL ARCHIVISTE, à Paris, lequel correspond avec les Cercles héraldiques et les Chancelleries des Ordres étrangers.

NOTE SEPTIÈME.

Un Institut héraldique a été récemment fondé à Londres, par M. le comte de Mélano, savant héraldiste connu par de nombreux ouvrages sur la matière. Nous ne doutons pas de l'avenir prospère de cet établissement formé dans l'intérêt de la science.

FIN.

TABLE RAISONNÉE DES MATIÈRES.

FIN DE LA TABLE DES MATIÈRES.

BAR-SUR-SEINE. — IMP. DE SAILLARD.

funicule. — F. Coupe d'un embryon (grossi) : a, radicule. — H. Graine en germination.

PLANCHE XLV.

Nº 1. Norantéa du Brésil. — *Norantea adamantium* Cambess. (Famille des Marcgraviacées.)

Ramule florifère, de grandeur naturelle.

A. Fleur entière (grossie). — B. Un pétale avec les étamines qui adhèrent à sa base. — C. Une étamine. — D. Fleur dépouillée des étamines et des pétales, pour faire voir le calice et le pistil. — E. Coupe transversale de l'ovaire.

Nº 2. Marcgravia a ombelles. — *Marcgravia umbellata* Linn. (Famille des Marcgraviacées.)

A. Fleur avant l'épanouissement, accompagnée de son pédoncule (grandeur naturelle) : a, bractée en forme d'utricule, adnée au pédoncule.—B. Fleur au moment de l'épanouissement,

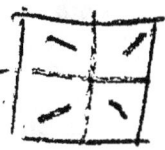

ENCYCLOPÉDIE-RORET.

COLLECTION
DES
MANUELS-RORET
FORMANT UNE
ENCYCLOPÉDIE
DES SCIENCES ET DES ARTS,
FORMAT IN-18;

Par une réunion de Savans et de Praticiens

MESSIEURS

AMOROS, ARSENNE, BIOT, BIRET, BISTON, BOISDUVAL, BOITARD, BOSC, BOUTEREAU, BOYARD, CAREN, CHAUSSIER, CHEVRIER, CHORON, CONSTANTIN, DE GAIFFIER, DE LAFAGE, P. LESORMEAUX, DUROY DUJARDIN, FRANCOEUR, GIQUEL, HERVÉ, HUOT, JANVIER, JULIA-FONTENELLE, JULIEN, LACROIX, LANDRIN, LAUNAY, LEBRUY, Sébastien LENORMAND, LESSON, LORIOL, MATTER, MINÉ, MULLER, NICARD, NOEL, Jules PAUTET, RANG, RENDU, RICHARD, RIFFAULT, SCRIBE, TARBÉ, TERQUEM, THIÉBAUT DE BERNEAUD, THILLAYE, TOUSSAINT, TREMBRY, TRUY, VAUQUELIN, VERDIER, VERGNAUD, YVART, etc.

Tous les Traités se vendent séparément, 300 volumes environ sont en vente ; pour recevoir franc de port chacun d'eux, il faut ajouter 50 centimes. Tous les ouvrag s qui ne portent pas au bas du titre à *la Librairie Encyclopédique de Roret* n'appartiennent pas à la *Collection de Manuels Roret*, qui a eu des imitateurs et des contrefacteurs (M. F. Ardant gérant de la maison *Martial Ardant frères*, à Paris et M. Renault ont été condamnés comme tels.)

Cette Collection étant une entreprise toute philanthropique, les personnes qui auraient quelque chose à nous faire parvenir dans l'intérêt des sciences et des arts, sont priées de l'envoyer franc de port à l'adresse de M. le D. de l'*Encyclopédie-Roret*, format in-18, chez M. RORET, libraire, rue Hautefeuille, n. 12, à Paris.

— *Imp. de Pommeret et Moreau*, 17, *quai des Augustins.* —

TRAITÉ DES ARBRES ET ARBUSTES, par *Duhamel, Mirbel, Poiret, Loiseleur-Deslongchamps*, 7 vol. in-fol., orné de 500 planches. Prix, jésus vélin, pl. coloriées 7

www.ingramcontent.com/pod-product-compliance
Lightning Source LLC
Chambersburg PA
CBHW071631270326
41928CB00010B/1872